近代史資料

专刊

辛亥革命先著记

XINHAI GEMING XIANZHUJI

杨玉如 著

本书主要叙述武昌首义前后经过事实，对于武昌首义诸多材料和记载，详加厘订，细心选录。对于首义前各种团体组织、秘密工作，本书叙述尤为详实。内容多系编者当时亲身经历。可为研究中国近代史者之参考。

中国社会科学院近代史研究所《近代史资料》编译室 主编

知识产权出版社

全国百佳图书出版单位

内容提要

本书主要叙述武昌首义前后经过事实，对于武昌首义诸多材料和记载，详加厘定，细心选录。对于首义前各种团体组织、秘密工作，本书叙述尤为翔实。内容多系编者当时亲身经历。可为研究中国近代史者之参考。

责任编辑：兰　涛

图书在版编目（CIP）数据

辛亥革命先著记/中国社会科学院近代史研究所《近代史资料》编译室主编．—北京：知识产权出版社，2013.1

（近代史资料专刊）

ISBN　978-7-5130-1678-0

Ⅰ.①辛…　Ⅱ.①中…　Ⅲ.①辛亥革命—史料　Ⅳ.①K257.06

中国版本图书馆 CIP 数据核字（2012）第 255821 号

近代史资料专刊

中国社会科学院近代史研究所

《近代史资料》编译室　主编

辛亥革命先著记

杨玉如　著

出版发行：知识产权出版社

社　　址：北京市海淀区马甸南村 1 号

邮　　编：100088

网　　址：http://www.ipph.cn

邮　　箱：bjb@cnipr.com

发行电话：010-82000860 转 8101/8102

传　　真：010-82000860 转 8240

责编电话：010-82000860 转 8325

责编邮箱：lantao@cnipr.com

印　　刷：北京中献拓方科技发展有限公司

经　　销：新华书店及相关销售网点

开　　本：787mm×1092mm　1/16

印　　张：16.25

版　　次：2013 年 1 月第 1 版

印　　次：2013 年 1 月第 1 次印刷

字　　数：242 千字

定　　价：50.00 元

ISBN 978-7-5130-1678-0/K·156(4523)

再版前言

《近代史资料专刊》是由中国社会科学院近代史研究所《近代史资料》编译室主持编辑的专题性近代史资料的总称。《近代史资料》编译室以整理发表近代历史最新资料为职志，也是国内从事近代史料整理编辑工作最早的机构。自 1954 年组建以来，经过几代学者不间断地努力，先后编辑出版了 120 余期的《近代史资料》刊物、数十部《近代史资料专刊》及《北洋军阀》等大型专题史料集，为新中国近代史学的建立和发展、为新中国史学工作者的成长都做出了应有的贡献，在海内外均具有较大影响。

《近代史资料》编译室最初叫《近代史资料》编辑组。近代史研究所成立初期，为推动中国近代史学科的建设与发展，在所长范文澜先生主持下，于 1954 年成立了以荣孟源先生为主编的《近代史资料》编辑组，负责近代史料的搜集整理，编辑出版《近代史资料》期刊。郭沫若院长亲自为《近代史资料》题写了刊名。除"文革"时期曾一度被迫停刊外，数十年来《近代史资料》编译室坚持为近代史学术研究与教学服务为宗旨的办刊理念，陆续整理刊出 1840 ~ 1949 年间中国政治、经济、文化、军事等各方面的档案文献史料，受到广大读者的肯定和欢迎。因《近代史资料》期刊每期的容纳量仅有 20 万字左右，针对篇幅较大、期刊无法容纳的专题性史料，从 1957 年开始又创办《近代史资料专刊》，专门发表专题史料，不定期出版。以

《近代史资料专刊》名义出版这些专题史料，不仅选题精道，而且篇幅容量较大，内容充实丰富。某个专题的新史料一次性大量公布出版，往往会对于相关领域或专题的研究起到极大的推动作用，如《太平天国史料》、《山东义和团案卷》、《辛亥革命先著记》以及《一九一九年南北议和资料》等。可以说，这些《近代史资料专刊》的整理出版，都曾为推动相关领域的研究发挥过重要作用，许多都已成为该领域研究必不可少的基础史料。

因为种种原因，20 世纪 80 年代中期以后，《近代史资料专刊》的编辑出版一度中断。但是实际上编译室的同仁并未曾停止专题性史料的整理工作，也陆续整理出版了《梦蕉亭杂记》、《民国人物碑传集》和《翁文灏日记》等，只是未加以专刊之名。近年来，在所领导的支持和学界朋友的鼓励下，我们在坚持编辑《近代史资料》期刊的同时，尝试着恢复了这项传统工作，先后又以《近代史资料专刊》的名义出版了《抗战时期西北开发档案史料选编》和《倪嗣冲函电集》。然而，对于那些由于出版年代较久，如今已流传较少的专刊史料，精选其中部分重新再版，于学术研究及文化保存也是一件很有意义的事情。此次重新整理再版的《近代史资料专刊》，最早出版的一本是 1957 年由科学出版社出版的《辛亥革命先著记》，距今已超过半个世纪，最晚的是 1984 年由齐鲁书社出版的《太平军北伐资料选编》，距今也近三十年了。因为出版时间较久，特别是早期的版本现在存世很少，随着社会经济的发展和对历史文化的重视、中国近代史研究者的更新换代，以及研究思想与方法的变化等因素的影响，许多旧的历史结论已经成为陈迹，在审读史料中重构历史，解读其中未曾被重视的历史信息，已经越来越为新的研究者们重视。因此重新整理发表这些珍贵史料，也具有重要的学术价值和不可替代的作用。

此次再版《近代史资料专刊》，不是简单的旧籍重印，而是将过去 50 余年中陆续刊出的史料予以重新整理，并按照近代历史发展时序重新编排。各卷目次、初版时间及出版社名称如下：

《鸦片战争时期思想史资料选辑》，中华书局 1963 年版。

《太平天国资料》，科学出版社 1959 年版。

《太平天国文献史料集》，中国社会科学出版社 1982 年版。

《太平军北伐资料选编》，齐鲁书社 1984 年版。

《山东义和团案卷》（上、下），齐鲁书社 1980 年版。

《义和团史料》（上、下），中国社会科学出版社 1982 年版。

《筹笔偶存》，中国社会科学出版社 1983 年版。

《庚子纪事》，科学出版社 1958 年版，中华书局 1978 年再版。

《杨儒庚辛存稿》，中国社会科学出版社 1980 年版。

《辛亥革命先著记》，科学出版社 1957 年版。

《鄂州血史》，龙门联合书局 1958 年版。

《云南杂志选辑》，科学出版社 1958 年版。

《云南贵州辛亥革命资料》，科学出版社 1959 年版。

《辛亥革命资料类编》，中国社会科学出版社 1981 年版。

《华侨与辛亥革命》，中国社会科学出版社 1981 年版。

《徐树铮电镐》，中华书局 1963 年版。

《一九一九年南北议和资料》，中华书局 1962 年版。

《秘笈录存》，中国社会科学出版社 1983 年版。

《五四爱国运动》（上、下），中国社会科学出版社 1979 年版。

《五四运动回忆录》，中华书局 1959 年版。

《陆海军大元帅大本营公报选编》，中国社会科学出版社 1981 年版。

《陕甘宁边区参议会文献汇辑》，科学出版社 1958 年版。

以上凡 22 种 25 册，约 1000 余万字。

再版整理工作采取极为审慎的态度，并遵循以下基本原则：

1. 初版之时的序、前言或编者说明之类的文字原则上不再重印，由再版整理者重新编辑说明，对初版整理工作给予必要的介绍和说明。

2. 对于原稿或初版时因印刷等原因存在的明显讹误之处，再版整理者径加改正；对于校勘修订之处，均于舛误文字后加正文，并以〔 〕号标明；脱字或无法辨识者，标以□号；漏字增补者，以【 】号标明；疑问处加（?）标明；原稿文中加注之处，原为双行排印者，均改为单行排印，或加（）标明，或用小字排印；原始资料行文或署名中并列双排者也均改为单行，个别文件除外；疑有脱字或衍文者，于页下脚注标出。

3. 个别史料中，同一人名、地名前后用字不统一的现象，记录史实前后矛盾或表述不一致的现象，均保留原样未予擅改；清朝或北洋政府文献中对革命党、起义民众等污蔑诋毁之词，也都一律保留原样，以存历史之真，均请读者使用中注意。

此次能将几十年间陆续出版的《近代史资料专刊》重新整理出版，要特别感谢知识产权出版社这种嘉惠学林的眼光与勇气。兰涛编辑不辞辛劳，往来联络指导，以及各位编辑的认真工作，都应该得到学界和社会的掌声。

参加此次再版整理编辑工作的有，《近代史资料》编译室的刘萍、卞修跃、孙彩霞和李学通。由于整理者水平有限，其中如有不当之处，尚请读者批评指正。

李学通

中国社会科学院近代史研究所
《近代史资料》编译室　主任
2012 年 9 月

编辑说明

《辛亥革命先著记》是辛亥革命武昌起义的亲历者杨玉如，20世纪50年代初完成的著作，作为《近代史资料专刊》中的一种于1957年由科学出版社出版。杨玉如（1878—1960），字宝珊，笔名古复子，湖北沔阳（今仙桃）人。他于清光绪三十二年（1906）官费留学日本，并加入中国同盟会。宣统元年（1909）回国后，在汉口任教员，并创办《雄风报》，任主笔。次年秋加入共进会，为促成文学社与共进会的合并，多方斡旋。1911年9月24日，文学社与共进会举行联合会议，推举起义领导人时，被推举为内务部副部长。旋赴上海购买枪械，运动武昌起义，事泄，避走湖北京山，襄助刘英起事。武昌起义爆发后，任湖北都督府主任秘书、湖北军政府驻沪代表等。

本书主要叙述武昌首义前后经过史实，对于武昌首义诸多材料和记载，详加厘订，细心选录，特别是对于起义前各种团体组织、秘密工作，多系作者当时亲身经历，叙述尤为详实，是辛亥革命历史研究者的重要参考资料之一。

此次再版，除将原繁体字改为简体外，内部全部保留，未作删减，只订正了初版中个别字词、标点的讹误。因编者水平有限，错误之处难免，尚请读者指正。

编　者

2012 年 10 月

绪　　言

公元1911年辛亥武昌革命，不仅推翻了清代二百六十余年的王朝。而且结束了中国两千年的君生专制，这实在开中国有史以来的新纪元，实在是一个划时代的大革命。其经过事迹，诚有详细纪载之必要。

辛亥革命，首义于湖北武昌，普及于中华全国，历时数月，即推倒清朝。是以叙述辛亥革命，当先研究彼一役也，何以能凭极短时间，即完成推陈出新、转移时代的任务。吾人偶一探索，觉得当时内在的因素和外方的环境，都已造成了辛亥革命胜利的条件。此问题殊不简单，亦不应漠视。兹分析言之：

一、种族的积愤。清朝皇帝代表满族贵族压迫汉族和各个民族，从此汉人和各族人民反抗满族皇帝的心理，愈结愈深。自明末粤、桂、闽、浙诸省复国运动武力失败后，汉人和各族人民反抗清朝统治者接踵继起。至道光末，洪秀全、杨秀清等起义于金田以来，各族人民也群起与清廷搏斗十数年，东南半壁，尽为太平天国所有，全国各地都兴起反清斗争。惜以种种原因，太平天国终归失败。而孙中山先生所领导的同盟会，乃继之而起。遂集历次革命之大成，而毕功于辛亥一役。

二、内政的腐败。清朝政府代表大地主大官僚对人民施行封建统治，大肆其贪婪之心，尽力搜刮。如贪污头子和珅，我们只检阅颙琰抄没和珅家产的清单：共计一百零九号（闻尚有未入号者），约值八百兆两。当时清室国库每年收入不过七千万两左右，而和珅蓄积的私财，竟超过国库岁入十年的总额。所以当时督抚如王亶望、陈辉祖、伍拉纳、国泰之徒，赃款累累，动辄数十百万。伍拉纳为闽广总督时，常倒悬县令以索贿，真是官场绑票的奇闻。可知清朝当乾嘉极盛时代，内政已经腐朽。至同光时，那拉氏垂帘，贪风愈甚。迨皇族内阁奕劻与其子载振，更日以招权纳贿为事；又假立宪之名，欺侮民众，用高压手段，箝制革党。政治腐化，已达极点。肃王善耆也不能否认这样的事实，他对载沣（摄政王）曾言："今之革党，皆青年才俊，愤政治不良，轻于一掷。"全国人民反抗清朝封建统治的斗争，前仆后继，誓必捣毁清廷龙楼凤阁而后已。

三、外患的逼迫。中国的外患，开始于鸦片战争。经过鸦片战争、英法联军战争、中法战争、中日战争和八国联军的战争。清政府一贯是屈辱投降，以致中国一部国土沦陷，主权丧失，外国侵略者控制着我国的政治、经济和文化的主权，残害我国人民。使中国沦为半殖民地，面临着沦为帝国主义之殖民地的危险。

革命党人以为中国的外患愈逼愈紧，而清廷的外交又愈闹愈糟，随时都有召致瓜分灭亡的危险。如果不将这荒谬糊涂的政府早日推翻，中国会亡国给列强。革命党人的爱国主义是先铲除家内的败子，再和外来的强盗（帝国主义）清算。

四、思想的进化。中国人民反抗清政府的斗争日益发展，中国思想界也开始前进。康有为、梁启超、谭嗣同等进行的维新变法固然失败了，但是他们所主张的废科举、兴学校、发展实业、充实军备，采纳民意，吸收各种专门人才等等，都是救时的良药。他们所办的报纸，竭力鼓吹新学，一时青年受其启迪，思想为之一变。虽然戊戌变法只百日的命运即告终结，但是这又为辛亥革命造成了有利的条件。因为从此促进了中国人民的觉醒，知道只有用革命的方法推倒旧政治，建立新政权，才是中国的出路。于是全国有志的青年，皆如水赴壑，齐集于孙中山先生革命旗帜之下，而思想更为之激进。

中山先生组织的同盟会首先揭示"驱除鞑虏，恢复中华，创立民国，平均地权"十六字的口号，至三民主义，则 1905 年先生在《民报》发刊词上更有剀切的指示，其词首言：

“……余维欧美之进化，凡以三大主义：曰‘民族’，曰‘民权’，曰‘民生’。罗马之亡，‘民族主义’兴，而欧洲各国以独立。洎自帝其国，威行专制，在下者不堪其苦，则‘民权主义’起。十八世纪之末十九世纪之初，专制仆而立宪政体殖焉。世界开化，人智益蒸，物质发舒，百年锐于千载；经济问题继政治问题之后，则‘民生主义’跃跃然动。二十世纪不得不为‘民生主义’之擅场时代也”。又云：“……今者中国以千年专制之毒而不解，异种残之，外邦逼之，‘民族主义’，‘民权主义’，殆不可以须臾缓。而‘民生主义’，欧美所虑积重难返者，中国独受病未深，而去之易……不可不并时而弛张之。”

革命党人，经过中山先生这一番指示，不能不佩服先生眼光之远，魄力之雄，思想之正确，主义之博大精密，所以无条件的拥护他的主义，不惜牺牲一切，跟着他的革命路线走。但是先生不仅专注理论，而尤着重实行。是以自乙未（1895 年）陆皓东等广州之役起，迄辛亥为止，革命党与清政府武力斗争已数十次。虽屡经挫败，而气不少馁，可见辛亥革命的成果，完全由艰苦中锻炼出来的。

综上所述种种，是革命已至成熟阶段。所以辛亥一役，不必旷日持久，自然如水到渠成，完成它的使命。

武昌首义，是辛亥革命的开端。本篇所叙述，但就武昌革命事迹，自辛亥前戊申（1908 年）、己酉（1909 年）、庚戌（1910 年）运动时起，迄壬子（1912）年南北统一民国成立时止。原原本本作一有系统的纪载，俾阅者一目了然。

纪载之后，间论得失，本作史通例。但武昌革命，历时太短；首义诸人，握权不牢。军政两界，皆如昙花一现，一切建设，虽略具规模，奈变故纷乘，未达理想。是以本篇只叙述当时经过事实，至成败利钝，未遑细论。

说者谓武昌首义党人，均无赫赫之名，不免才难之叹，但此不足为首义党人病，因革命目的是为祖国为人民，非为个人功名计也。且革命事业，是集体事业，非个人事业，个人事业太渺小了，集体事业乃可成为伟大。惟武昌首义，是革命党集体行动，而功与名乃为党外黎元洪所独享。此亦突出之事，不可不特别一谈。

因为黎元洪是清陆军中统领，湖北新军，都对他无恶感。那时党人仓卒起义，与敌血战中宵，虽得了初步胜利，而敌焰犹张，援兵可虑。党军预推的指挥，事前或伤或逃，几成群龙无首之象。乃借黎元洪名义，发号施令，镇定人心，力筹战守，军中有主，士气益奋，不特挽回了武昌革命的危局，并奠定了全国革命的基础。自此清廷闻黎元洪之名而震动，各省闻黎元洪之名而兴起。无如黎氏思想太旧，自以未与闻革命，故对于民党终觉气味不投。忆自起义以来，黎氏以鄂军都督，忽而奉为大元帅，忽而举为副总统（厥后两次任大总统皆是受武昌首义之赐）。民党之所以酬报黎氏者，可谓厚矣。迨清廷已覆，民国建立，黎氏只图享受安富尊荣，不思完成革命任务，竟至脱离孙黄，依附袁世凯；并忘却拥戴佐命之功，残杀首义党人甚伙，不久奉袁意旨，解散湖北八师，让北洋军阀卷土重来，方城汉水，重遭蹂躏；东南半壁，靡有宁日，则黎氏之过也。及讨袁军兴，黎氏竟甘作袁贼爪牙，摧残民党，无所不至。致令武昌首义声威，扫地以尽。辛亥革命成绩，转眼皆空。厥后军阀猖獗，民党播迁，演成帝制复辟怪剧，皆受黎氏背叛革命的影响。

党人于此，可以得一深刻教训：即革命事业决不可付托于不革命之人。如黎元洪本无革命思想，彼虽受人推戴，勉强披上革命外衣，而其本性，正如饥鹰就食，饱即扬去。故转瞬为袁世凯诱惑，即倒在反革命一边而破坏革命。无怪乎世人尝谓辛亥革命是不彻底未成功的。

但是吾人叙述辛亥革命与武昌首义，只应考核事迹的真伪，据实写出，让后人去评价。不必分析人才的优劣与事业的成败，一时遽加褒贬。

因为辛亥革命是要推翻君主，果然把君主推翻了，且永远不许再有君主出现。迨袁世凯关门做皇帝，即为全国唾骂羞愤而死。这是辛亥革命的余威；张勋、康有为复辟，竟同泡影；马厂兵起，抱头鼠窜，亦皆是辛亥革命的余威。以后地久天长，再无人敢称孤道寡，历代革命，有此彻彻底否？

辛亥革命是要创造民国，而民国已建立了。且日新月异，正在发扬光大。一九四九年人民革命胜利，正是辛亥革命战线上“飞跃的进步”，亦是辛亥革命战线上“无比的光荣”。譬彼积薪，后来居上！革命亦不外此理。因中国革命特点是在长途发展中，辛亥革命正是发轫的前一段。孙总理“天下为公”“世界大同”，方是中国革命的止境。任重道远，其中起伏更迭，势所难免。所以我们只要民国不变为帝国，民主不变为君主，辛亥革命就算不得失败。即或形式上失败了，而辛亥革命精神上可算得永远成功。

总之，辛亥革命是民国纪元前革命的结晶，革命的洪流奔腾，到这时才得一个浩瀚的总汇。这次革命推翻了两千年来的君主专制制度，为中国人民革命胜利建立了基础，这是公论，亦可为本书的结论。

全书分为九章，章分若干节。亦欲扬三楚之雄风，表九原之英烈。奈年老善忘，疏漏颇多，务祈旧日袍泽，当世博雅，不吝指正。

偶忆武昌起义前，先烈黄克强在海外，曾寄语内地同人有“能争汉上为先著，此复神州第一功”之句，幸果如所期。因取“先著”二字名篇云。

一九五二年十月十日辛亥革命纪念节

沔阳杨玉如序于武昌

目　录

第一章　辛亥武昌革命溯源

第一节　辛亥前革命之历次失败

辛亥革命，有两次旋乾转坤之举：一则是年三月二十九日（1911年4月27日）各省党人在广州举义，一则同年八月十九日（10月10日）湖北党人在武昌起义是也。广州一役，不幸失败；武昌一役，幸而成功。故首义之名，惟武昌当之，各省莫与争。

然武昌革命成功，并非偶然：其党人在总理孙中山先生领导下，服膺三民主义，亦既有年；闻总理暨同志在边省举义屡次失败，愤慨日深，革命思潮，愈激愈厉。回忆乙未（1895年）九月广州之役，党中健将陆皓东死焉，此乃因革命而首次牺牲者；庚子（1900年）惠州之役，师起无继，郑士良苦战月余，终至瓦解；壬寅（1902年）洪全福、李纪堂谋举义广州，先期事泄，梁慕义等十余人死焉；甲辰（1904年）十月黄兴与马福益谋举义长沙，事泄，马福益死焉；丙午（1906年）浏阳、萍乡、醴陵数县起兵，声势颇大，旋亦失败，龚春台、萧克昌、蔡绍南等先后牺牲，其战死暨牵连被杀者，几近万人，此为内省第一次之大流血；丁未（1907年）四月有黄冈之役（在广东省潮州饶平县）与惠州七女湖之役；七月又有防城之役；及十月复举义于镇南关（睦南关），总理且亲至焉，卒因众寡不敌，血战七昼夜，而仍退入安南；黄兴复率在安南同志二百余人向广东攻入，历钦州、廉州、上思等处，大小数十战，所向无前，虽目的未达，而黄兴名震中外矣！至戊申（1908 年）有云南河口之役，主其事者胡汉民也，统兵者则黄明堂、关仁甫、张德卿诸同志也；是年冬，赵声、朱执信、邹鲁等谋以新军举义广州，事泄，谭馥、葛谦、严国丰死焉；迨庚戌（1910 年）广州新军举义失败，倪映典死焉；至辛亥年三月二十九日，黄兴率各省同志围攻广州督署，事败，七十二烈士死焉，合葬黄花岗，是为著名黄花岗之役，不啻武昌首义之前驱也，可谓壮矣！

由上所述，自乙未迄于辛亥，党人宣传与实行，几二十年，其举义亦十数次，窃叹革命事业若斯之难也。然失败者成功之母，武昌党人以为君主专制已二千余年，清朝统治亦二百数十年，吾党遽欲推翻改造，是岂一手一足所能为力？又岂一朝一夕所克奏功？党中先进与先烈既前仆后继，再接再厉；吾楚有亡秦历史，革命虽艰巨，亦不敢后人，盖摩厉以须者久矣。于是鉴于边疆之屡次失败，乃转从湖北发难，以直捣其中坚；鉴于会党之战斗力弱，乃专向军队着手，以利用其凭藉；所以武昌党人虽无赫赫之名，而乘势待时，筹之有素，其领导与实行者，皆抱一往直前之气概，踏着先烈血迹前进，卒能如出水之龙，不崇朝而云雨遍天下，故曰武昌革命成功良非偶然。

第二节　湖北革命之动机

民元前十二年（1900 年）庚子夏秋之间，唐才常、傅慈祥等在汉口创设自立军，聚会党十余万人，分五路密布于鄂、皖、赣、湘各重要地区：以大通为前军，秦鼎彝、吴禄贞统之；安庆为后军，田邦濬统之；常德为左军，陈犹龙统之；新堤为右军，沈荩统之；汉口为中军，傅慈祥、林圭统之；才常自为各军总司令，定于七月十五日（8 月 9 日）在汉口、武昌、汉阳及皖、赣、湘同时起事。此次举动，本系保皇党康有为主动，然其组织扩大，党羽众多，公然与政府恶势力为敌，树长江革命之先声，吾党亦颇为赞许❶，无如彼所揭橥者在“讨贼勤王”非“兴汉灭满”，名义不正，故不为人心所归附；且会党未经训练，军队不表同情，康有为无革命思想，张之洞乃清廷枭杰。唐氏以一时乌合之众，欲与久经节制之师相搏，直无异以卵击石，投肉于虎耳。卒因康有为停款不发，才常窘于饷需，一再迁延，前军统帅秦鼎彝等在大通仓卒发难，巷战数日，卒以力单败绩，余众四散。鼎彝、禄贞只身走日本。前军既败，汉口总部即发生动摇，而绿营巡防督抚标各营弁卒曾受其运动者，乃因饷项无着，失信彼辈，竟同时自首，于是秘密全泄。才常犹恃张之洞与彼有师生之谊，必不加害；岂料张已下令围汉口总机关，当捕获唐才常、傅慈祥等数十人，斩于武昌城内，而各处如新堤、崇阳、监利及湖南临、沅、潭等邑响应之师，亦先后惨败。是役湖北遵令起兵者，有武昌、汉阳、沔阳、蒲圻、应城、巴东、长乐、沙市、嘉鱼、麻城等十余处之多，牺牲达数百人，此即为湖北革命第一次之大流血。可见武昌革命之花，已孕育于十数年之前，培养灌溉，继起者当责无旁贷矣。

第三节　武昌革命宣传时期

当汉口自立军消灭之时，适总理命郑士良在惠州举义，亦于是年（1900 年）闰八月完全失败，边郡与腹地同时受挫。虽两广仍续有举动，而湖北革命党距实行之期尚远，不得不暂时停顿。张之洞又在湖北提倡新政，练新军、造枪炮以制止反侧；作劝学篇、学堂歌，以束缚青年思想，此实湖北革命一大阻力。湖北党人始知革命过程中，尚需经过一宣传时期，因民智未开，条件不够，徒事牺牲，殊为可惜。

❶ 庚子义和团运动时，总理旅日本，特召集同志会议于镰仓，决定在珠江、长江两流域起兵，命郑士良在香港设立机关，史坚如赴长江联络会党。鄂人留日学生有革命思想者若傅慈祥、吴禄贞、戢翼翘等，亦欲乘机起事，谒总理请示方略。总理告以已派史坚如赴长江布置，可共同进行。慈祥等喜，惟经费无出，颇为焦灼；适毕永年谓：“唐才常已得康有为款二万元，余款尚巨，可源源而来，余为之反复陈说，才常大为感动，决脱保皇党而同吾辈革命。”慈祥等愈喜。梁启超悉其事，亦意态活动，于祖饯唐才常、林圭、吴禄贞、傅慈祥之日，特请总理及陈少白陪宴，以示彼此一致之决心。然总理只赞助之，终不敢信其真能合作。此革命党与保皇党初期尚有一次之联络也。

总理有言："非常革新之学说，其理想灌输于人心而化为常识，则其去实行也近。"故革命党欲以革命救国，必先广为宣传，使革新之学说成为普通常识，乃克有济。是以辛亥革命前湖北各志士宣传之力，实不容漠视。兹分别述之：

（甲）《湖北学生界》月刊及《汉声》　壬寅（1902 年）秋，湖北留日师范部三十余人及各大学专科与陆军学生共同发起组织一《湖北学生界》月刊，主编者为刘成禺、蓝天蔚、张继煦、李廉方等[1]。主旨在以世界知识及民族主义唤起内地学生觉醒。而张继煦、李熙、李书城等复各撰印致同学书，语多激昂。鄂学界大为振奋。适值日俄在东三省开衅，东京留日学生惧国土被人侵凌，组织义勇队作归国御侮之准备，推举鄂省官派陆军学生蓝天蔚为队长。鄂籍文武学生参加者尤众。《湖北学生界》月刊乃改名《汉声》。武汉各学生从此渐倾向于秘密结合，私印宣传革命小册，辗转传送，寖及于军界矣。

（乙）昌明公司及灯片与武库　至癸卯（1903 年）又由湖北留日学生发起，组织一昌明公司：其任务在招待湖北出洋学生，与运售文化书报兼密输革命刊物，传递海内外消息。以万声扬为总理，马刚侯副之。又筹款二千元，购幻灯机片运回武汉放映。时功璧管理机片，耿觐文担任说明，间参以讲演——吴禄贞、刘伯刚、金华祝、余德元等皆常往讲演者也。凡片中涉及世界民族运动与被压迫情事，必尽量发挥。此片在各处放映，往观者甚众，于激发思潮，亦颇有效。此外有黄公征者，愿以资财赞助革命，在武昌水陆街设一会所，名曰武库，每月约集同志开会数次，形式稍类阅报所，而开会又稍含有秘密意义。刘敬庵、李亚东、冯特民、范腾霄等皆常与会。迄科学补习所成立，是会遂停。

（丙）科学补习所　迨甲辰（1904 年）春，刘敬庵、曹亚伯、胡瑛、张难先、吕大森、朱子龙、何季达、欧阳瑞骅等皆集武昌省垣。谈及革命进行方略，众意以会党发难易，成功难；即成而嚣悍难制，不成则徒滋骚扰。若暗杀又为个人举动，不足以摇撼全局。几经研

---

[1] 尚有卢慎之、金华祝、周维桢、李熙、李书城、张鸿藻、程明超、范鸿泰、权量、屈德泽、万声扬、王式玉、余德元、张孝栘、周龙骧、左德明、但焘等。

究，皆主张从运动军队入手，不轻率发难。于是胡瑛、张难先投工程营为兵，运动同伍。是时秀士入营者颇多：如朱子龙、范腾霄、曹进等皆是。刘敬庵则已在马队营入伍矣。是年四月，假座斗级营同兴楼商议组织机关，定名科学补习所。于五月间成立，推吕大森起草章则。宗旨虽标名科学，实则掩蔽官府耳目，而以“革命排满”为密约，入会者颇众。六月黄兴由沪过鄂，到所密谈，告以湘省预定十月西太后万寿节发难。会员遂群谋响应之。迨曹亚伯暑假由湘回鄂，在所开会，议派吕大森、高建唐往施南，何季达往荆、宜，联络会党，宋教仁往长沙接洽。其在武昌负责推动者：武高等学堂有刘度成，文普通学堂有欧阳瑞骅，马队营有刘敬庵，工程营有张难先，其它军营学校亦各有负责人。讵计划甫定，而长沙于西太后生日前事已泄露。湘抚电鄂督，称武昌科学补习所亦有同谋。九月二十日（1904 年 10 月 28 日），鄂督派队围搜。幸所中已先接长沙密电，干事等当将文册销毁，并通知同志暂避。于是刘敬庵移住高家巷圣公会，王汉、胡瑛移住鹦鹉洲。当军警到所时，其室已空。鄂当局不欲兴大狱，仅开除欧阳瑞骅、宋教仁学籍寝事。所自成立迄是时，仅四五月耳。

（丁）日知会　当科学补习所解散时，刘敬庵与武昌圣公会会长胡兰亭有旧，因避住会内。圣公会原有一阅览书报之所，名日知会。目的在传宣西教者也。旋敬庵被黎元洪开除营籍，由胡会长聘为会所司理。敬庵视事后，整理书报，订立规则，应接尤为周至，阅览室为之改观。敬庵见会务扩张，阅者日众，大可引导革命，于是商准胡会长，另拟会章，由传教进而革命，名不变而质变矣。时在乙巳年（1905 年）冬月也。其与同盟会开始组织约同时，但彼此尚未发生关系耳。次年丙午（1906 年）正月开成立会，到会者百余人。孙武、何季达、朱子龙、冯特民等皆有沉痛演说，听众非常感动。是后每星期必有类似讲演。有时假座文华书院请名人讲演世界革命史，对时事常含刺激意味。又在黄州设秘密印刷所，由吴贡三、殷子衡负责校印革命书册，携至各处分送。各校学生几于人手一册。军营则由入伍会员设法传递，是以流行甚广。适同盟会派余诚为湖北分会会长，是年春到武昌，倚日知会进行党务，不以同盟会相号召，内外联属，声势更张。诚与敬庵极相得，于是设东游预备科江汉公学，增置号召机关。其由会员在外创办者：梁瀛洲设群治社及明新公学；熊子贞、何季达等设黄冈讲习社；彭养光、赵鹏飞等设安郡公益社；皆与日知会相呼应。先是湖北军界仅有少数志士入伍，与学界不相结合，自各社成立后，情谊始得沟通。于是吾鄂莘莘学子，桓桓武士，皆充满革命朝气矣。

是年五月，总理派山西乔义生随法驻津武官欧吉罗周历长江各口岸，于八日（1906 年 6 月 29 日）到汉。敬庵等在圣公会开会欢迎。欧吉罗致辞，会员演说纵谈革命。时鄂军警机关派有密探与会，据情呈报。日知会不容于当道，遂肇祸于此。及湖南萍醴事败，鄂督据谋报党羽潜来鄂境，悬赏缉拿者十余人：其中惟朱子龙为日知会会员；又因奸人贪赏告密，当道遂于十一月二十九日（1907 年 1 月 13 日）派军警围日知会，先后捕获朱子龙、梁钟汉、胡瑛、李亚东、季雨霖、张难先、吴贡三、殷子衡、刘敬庵等九人。其指捕未获者：则有吴崑、余诚、梁瀛洲、何季达、李长龄、冯特民、孙武、徐竹坪、廖汇川、黄景亚、李楚翘等。至是日知会封闭，距正式成立之时，将及一年。当时会员结合，主要任务在灌输知识，唤起革命，其发动指导，尚无大规模计划，即军营内部运动，亦无系统组织；但主其事者皆一时之秀，苦心孤诣，奔走呼号，风雨如晦，鸡鸣不已，实已尽宣传之任务。惜死者死，囚者囚，存者皆风流云散，似乎靡所成就；然植根播因，于辛亥革命影响实甚巨也。

第二章　辛亥武昌革命团体

第一节　共进会之由来

东京共进会　孙总理所组织之党由兴中会扩展至同盟会，夫人尽知之。而共进会胡为乎来？共进会者，乃同盟会之支派，与同盟会一而二二而一者也。先是同盟会成立后，党务虽日渐发展，后因清廷与日本交涉，取缔中国留日学生，阻遏革命，风潮甚恶，总理亦不能常住日本，遂将党务委黄兴、胡汉民二人办理，而兴等亦只注重同盟会南方分部，对于长江流域革命事业未遑经营；于是中部党人，颇不能耐，遂由川人张伯祥（会党中负有声望者，亦同盟会会员）、舒祖勋，鄂人彭汉遗，湘人焦达峰、陈作新，赣人邓文辉，皖人方潜等在日本东京倡议组织共进会，推舒、邓为章程宣言起草员。几经筹备，赞成者日众，遂于清风亭开成立大会。到会者：有鄂人居正、刘公、杨时杰、刘英、张维汉、宋镇华、彭汉遗、袁麟阁、冯振骥、郑江灏、冯镇东、李基鸿、张次青、李国骥、张公道、许汉武、彭惠群、王炳楚、向寿荫、李寿泉、董祖椿、罗杰等；川人张伯祥、熊克武、王正雅、李肇甫、舒祖勋、吴永枬、吴文叔、何枢垣、张知竞、翟蓬仙、雷桂臣、秦遂生、黄晓晖、何其义、晏祥五、陈宗常、周滔荪、李香山、胡香白、刘锡华、李德安、余竟成、苏理成、薛晋贤、尹侗、唐敖、谭毅公、喻培伦、郑襄臣等；湘人焦达峰、杨晋康、潘鼎新、钟剑秋、黄小山等；赣人邓文辉、彭素民、黄格鸥、汤增璧、曾小岩、邹怀渊、卢式偕、文群等；浙人傅梦豪、陶成章、龚味莼、张恭、金鼎、王军等；粤人聂荆、熊越珊、温而烈、陈兆民、夏重民、孙光庭、黄霄九等；桂人谭嗣黄、刘玉山、邓鸥群、黄镕等；滇人王武、赵声、张大义、乔宜齐、杨鸿昌、杜恒甫等；皖人孙作舟、方汉成等。此等人十九皆同盟会会员，仍拥戴孙总理为领袖，其所揭示宗旨方略，亦略与同盟会同，惟入会手续较简，亦不宣誓；会员相见时，另有隐语暗号，间或亦用同盟会握手礼。愿书中改“平均地权”为“平均人权”，则与同盟会异（下第三章余与刘仲文谈及此问题，刘略有解释）。其宣言大意谓：

我们这个会为甚么叫做共进会呢？……这共字，是共同的意思。单 就我们这个团体说：就在会的人，个个都要同心合意，共做事业，不可一人 别怀他样的异心。就本会以外说，凡与我们同样的，不论他叫什么会名，我 们总要联合起来，结成一个大团体，共同去做事业。所以这共字，就是合我 们国中各种的会一同去做的意思。至于这进字，就是要增进我们各会员 的智识，把从那些做偏了做小了的事丢开，寻一个正正大大的题目去做……不许有丝毫懈怠的心……这是我们取共进二字字面的意思了。

由此宣言看来，文字浅显，大约仍想以会党做基础，再联合各党各派，共同团结，向前迈进。那时黄兴恐同盟会起了分化，曾向发起人质问，经焦达峰解释：谓并无别意，只期内地与边区同时举事，或可缩短革命时间。兴始了解。

是会成立时（1907 年丁未秋间），选举张伯祥为第一任会长（其始亦尝称总理，后因同盟会会员议决，凡属革命党员，只奉孙中山一人为总理，无论何党何派，均不得用总理二字，故改称会长）。翌年张伯祥因回国离职，改选邓文辉继任。未几，邓亦去，遂举刘公为第三任会长、居正任参谋、彭素民任文牍、潘鼎新任党务、何庆云任交通、孙武任军务部长、聂荆任内务部长、彭汉遗任外交部长、焦达峰任参议部长、袁麟阁任理财部长、陈兆民任调查部长、温而烈任纠察部长。并制定三等九级军制，十八星军旗。辛亥八月十九日武昌起义时所用之星旗（红地白点内外十八锥角交错形，取各省铁血联合之意，实为丙午年同盟会讨论国旗方式之一种），首先飞扬于黄鹤楼钟塔尖顶者即此旗也。又拟派负责人前赴各省组织实行机关，遂推定聂荆为广东大都督、刘玉山为广西大都督、邓文辉为江西大都督、何其义为四川大都督、孙竹丹为安徽大都督、傅梦豪为江苏大都督、罗洁为河南大都督、焦达峰为湖南大都督、刘公为湖北大都督，并分别先遣特派员回国，积极进行。

湖北共进会　戊申己酉间（1908—1909年），孙武、彭汉遗、焦达峰等先后回国，实行共进会在东京所拟方略。湖北黄申芗、邓玉麟、查光佛等与孙、彭深相结纳。时黄申芗在兴国（今阳新）、大冶，刘英、宋镇华在安陆、德安，彭汉遗在黄州，袁菊山在襄樊，均有所活动。刘玉堂为长江会党头目之一，时任水师探长，开新大方栈于汉口，对于长江会党颇具势力，因以黄、刘、彭、袁、刘等五部编为五镇，以黄申芗为第一镇统制、宋镇华为第二镇统制，其余三镇拟以彭（汉遗）、袁（菊山）、刘（英）等分统之。仍推刘公为大都督，刘英为副都督，设总机关于汉口鸿顺里。分设通信处于上海公学曹忠恕寓、岳州高等小学堂彭蠡寓、长沙太平街同福公栈、宜昌潘级陛寓。此外有刘燮卿、汪性唐、钟雨亭、吴肖韩、李赐生、李伯贞、邵焕章等襄赞机要。焦达峰则往来湘鄂间，互相策应。卒以饷械两缺，进行迟滞；而会党人物尤不受约束，湖南潘平介部之焦逸山，湖北刘英部之龚世英、刘伯旗，黄申芗部之柯玉山等先后暴动，因之全功尽弃。而孙武遂以聂荆之召，偕潘公复、吴肖韩及吴妻汪梅仙女士等离鄂，由粤赴梧州，参加广西温（德臣）刘（玉山）发难事。邓玉麟由汪定忠介绍投入江督卫队。而湖北共进会则由军队同志担任进行，以黄申芗为军界中心，彭汉遗、查光佛任联络，曾省三、黄元吉、江炳灵、萧国宝、陈孝芬、高尚志、黄驾白、陈献斌、陈复元、谢镕成、汤习兵等为大都尉，分途活动。申芗又与李建中、余复堂、邹玉成、夏超发、李存牧、冯扶青、刘清汉、曹逢寅、王应斌、吴超贵等编为指挥团，一面由刘函三、黄丽生、朱秀松、胡志云、胡作仁、黄文甫、胡子嵩、柯茂山等编为补充筹饷等九队。

共进会之活动与停顿　庚戌（1910年）三月，长沙饥民抢米风潮起，湘抚电请张之洞派遣步队第二十九标及炮队一营驰往弹压。时焦达峰在浏阳，以为有机可乘，电鄂相约举事。黄申芗等遂议定于三月十五（4 月 24 日）夜十二时发难。一面由郭抚宸至京山刘英处约同派人至武胜关拆毁铁道，扼守要隘；一面由黄金龙、胡得胜至田家镇运动，夺取炮台，并商由潘祝一、涂寿卿担任汉口联络，保护商教。规划甫就绪，忽湘事已平，焦亦中止。武昌机关亦因孙昌复、朱道源等运弹事泄，朱且受伤，遂至破坏。黄申芗因系担任指挥官，名列首要，清步兵三十一标统带曾广大奉令查缉，幸曾阴纵之，得免逮捕。遂由黄元吉、江炳灵、曾省三、梁维亚、潘鼎新等助资走赣。彭汉遗、黄孝霖、林兆栋、江炳灵、贺公侠等亦走川。黄元吉、梁维亚、李建中、罗定维等复纷纷离营，查光佛旋亦走皖，于是共进会革命事业因之暂时停顿。

第二节　文学社之屹兴

文学社诸人，完全在内地身列戎行，侪伍士卒，奋其热忱，毫无假借，节饷糈之余作经费，借学术之名为掩护，茹苦含辛，几经蹉跌，而气不少馁；卒之在武昌革命中收效最宏，而牺牲亦最惨。观于文学社历次演变情形，亦可以自豪矣。

军队同盟会　戊申（1908 年）夏，湖北新军同志任重远、郭抚宸、章裕昆、杨王鹏、唐牺支、覃炳钧、彭新振、钟畸、王子英等，倡议组织军队同盟会进行革命，常与在汉阳狱中之李亚东相商。由重远等分途联络，一时表同情者不少。六月二十八日（7 月 26 日）在洪山罗公祠开成立会，到会者除发起人外，有黄元吉、王守愚、蔡大辅、林兆栋、廖湘云、曹振武、陈绍武、祝制六、邹毓琳、陆国琪、李抱良（六如）、黄依僧、单道康、孙昌复、黄驾白、李慕尧、张文选、莫定国、万奇、邹润猷等。由覃炳钧主席，议定暂时不立章则，只分途担任联络，作初步革命运动。因会员中对名称颇触时忌，多有异议，致无结果。后因重远赴川，会务遂无形停顿。此虽昙花一现，实文学社之胚胎，且为湖北革命运动由军界自行组织团体之始。

群治学社　至是年（戊申）十月，湖北陆军与江苏陆军会操于安徽太湖，适清廷西太后与光绪帝相继死去。熊成基忽举事于安庆，杨王鹏、钟畸、章裕昆等以为有机可乘，皆跃跃欲试，乃密议于会操宿营地，以事前毫无准备，未敢妄动。旋奉令开拔回鄂，遂由杨王鹏、钟畸、章裕昆、郭抚宸、邹毓琳、唐牺支、邹润猷、张文选、莫定国、万奇等十人发起，将军队同盟会改组，外避目标，内策自治，遂定为群治学社。推钟畸起草宣言及简章。十一月二十日（12 月 13 日），在小东门外沙子岭金台茶馆开成立会，社章组织本有社长、文书、会计、庶务、评议员等，议决社务尚未发展，只暂设庶务一人，推钟畸担任。其后畸与曹振武随管带曹进往南京，改由李抱良接任。社章最要规定：经费由社员薪饷十分之一充之。入社须社员三人以上介绍。每一社员月须介绍新同志二人，但不得介绍官佐，以防卖党求荣。此群治学社组织之大概，亦即文学社之前身。

自是社员日为增多：姚钧、李筱香、廖湘云、蔡大辅、王守愚等自四十一标加入；祝制六、黄亦僧自四十二标加入；单道康、孙长福、叶正中等自三十二标加入；李慕尧、黄驾白等自炮队八标加入，均分担本标运动。己酉（1909 年）六月，杨王鹏考升司书，与四十一标左队队官潘康时相洽。社章原定不要官佐，至是由鹏介绍，潘康时得以破格入社。文学社之有官佐，自潘康时始。

会湖北发生水灾，四十一标奉令分驻襄河一带，以防饥民滋事。遂从潘康时议，同志分布活动。时杨王鹏与康时分驻公安、石首；姚钧、廖湘云驻监利、沔阳；蔡大辅、王守愚、章裕昆、彭新振驻京山、天门、潜江；只留李抱良驻营，主持社务，以便联络。

时刘尧澂、蒋翊武二人由湘来鄂，欲有所图。蒋则暗赴天门、潜江一带，调查群治学社内容。及见本社组织完善，份子纯粹，且尽属现役军人，极表赞同，遂毅然投入四十一标三营入伍，参加活动。尧澄与李抱良亦深相结合，共策进行。

旋詹大悲（原名瀚，字质存）因宛思演出资二千元接办汉口《商务报》，刘尧澂为会计兼发行；何海鸣（原名时俊，前充四十一标标一营前队助理书记）、詹大悲、梅宝玑等皆司笔政，与本社相策应，社务遂蒸蒸日上。

不意社员彭新振（时驻潜江之下畔湖）性颇激烈，常在军中鼓吹革命，对于饥民宣传尤力。事为排长黎某侦知，乃以不守军纪罪名将其重责开除。自此军中防范綦严，社务进行颇受阻滞。而武昌方面又因川、鄂、湘争路风潮突起，民情哗然；时湖南谘议局亦推代表假道武汉赴京请愿，适主张铁路国有之杨度由湘往京，道经汉口，寓既济水电公司。刘尧澂闻之，乃集合同志及旅鄂绅学各界，假湖南会馆开欢迎湘谘议局代表大会，意在借会众之力，加杨以制裁，借暴露清廷罪恶。时到会者数百人，均激昂愤慨，公推刘尧澂、李峻、龚霞初、刘毅夫、曹国勋等十余人为大会代表，前往水电公司迫请杨度到会答辩。杨见尧澂等到，知情势严重，即偕一英人由侧门逃避，并通知英捕房将代表等捕之，拘留八小时始释出。而《商务报》遂因此被封。同时各营亦特别戒严，大事搜查。幸李抱良见机甚早，将关于群治学社一切文籍簿册，密藏于营房之天花板内，未被搜出。本社经此次之挫折，遂无法进行，不得不作暂停之计。

振武学社　庚戌（1910 年）秋，分驻各县之四十一标军队均撤回武昌原防。李抱良乃向各同志报告处置杨度经过及社务受挫情形，佥谓群治学社之名既为外间所注目，不如另改新名。乃召集会议，决定改群治学社为振武学社，推杨王鹏起草简章，其组织与群治学社同，惟外加各标营队各设代表一人，每月开常会一次，由标代表出席。于八月中秋（9 月 18 日）在黄土坡开一天酒馆开振武学社成立会，推杨王鹏为社长，李抱良任文书兼庶务。至各标营队代表，由各标营队选出报社备查，并定九月重阳节（10 月 11 日）在黄鹤楼开代表会议。届期李抱良、杨王鹏、章裕昆、廖湘云、祝制六、江光国、单道康、李慕尧、孙长福、黄驾白等均齐集，先由各代表报告社员人数，共得二百四十余人。其决议案：以扩充社务为最要，但资格务严，不可滥征；至社员月捐，由代表于放饷时收集，汇集庶务李抱良收管，存储银行。至每开常会时，务将收支账目及银行存折交会审查，以示公开。刘尧澂亦于此时正式入伍参加，至詹大悲、何海鸣等又集资创办大江报于汉口，继商务之后为本社言论机关。未几四十一标左队队官潘康时辞职，赴日留学。协统黎元洪委施化龙继其职。施到差不久，即侦知杨王鹏等有革命嫌疑，特报于黎元洪。黎大为惊诧，但恐揭发受上峰指斥，不敢声张。遂将杨王鹏撤差；李抱良及营代表钟作宾各杖一百，开除军籍。自此事发生后，各营防范颇严。杨王鹏、李抱良被撤革后，随即离鄂。所有任务交蒋翊武主持。但振武学社名义又不适用，群议更改，而文学社代之而兴。

文学社　辛亥正月元旦（1911 年 1 月 30 日），文学社同志在黄鹤楼开成立大会。先是去年年底，蒋翊武、刘尧澂、章裕昆、詹大悲等在阅马厂之集贤酒馆会议，决定改振武学社为文学社，推詹大悲起草简章。其组织较振武稍扩大，除正社长外加设副社长一人；将文书、评议两股改为部，各设部长一人；文书部设文书四人，管理一切文书及度支事项；评议部设评议员无定额，管理军事及其他一切交际事项；又设纠察员若干人，其余各项均与振武学社无异。至是日正式开成立会，组织诸人及各标代表均齐集。由蒋翊武主席，首先审议简章，章裕昆以此时社务尚未发达，副社长一席可暂悬不设，至庶务一职亦可暂由会计兼任，并力主将社员月捐取消，均赞成通过。当推蒋翊武为社长，詹大悲为文书部长，刘尧澂为评议部长，蔡大辅、王守愚为文书员，邹毓琳为会计兼庶务。会议既竣，遂各专责任，分途进行。一月之间，加入社员达四百余人。至二月某日，召开代表会议于黄土玻招鹤酒楼，又推王宪章为副社长，于是社务发展，更有一日千里之势。

第三节　各小团体名目及姓氏表

辛亥武昌革命团体以共进会文学社为中坚，既已略如上述。惟此两大团体尚未发展至领导阶段时，湖北军学各界前进之士富有革命思想者，亦曾自动组织许多小团体，皆欲乘机待时，有所举动。虽名目繁多，缘起终始无从一一表明，但亦不应湮没。兹将各团体名目及组织人姓氏，列表如下：

团　体	组织人姓氏
种族研究会	黄申芗　覃炳钧　戴鸿炳　林兆栋
将校研究团	蔡济民　吴醒汉　张廷辅　王宪章
安郡公益社	彭养光　赵鹏飞
黄冈讲习社	熊子贞　何季达

续表

团　体	组织人姓氏
文学研究社	贺公侠 黄元吉 曾省三 江炳灵 梁维亚 汤寿煊
武德自治社	董天人 李岳嵩 高世杰 戴宗毅 李建中 李镜明 何见龙 秦茂梅 张步云 宋 韬 张 羽
数学研究馆	李作楝 费振华 李 钦 饶校文 何世昌
振武尊心会	马骧云 聂 豫 杨显青 陈人杰 冉雪峰 余慈舫 何镜澄 徐移山 熊品三 陈俊德 黄大有 吴 超 罗云波 龚霞初 张庆馀 朱复汉 贾结三 陈习之 郑楚珩 康锡之
黄汉光复党竞存社附	席正铭 雷 洪 易正柏 耿 丹 余鸿钧 孙 毅 萧宏济 向明瓒 杨泽民 胡冠南 严午樵 李儒清 刘文岛 许宗武 张政纶
柳营诗社	谢超武 杜武库 涂吉祥
集贤学社	张聘安 梅鼎洲 钟剑林 方汉农
神州学社	邓汉鼎 李 涛 刘少舫 黄小池 李鸿宾
兰友社	胡祖舜 赵士龙 张振翮 罗一安 徐邦俊 刘国桢 赵振民 余鹤翔 萧鸿飞 袁济安 杨毓林 罗人俊
群治社	梁瀛洲 李 诚 黄景亚
益智社	胡玉珍 王缵承 郑兆兰 邱文彬 黄振中 赵承武
义谱社	杜邦俊 张 融 杨永康 杨秉之 叶茂林 罗良骏 李承裕 黄维汉
铁血军	吴贡三 李亚东 梁宗汉
自治团	高尚志 陈孝芬 曾尚武
德育会	郑江灏 谢石钦 单家燊 董祖椿 康秉钧 向炳焜 黄丽中 李宗渤
辅仁会	陈佐黄 ……
忠汉团	陈国桢 ……
群英会	向海潜 李绍白 刘国祥 吕中秋 熊炳坤 秦培鑫 吕尹雄 熊开鉴 姚鸿圣 石玉山 杨庆山 胡开进 罗仁香 丁洪本 薛金胜 刘承儒 卢德元 罗椿山 鄂功春 唐积亨 曾广春 蔡连贵 骆乘骧 王训民 谷雨亭 杨幼铭 吴国卿 杨忠华 黄连升 黄炳南 余来坤 童国瑞 梅占鳌 鲁伯超 王龙彪 卜邦柱 蒋楚杰 王国栋 李德高 郭长富 卢保汉 王仁山 江文卿 王协扬 阮世涛 余协卿

上列廿余团体，皆以革命为目标。除自行停歇者外，余均为共进会、文学社两大团体所吸收，且多为两团体中重要人物。迨起义前，文学社与共进会联合统一。于是曲阜小丘，积成山岳；支河僻港，汇为洪流；精诚团结，革命基础早已形成矣。

第三章　武昌首义前之策动

第一节　庚戌年革命迟滞与刘杨回鄂

自庚戌（1910 年）春间共进会党人拟在三月十五日发难未果，黄申芗、彭汉遗、贺公侠、黄元吉、林兆栋与孙武等主谋各人物均星散。此次计划未成，不独共进会革命受挫，而群治学社亦大受影响（此时群治尚未改为振武）。因黄申芗、郭抚宸等与两团体皆有联络，如果共进会有所举动，群治学社决不致作壁上观。惜此时群治毛羽未丰，又迭经挫折（彭新振、杨王鹏连受打击），且在群治与振武递嬗期间（杨王鹏、李抱良等正拟改群治为振武社），故对共进会发难计划不能有大帮助。黄申芗等失败，党人更加警惕。于是两团体革命事业均表现停滞，不过军队秘密联络，两团体各负责人仍积极进行，日有发展。

是年（庚戌）夏暑假期间，刘公、杨时杰由日本东京回国，察看长江革命动静，欲有所图。因刘公为共进会会长，负有长江革命任务；杨时杰又是在东京极力提倡集中全力于长江革命之人。两人相约回鄂，对于武汉革命实怀有推动雄心。抵武汉时，仲文（刘公字）因病，径回襄阳原籍暂时休养；舒武（时杰字）乃访杨玉如于汉口笃安里公论报馆。

是时玉如曾于春间办一《雄风报》鼓吹革命，因经费拮据，出版数月即停歇，乃在公论报馆当编辑，并向各报投稿，卖文为活，忽见舒武回汉，心喜之至。略事寒暄，舒武即想谈谈国事，玉如以馆中人杂不便，约夜间再晤。

时天气炎热，两人即登馆内楼上平台，露天对坐，畅谈时局。渠等谈锋，专注在革命问题上。

舒武说："革命潮流，一日千里，进步甚速，中国革命似有成功的希望。但是这几年孙总理、黄克强等专在沿海几省，靠几处会党，携少数器械，东突西击，总是难达到目的。我们长江的党人都想从腹地着手。尤其是我们湖北人，就想在湖北干起来，孙、黄总不大相信，所以我先约刘仲文回来做准备工作。居觉生（居正字）、彭汉遗、吴寿田（吴崑字）、田梓琴（桐）等他们都是要陆续回来的。我们这次自告奋勇，总要做点事业给孙、黄看看，所以我想先邀你出来参加，同我们切切实实干一下。"

玉如说："'不入虎穴，焉得虎子？'革命本是件危险事，还是要从危险处去干。我们湖北据长江形胜，有枪炮厂，有官钱局，饷充械足，新军的知识又高，易受运动。你们想就在此地干起来，我是极端赞成的，当然加入。"

是时两人通宵密谈，决定在武昌另组织秘密机关，参加革命事宜。因舒武要回乡省亲，约秋后再来汉，由玉如预为筹备，先访孙尧卿调查一切。

第二节　武汉各秘密革命机关

（1）武昌工程营附近某号孙寓　此系孙尧卿所租住宅，眷属在内。辛亥以前，凡有重要秘密会议，多在此处，可谓武昌革命的起点。

（2）磨石街二十一号吴寓　吴肖韩与其妻汪梅仙居此，同孙尧卿关系甚密。己酉庚戌间，共进会党人凡有密议，除孙寓外，亦常在此处行之。偶遇同人集议稍久腹馁时，吴妻必力为具炊爨，至典衣饰不齐。己酉春，湘省同志焦达峰为谋两湖革命团体之联络，特至武昌。夏间，川省同志黄复生等来鄂为谋炸端方者，均以吴为东道主人。

（3）沱泥湾五号　杨玉如于庚戌夏间与杨舒武约定在武昌设立秘

密机关后，即于九月偕妻吴静玉由汉口小董家巷迁居此处。当即通知舒武，询渠来汉行期，旋得渠复信，云正摒挡一切，尽速前来，并云已飞函襄阳招刘仲文，不久当可围炉谈话。

至冬月，刘仲文未来，舒武应约而至，即与玉如在沱泥湾同住，约孙尧卿朝夕密谈，筹划革命进行事宜。

（4）蕲春学社　在蛇山附近某号。此系文学社党员与外界接洽之所。詹大悲、何海鸣、查光佛、蒋翊武、刘尧澂等主之。

（5）三道街胭脂巷二十四号　孙尧卿所主持的共进会停滞有日。由港归来，经杨舒武多方鼓励，孙颇心动。舒武又告以中国革命业将成熟，孙更兴奋，乃复重整旗鼓，与文学社争取军界党员。又因军界误传孙为孙文总理之弟（以其名为武），是以军人加入革命者极踊跃。沱泥湾机关已不敷办公。乃于辛亥正月又租胭脂巷二十四号全栋为接洽党员之所，仍由杨玉如夫妇与杨舒武移住此间，主持一切。

（6）黄土坡同兴酒馆　黄土坡位于工程营与左右旗（营房）之间，为军队出入要道。共进会创设同兴酒馆于此。由邓玉麟为老板，专事联络军队。凡各标营队之入党者，将姓名登记于流水账簿，以钱数记其年龄，正副目则记为一元，以识区别。如属党员，酒资有无，在所不计。

（7）巡道岭同兴学社　同时又设一同兴学社于巡道岭九号，为同志往来居停之所。以扬州谢氏妇饰邓玉麟眷属，主持中馈。赵师梅、赵学诗、费孟谦、陈磊诸同志常驻其中。后黄土坡同兴酒馆因同志聚餐者多，将资金吃喝光了，以致倒闭。而此学社赖师梅、学诗等资助维持，至八月起义时尚存。

（8）小朝街八十五号　辛亥四月间，文学社以社员猛进，革命已至接触阶段，各标营代表处不便计议，乃假小朝街八十五号楼上为总汇之所。因同志张廷辅寓此，张系新军中现任排长，可为掩护。即以张夫妇主持一切。起义前夕，刘尧澂、彭楚藩两烈士即在此机关捕去，为民国首先流血者。同时张廷辅夫妇及同志多人亦被捕拘押。

（9）胭脂巷十一号　房屋一栋五间。杨玉如与邓玉麟、李作栋同往视察，以此处地点僻静，又租定为每星期日同志会议之所，推胡祖舜夫妇住此主持。

（10）雄楚楼十号　辛亥五月，刘仲文始由潘善伯专邀来省，刘家素封，自奉甚厚；又以体弱多病，颇惮烦嚣。各同志寓所室隘人杂，渠苦无下榻处，乃另租城北雄楚楼十号一独栋。仍约杨玉如夫妇同住❶。该宅系两进，旧公馆式。后进为一中西合璧的楼房，刘住楼上，杨住楼下，门面左书“度支部刘”，以刘先人曾在京捐有某种职衔，表示系京官眷属。门右书“古复杨寓”，以杨在报上作文，笔名古复子，表示系新闻记者，以免军警注意。以后乃以此处为入党主盟，一切重要问题，皆在楼上开特别会议决定，几成为武昌公开秘密之革命机关。

上列各处，不过武昌革命机关之重要者。此外如蔡济民、吴醒汉之分水岭七号；马骥云之昙华林奇英学社；杨洪胜之中和门正街杂货店；李春萱之数学馆；钱芸生之下新河；陈子龙之巡司河；徐万年之义庄前街等住宅，以及汉口长清里九十八号彭公馆；俄租界广惠公司；刘玉堂河街新大方栈；丁立中鸿顺里大成印字馆；李伯贞新马路荣昌照相馆；刘燮卿、钟雨亭汉昌里七十二号住宅，皆为党人交通接

❶ 此宅即为余与妻吴静玉女士永诀之所。因辛亥秋间，武昌革命高潮已震动清吏耳目。余同刘仲文、孙尧卿等因与上海中部同盟会通声气，瑞澂早得沪探密报，久欲捕拿。但以反形未露，只暗中监视。余等亦尚坐鼓。八月三日（9月24日），炮队同志小有暴动，捉拿党人风声更紧。尧卿常匿汉口租界，仲文亦不敢安居雄楚楼本宅，早携其新宠李贞卿往租界去了。时余同居正往沪购械未回，寓中只余妻吴女士与小女元昭（时未满三岁）同一女仆，苦守待余。至八月七日（9月28日）余由沪归，女士即告以紧急状况，并云本寓时有密探踪迹，劝余亦往汉口暂避。余尚力持镇定，劝伊不必惊惶。越日，余往汉口晤孙、刘等报告上海总部情形，孙、刘及众同志以消息日恶，决不许余返武昌。余此时在汉，接洽频繁，寝食几废，寓中妻女安危亦不暇计及也。不料十三日（10月4日），瑞澂派军警二十余人，突至雄楚楼寓内大肆搜索，向女士问余与刘公何往，女士答以“刘先生携眷回襄阳去了，我夫往上海尚未回家”。军警等斥为谎言，凶恶万状。女士但闻人声嘈杂中，有“请大帅示”一语，遂一哄而散。寓内本无衣物损失，只汉口所制洋铁盒炸弹数枚被搜去了。女士以为此系滔天大祸，又担心余在汉口亦恐不免，遂于夜间饮药自尽。翌晨余得信，即拟回寓一诀，仲文等又力为阻止，不许余身入虎口，特请同志邢伯谦过武昌，会同董天人同志（系女士妹婿）将女士草草殡殓，送至平湖门外江神庙停厝。讵意十六日瑞澂又派兵一排，占踞江神庙，妄指女士之柩系党人装的枪械炸弹，现谣传革命党起事，预防党人来取武器，故先监视厝屋。是日李春萱同志偕董天人襟弟往庙中，尚欲祭奠女士，见兵士如狼似虎，僧人密告以故，李等即托辞趋出。若非起义期迫，女士恐不免劈棺之厄。余昔曾以诗吊秋瑾烈士，有“淫刑直欲刃嫦娥”之句，颇得一般同志赞赏，不料竟成余妻的诗谶，伤哉！回忆昔日武昌各革命机关，大都毁坏变迁，惟雄楚楼此宅，至今犹存。但不知更易几主，偶尔经过，辄万感萦怀，肝肠欲断，俯仰陈迹，不禁怆然。

洽之所（宝善里破获的机关，则为起义最近时所设，尚有文学社同志以住宅驻所为机关者甚多，岁久难记，恕不备录）。似此武汉秘密机关星罗棋布，无异组成了革命之网。而瑞澂、张彪辈尚文恬武嬉，纸醉金迷，并不知外间大有人图侬，无怪乎一闻工程营的枪声、南湖的炮声，即震惊失措，抱头鼠窜了。

第三节　辛亥正月元旦黄鹤楼团拜文学社正式成立

共进会革命运动，至庚辛之交既已突飞猛进，而振武社革命同志亦不甘示弱，乃汲汲调整阵容，更换名目，充实内部，争取党员，和共进会竞赛，来迎接这胜利的辛亥年。遂于正月初一日借新年团拜为名，召集各干部在黄鹤楼（当时名风度楼）开代表会议，决定振武社为文学社，推蒋翊武为临时社长，詹大悲为章程起草人，正副社长各一，分参谋、总务二部，各标各营均举一人为代表。二月十五日（3月15日）开成立会于某处，举蒋翊武为正社长、王宪章副之。刘尧澂为参谋部长，王华国、杨载雄为参议员，侦探科唐鼎甲，联络科王守愚、李擎甫，调查科龚霞初、陈磊，总务部长张廷辅，庶务科罗良骏、唐牺支，会计科邹毓琳，纠察科胡培才、蔡子胜，惩罚科胡玉珍。此外蔡大辅任文书，詹大悲任汉口交涉联络事宜。各标营代表，为王文锦、曹子清、江光国、廖家骥、祝制六、陈俊德、高尚志、张喆夫、单道康、叶振中、陈道行、黄驾白、李翼寰、黄继汉、余凤斋、晏柏青、刘斌一、钟继武等；陆军中学代表，为雷洪、席正铭、卢华等。于是阵容为之一新（余可参看第二章武昌革命团体文学社项下）。

兹将议决章程列下：

一　名称

本社以联合同志研究文学，故名曰文学社。

二　组织

本社设社长一人、副社长一人、文书部长一人、评议部长一人，均由社员推举之。

甲、文书部　一、文书四人。二、会计一人。三、庶务一人。

乙、评议部　一、评议员若干人。二、纠察员若干人。

三　职责

社长管理本社一切事项，督同社员发展本社社务。副社长协助社长发展社务，如社长有故他往时，副社长得代行社长职权。文书部长管理本社一切文件、册籍保管事项，会计、庶务等属之。评议部长专司指导本社社员研究学识，纠正错误。文书协助文书部长办理本社一切文件册籍保管等事项。会计专司本社捐款收入、支出保管事项。庶务专司关于本社一切事务事项。评议员协同评议部长专司指导本社社员研究学识之责。纠察员专司联络本社社员感情及纠正社员错误。标代表管全标一切进行事宜，营队代表亦如之。

四　经费

本社社员缴入社金一元，每月按月薪缴纳月捐十分之一。各队由队代表收集，于放饷二日内送交营代表。营代表于放饷三日内收集送交标代表。标代表五日内集全标捐款送本社会计点收，存放银行。开会时，会计须将簿折交会审查。

五　入社

凡愿为本社社员者，须得本社社员三人以上之介绍，经本社派员调查，认为与本社宗旨相合者，方得为本社社员。

六　附则

本简章如有未尽之处，得临时更改之。

从此文学社与共进会在湖北军队运动中，并驾齐驱，无异赛跑，向一个目标迈进。惟均无党纲，因他们都是遥戴孙中山先生为总理，即以同盟会的“驱除鞑虏，恢复中华，创立民国，平均地权”党纲为党纲，党员的组织，两团体亦大同小异，并无分门别户之虞。

共进会尚有一简单的宣言，文学社无之。文学社简章表面上极含混，共进会章程，亦极简单抽象，故无详述之必要。因革命至辛亥上半年，正到了短兵相接的时期，理论宣传，已成过去，现在只凭铁与血相拼了。

第四节　居正谭人凤先后来汉

辛亥以前，同盟会总部惟以全力图南方。本部精神日渐懈弛，宋教仁、谭人凤等引以为忧。会庚戌四月，居正自仰光、赵声自南洋齐集东京，亦均以革命低潮为虑，乃推人凤邀集十一省区同盟会分会会长开会于日京小石川区左仲远寓。教仁云：“在中央革命为上策，然运动不易；其次为长江流域，边地实下策也。”遂提出分步作法的意见：欲先从长江结合，以次推行河北，为严密之组织，期以三年，养丰毛羽，然后实行，庶几一举可期成功。赵声性急，颇不谓然，谓图大事者，不可过于迂缓。与会同志亦咸谓革命志在牺牲，成功与否，哪有十分把握，如审慎周详，恐得失之见深，而冒险之气馁，故咸主急进，只赞成从长江着手，而否定分步作法。最后由谭人凤提出进行方案，以事权统一，责任分担，不限时期为原则。经众赞成，并议以东京总部缺乏重要人负责，我们既拟定从长江流域新辟战线，自应有在上海另设中部同盟会之必要，亦经众议通过。遂推人凤赴港，商之黄兴。时兴正奉孙总理命谋攻广州，未暇注意及此。但令人凤来长江一带察看，厥后同志纷纷回国，谭人凤与宋教仁先后抵沪，乃与陈其美、章木良、郑赞丞诸同志合谋，期在长江有所举动。但对于中部同盟会，尚未组织具体机关，亦未举出任何干事。只众议决定规设此会，暂以宋教仁在上海创办的民立报馆为总汇之所。

居正系中部同盟会负责人之一，庚戌冬在沪曾接杨舒武函招，谓武汉组织略有头绪，令速回鄂。居遂经长江各埠调查后，便道归家省亲（居广济人）。辛亥正月十五日（1911 年 2 月 13 日），又接汉口刘绍襄同志专函，称有要事相商，宜速来。居即搭轮赴汉，晤绍襄于俄租界广惠公司。因广惠公司系宋教仁推邹永成、张斗枢组织之秘密通信处。表面营矿业，实则为经营两湖革命运动之机关部。绍襄见居，即出一书相示，系黄兴亲笔，大意云：“吾党举事，须先取得海岸交通线，以供输入武器之便。现钦廉虽失败，而广州大有可为，不久发动。望兄在武汉主持，结合新军，速起响应。”云云。居阅竟，绍襄复告黄已派谭石屏（人凤）先生至南京、九江各处联络，不久准来汉口。居正至此，始知吾党将有大事于广州，鄂与粤自应声气相通，速作准备，遂急往武昌访杨舒武晤商。

至二十五日（2 月 23 日），谭人凤果莅汉，寓汉口租界某旅社。时居正已与杨舒武、孙尧卿、查光佛、杨玉如等晤谈数日，武昌革命情况已大体明了。闻谭石屏来，甚喜，即率同志等聚商于某旅社。谭谓：“余奉黄克强同志命，察看长江革命近况，并报告紧要消息，因黄同志与胡展堂（汉民）、赵伯先（声）诸兄均在香港，各省同志毕集。今春决在广州起事。谋既定，款亦有着，最短期间当能实现。南京、九江已有联络，两湖尤关重要，希望急起响应。”旋出八百元交居正为湖北革命运动费。复谈及中部同盟会之结合力惭次弥满，南京主任为郑赞丞、章木良等；九江新军自南京开来五十三标，亦由南京主任通声气。各就其成熟时机而定响应之先后，武汉宜加倍努力，言次甚为激昂。在座均服其矍铄，因当时党人中谭石屏年龄最高，须发已斑白了。

居觉生、谭石屏曾先后往武昌府监狱探视胡瑛[1]，并谈湖北革命事。石屏晤瑛时正值星期日，适蒋翊武、李长龄、罗良骏等均在。诸人系常至狱中与胡接谈者。由胡向谭一一介绍。石屏见翊武如田舍翁，土头土脑；长龄如老学究，腐气熏天；良骏如贵公子，纨绔未脱；心初不慊，颇漠视。胡瑛屏左右谓谭曰：“子勿误，湖北党人都具有百折不回志气。本社（指文学社）尤埋头苦干，不以外观夸耀者也。”谭乃改容谢之。当时谓武昌革命党人多属无名英雄，于此可见一斑。

二月初，谭人凤自汉口密赴长沙，召集中学教员彭仲庄、曾伯兴、马队排长刘文锦授以湖南革命方略，约与湖北同时响应广东。曾伯兴提出意见甚多，谭奋然曰：“此时只有硬干，哪里顾得许多?”曾、刘等唯唯受命。谭旋返汉乘轮下驶。曾伯兴、刘文锦因广东黄花岗之败，湖南风声紧急，均相继告假来汉。

共进会派潘善伯赴襄阳，邀刘仲文来省。

---

[1] 胡瑛字经武，湖南桃源人，原为革党急进派。因萍醴案牵连被逮，永远监禁武昌府狱。文学社党人蒋翊武、刘尧澂皆湘籍，故常将武昌革命事就狱中与瑛相商。惟瑛言大而夸，识见亦陋，料事不甚正确。即如首义期迫，居正、杨玉如赴沪，邀黄兴、宋教仁速来，力言大事可成。而瑛亦暗遣人去阻宋不来，密报武昌革命绝不可靠。党人颇恶其捣乱，但因渠长系囹圄，无异坐井观天，亦不深咎。起义后犹重用之，委以要职，曾蜚声一时。不料辛亥革命失败后，瑛竟赞成袁世凯帝制，参加筹安会，为民党所唾弃，竟至潦倒困穷以死。故当时有“桃源三杰龙虎狗”之称。因宋教仁、覃振、胡瑛皆桃源籍：宋则奉之为龙，覃则称之为虎，而胡瑛则鄙之为狗，可见社会尚有公论。此等人本属革党之羞，无足齿数。但湖北革命始末，彼都与闻，故略及之。又以革命中意志不坚，操守不固，中途变节者，恐不止一胡瑛。本记但就辛亥革命首义前后其人其事，据实直书，不敢稍加予夺。至癸丑（1913 年）以后，政局波谲云诡，未免人鬼殊途，遗臭流芳，千载自有定评，兹编概从阙如。

又由杨玉如专函至京山永隆河邀刘英、宋镇华来汉，计划襄河一带革命事宜。

孙尧卿汇款至南京十二圩电召邓玉麟来鄂，专办各营联络事务。

蒋翊武、王宪章等以马队营尚缺文学社同志，于是推章裕昆前往入伍，由陈孝芬介绍第八标三营左队队官钱葆青，钱待裕昆颇优。裕昆入伍不久，与陆军特别小学堂学兵熊楚斌善。因缘识黄维汉、韩超骥、刘治一、萧志何、刘建一、黎瀛洲、张威、范天印、晏国斌、沈翼世、邱瑞超、廖化东、黄冠群、文东明、华斌恺、陈厉志、顾忠伟、王瑞兰、杨国威等，旬日之间，已得四十余人。因推黄维汉为马队八标代表；黄冠群、文东明、萧志何为营代表。至是湖北新军各营队士兵皆有文学社党人渗入。

第五节　广州起兵失败　武昌革命易被动为主动

辛亥三月二十九日，黄克强荟萃同盟会各省重要党人，持手枪炸弹，猛扑广东督署，拟擒杀清督张鸣岐，占领粤省。不幸事前风露，克强首先冲锋攻入督署时，不获清督，遂变计改攻他要署。因张鸣岐预先得报，即逃匿水师营，命水师提督李准率兵反攻。时众寡悬殊，吾党势不敌，当时战死最烈者：福建林将军时爽；四川喻将军培伦等。巷战弹尽被执不屈者：林觉民、方声洞与陈与燊诸同志，尤极一时之彦。克强奋勇鏖战，左冲右突，如入无人之境，遂伤二指，血流如注。继见目的未达，乃突围走港图再举。当时被牺牲的著名之士即有七十二人，合葬于广州黄花岗，是为黄花岗七十二烈士大流血之役。是役虽失败，而革命党声威大振，清廷夺魄，民气发扬，不啻为武昌首义之前奏。

是时共进会干部均在省。湖南焦达峰、杨晋康、钟剑秋、熊心逸亦来武昌与共进会接洽响应广东事。四月初干部忽接粤事倾覆消息，即于初五日邀集居正、刘公、杨时杰、李作栋、胡祖舜、邓玉麟、查光佛、刘英、宋镇华、焦达峰、杨晋康、杨玉如等在胭脂巷二十四号机关内开紧急会议，详商应付方法。

开会时，推居正主席，杨玉如任记录。孙尧卿由汉口来，袖出上海一份本党的《民立报》纸，先给会众传观。大家聚目快睹，见报纸上首页全载广东革命党攻督署的新闻。细看战死人物内，会众有认识的，有知名的，大都系各省革党的英俊。又见电报栏内有“黄兴攻督署阵亡，胡汉民、赵声当场捕获”等电。会众更为震悼，以为党中的台柱摧毁尽了，一时会场空气颇为严肃沉默。旋由居正发言谓：“广东此次失败，本属吾党一绝大的损失。不过以本人窥测，克强、汉民、伯先等阵亡与被捕之电，恐未必确；尤其是克强同志，他既有勇气向督署杀人，无人抵挡，岂独无机智向别处杀出化装逃走吗？或者尚有一线生机，也未可知。”有人问居：《民立报》是本党的机关报，怎会撒谎？居云：“惟其是我们的报纸，故喜载这些有烟幕弹的新闻，或者还捏造些重要人物或死或捕的电报，俾和缓官厅跟踪踏缉呢，我们同志不必过于泄气。粤事既已覆了，且研究以后我们进行的办法。”会众以居言颇合理，顿时兴奋起来。孙尧卿谓：“现在的问题，最重要也很简单的就是我们先以为广东此次一定可以得手，准备由广东首先起义，我们两湖急起响应。现在广东既无望了，自应由我们两湖首先起义，号召各省响应。我们先是‘被动’的，今日我们要做‘主动’了，同人赞成否？”焦达峰云：“当然赞成啰，中国假如没有广东，我们就不革命吗？假如克强真死了，我们也不革命吗？就从我们两湖干起来，再不要依赖别处了。”刘眄述（英）谓：“上海设立中部同盟会，原是希望长江革命的，长江革命当然以两湖为重要。我们急应自己干起来，有甚么游移？”杨舒武谓：“我早不相信边省能够成大事，洪杨在广西起义，打了十几年，不能推翻满清，反被满清消灭了。即或这次克强能占领广东，要想打到北京如朱元璋驱走胡元，那恐怕有不可想象的困难，所以我向来主张在两湖腹地动手，和满清一拼。可惜广东这次把我们各省有能力的同志都牺牲了，他们已成仁取义，尽了个人的责任，以后这个革命的重任，希望我们两湖同志毅然担负起来，最后胜利终是属于我们的。”时李作栋年最少，忽高兴地说：“广东虽失败，我们湖北更好革命了，清政府以为这回广东把中国革命党杀光了，再没有革他命的人，他必不大防备革党；哪知道广东死的，都是些有名的革党；还有我们湖北这些无名的革党，如果乘他不备，出其不意，革起命来，那一定是可以成功的。”众以其言直爽天真，都鼓掌笑起来。此时会场空气全为愤激气氛所鼓动，极为活跃，于是公同提出各问题互相讨论，决定临时方案数项如下：

（一）广东破坏，张鸣岐必密电瑞澂严防革党，或缉拿党羽，我们革命正到了低潮，宜严加戒备。本会各标营同志星期日例会，自即日起一律停开，武汉各机关亦暂时停止活动。推邓玉麟、李作栋两同志负责分途通知。

（二）本会决定中国革命以两湖为主动：如湖北首先起义，则湖南即日响应；湖南首先起义，则湖北即日响应；两湖能同时举义更好。推焦达峰、杨晋康两同志负湘省完全责任。

（三）本会起义主力本着重武昌新军，但如襄樊一带会党同志先行发动，武昌新军必继起应之；若新军先行举义，襄樊会党同志亦当即日来援。推刘英、宋镇华两同志先赴襄河一带积极准备。

（四）文学社革命团体与本会宗旨是一致的，我们向认为友党，宜将本会议决事项争取文学社同志赞助，务期同舟共济，严防两败俱伤。推杨舒武、查光佛、杨玉如各同志和文学社极力联络，与之通力合作。

各项宣布毕，全体赞成通过，承认分途进行。

文学社亦因广州失败，风声甚紧，社内常会，不便召集。刘尧澂恐社员失了联络，进行或有松懈，于是请假脱离营伍，潜居阅马厂文昌阁，每日往各营探问，借以沟通消息。

此系广州失败后武昌革命的动态。虽黄花岗前，死气沉沉，而黄鹤楼头，又生气勃勃了。

刘仲文颇怀疑文学社不能与共进会合作，常与杨玉如闲谈，谓："文学社内容，我很茫然，看他们的简章颇缺乏革命性，你的观察怎样?"

玉如谓："文学社纯是军人组织，都是以推翻满清建立民国为宗旨，奉孙中山三民主义相号召。我以为武昌革命同志走的是一条路线。文学社与共进会是平行的，不是对立的。不过军人脑筋简单，他们住在营伍内，只争取营内的忠实同志入社，不欢迎外间穿长衫的人，恐易破坏，这与共进会有海内外学生参加主持的不同。所以文学社表面不及共进会规模之大，至内容严密，进行迅速，实不逊于共进会。湖北革命要成功，两团体必须合作，只要我们尽一番心力，总可做到的，你不必过虑。”

玉如转问仲文：“共进会口号是本同盟会的，你们何以将‘平均地权’改为‘平均人权’？”

仲文谓：“这是张伯祥的意见。他是长江一带会党的首领，他以为中国的人阶级太多，太不平等了。中国人除视官僚为上品外，士农工商都有地位，独视会党为下品，为江湖流派，所以社会上多有称会党为‘汉流’的，伯祥乃主张革命成功后，无论各界的人，一律平等相待。所以改为平均人权，他是见好于会党，俾努力革命的意思。”

玉如谓：“中国的阶级严重，是君主时代的产物。如果我们消灭了君主，建立了民国，那时凡事以民为主，阶级自然平了。至于人类一切都平等，那还要经过相当教育，循序渐进，不能一革命就甚么都平等。况且平均地权，是民生主义的重要工作：这不仅是政治革命，实含有社会革命的意义。中山先生曾想将政治革命和社会革命毕其功于一役。他又说过民生主义即是共产主义，那末地权问题，关系革命前途，何等重大？共进会竟一笔抹煞，随便改地权为人权，这人权与民权主义的民权二字又含混不清，实搅乱了三民主义的原则，我觉得很有点不妥。”

玉如又笑道：“我们此次革命即或能成功，人权也是难平均的。你想我们是满清的奴隶，满清又是帝国主义的奴隶，我们就是打倒了满清，而帝国主义尚在，怎能和他平等，我们总理何以不提出‘打倒帝国主义’口号呢？”

仲文道：“这问题我们在东京也曾讨论过。奈清室早与帝国主义相勾结，所以我们的外交深感棘手。当同盟会总部在日本成立后，总理驻东京，受留日学生热烈拥护，革命正突飞猛进，清廷即暗向日政府交涉，日政府接受清廷要求，对总理即采敬而远之的态度，于是总理不得不离日而赴美。去年觉生在仰光尝主《光华日报》，倡言革命。仰光领事萧永熙即电清外交部，诬觉生鼓吹无政府主义。外部据此请英公使电缅甸政府押解觉生与陈汉平同志交粤省大吏惩办。幸舟过星洲，该埠同志延律师依法抗争，始改为自由出境，觉生等才得脱险赴日。因帝国生义亦利用清政府的统治权，间接压榨中国人民，他们是一致不利于中国革命党的。而我们党人又不得不依赖国际公法保护政治犯的条文，借帝国主义的国土为我们海外革命活动地；借帝国主义的租界为我们内地革命掩护物。如果现在提出打倒他的口号，那有英日对付总理与党生的前车可鉴，恐怕革命党人内外都无立足之地了。所以我们姑且含垢忍辱，这个——打倒帝国主义——工作为时尚早，只有等待第二步去办了。”

第六节　共进会文学社协商合作

武昌革命党人至辛亥夏秋间实以两团体——共进会、文学社——联合统一为最重要的工作。这个工作如果弄不好，恐怕开创首义的虚名，亦难侥幸获得。

因为文学社鉴于日知会失败，由于学界无赖份子贪赏告密所致，所以他们的组织专争取同伍的人，埋头苦干，意欲将新军中除满人与官长外，全体运动成熟，一举而拔赵易汉。所谓“抬营主义”是不欢喜和外界周旋的。

而共进会发源于东京，有中部同盟会的鼓励，有川湘会党同志的联系，故虽着重新军，与“抬营主义”相同，然亦常有揭竿而起的雄心。所以两团体如能合作，则内容愈加充实，声势愈加浩大，推动力必愈加迅速。

况且两团体在辛亥以前，并辔驰骋，个别运动，彼此默契，尚无妨碍。至辛亥四五月间武昌转为主动，革命到了高潮，两团体各标营的代表为急于完成任务，互相争取党员，自难免于摩擦。如马队同志初入文学社时，适共进会函约开会。马队推章裕昆、黄维汉同往孙武寓，杨玉如出志愿书二份请填。裕昆外出，维汉照填。及回营报告，众谓团体行动，不应个人独填愿书。维汉即函共进会取消所填愿书。陈孝芬以此与章裕昆往复辩难，后为刘尧澂所闻，允改日协商，并力戒勿向外人道。似此两团体干部已渐起龃龉，不免为革命进行之梗。为消除此种障碍，更有联合统一的必要。

于是经蔡济民、查光佛、梅宝玑、牟鸿勋、陈磊等多方斡旋，两团体均允推代表协商，遂于四月十三日（5 月 11 日）在长湖西街八号龚霞初寓开会。文学社由刘尧澂、王守愚、蔡大辅出席，共进会由杨玉如、杨时杰、李作栋出席。杨、李与刘、王等先就武昌革命进行方略概括的交换意见，畅谈颇久。彼此观点，无甚悬殊。谈到两团体合作本题上，双方代表因系初次接洽，都存了几分客气。杨、李云：“我们两团体向系殊途同归。现在正是同归不必殊途的时候了，只求双方在原则上同意合作，一切问题均可从长计议。”刘、王亦云：“我们两团体宗旨目的都是一致的：合则两美，离则两伤；譬如风雨同舟，大家只期共济，到达彼岸就得了，有甚么不可商议?”于是彼此都以革命到了紧急的时期，提出一件应先赶办的事来，拟令各标营两团体的代表极力避免摩擦，万不可互争党员，只要是受了运动的同志，都是革命党员，不必分某社某会的畛域。双方均表赞同，决定即日施行❶。

龚寓会议，共进会本拟谈合并问题。但杨、李并未提出，以两团体各有历史，各有组织；尤其领袖人选不易解决❷。

❶ 李廉方先生编著《辛亥武昌首义纪》（见湖北通志局鄂故丛书）记述云：“玉如提议文学社改推孙武为领袖，其社费由共进会补助之。尧澂曰：文学社社员饷械有着，社费则向例抽提薪饷，无需补助。惟军事指挥，首在情意交孚，改推领袖不便。如孙武有所计划，当在可能范围内，竭诚接受。众无异言。”与当日协商情形，不相符合。因据本人回忆：当年共进会与文学社联合，本人曾极力主张，同詹大悲、何海鸣等奔走数月，双方忠告，幸获两团体干部采纳。又得蔡济民同志等多人赞助斡旋，始有四月十三日龚寓之会。记得会议时，双方在极和谐气氛中进行，本人并没有提出更易蒋翊武的领袖与资助文学社经费的话。因就事实论：共进会只是年正月谭人凤交居正八百元的党费，居收到后，不上三月即已用罄。至四月龚寓会议时，共进会经济已在窘迫中，还想打达城庙金菩萨的主意，本人安敢以空言来诱友党合并。况两团体初次接洽，即向对方要求更易领袖，本人似不至如此唐突。且领袖问题关系武昌革命甚巨（阅下章自明），龚寓会议距起义时尚早，并无人谈及此。本人又与蒋翊武、孙尧卿两同志都是患难至友，无所轩轾，亦决不至拥孙而反蒋，作此露骨的表示。上段叙述，恐系未参与龚寓会议的同志误听传言，向通志局投稿，李先生援稿编入致有此分歧。特附数言，以明真相。

❷ 文学社以蒋翊武为社长，当然拥蒋为领袖，尚属简单。而共进会有刘公、孙武、居正三人比较重要。以名义言，刘公为共进会会长，显然是该会领袖。但武昌革命事，刘公并不以领袖自居，而干部亦未奉之为领袖。孙武、居正态度亦如此。办事时都采合议制，无异多头政治。若要文学社合并，谁主谁从，领袖属刘属蒋、属孙属居，实成最大的问题。故此次协商，只着重合作。至于两团体合并，则尚有待。

第七节　争路风潮与端方带鄂军入川

清室一般贪污无厌的官僚如奕劻、盛宣怀辈，竟借铁道国有为名，把川汉、湘汉两路的建筑权，私自让给外人去修（因借洋款好肥私囊），不许商民集赀自办，并将川人先前修路的股款，一概没收。于是湘、鄂、川等省人民群起反抗，川人尤为愤激，以清廷虐民卖国，誓不与之两立。谘议局议长议员蒲殿俊、罗伦、张澜等十九人代表川民入督署请愿，皆被清督赵尔丰拘禁了。市民号泣，要求释放。尔丰怒，枪炮俱发，洞胸折股者数十百人，暴尸于市，遂酿成川省争路的空前惨案。

川鄂关系密切，湖北人民亦继起反对清政府，不许铁道国有，不许以川汉铁路献媚外人。于是四处演讲，慷慨激昂。而留学东京鄂省同乡亦派代表张伯烈、夏道南等回国运动，并详言铁路主权关系国民经济与国防，万不可假手外人。清政府卖国行为，国人宜早觉悟，而演说场中且有军人断指哀哭大呼救国的。湖北社会团体且派省绅刘心源、宓昌墀与张伯烈等至北京邮传部请愿：哀求收回铁道国有的成命。张伯烈辈坐守邮传部大门三日三夜，不饮不食。而清政府置之不理，其漠视民意如此。

斯时四川骚乱已极，武汉亦人心汹汹。惟共进会文学社革命党人尚力持镇静，私喜有机可乘，暂不作任何举动，惟积极准备发难。只借《大江报》为文鼓励民气，将反清的热度提高，不令下降。所以詹大悲题曰大乱者救中国之药石也。何海鸣题曰亡中国者和平也（当时党人志在推翻现状，故作此语）。瑞澂阅报大怒，即逮捕海鸣、大悲入狱，并封闭《大江报》。于是舆情更为愤激，革命空气，异常浓厚，大有山雨欲来风满楼之势。

川鄂因争路事，闹得满天风云，四民鼎沸。清廷竟毫不警惕，仍然用高压手段专事镇压，急派他的爪牙端方奴才为铁路大臣，带兵入川查办路事，并授以“格杀勿论”的密旨。端方以鄂军素有声望，因奏调湖北陆军第十六协（统领邓承拔）率第三十一标（统带曾广大）所部一标及三十二标第一营（管带董仲泉）所部之右后两队，跟他随行。这正无异引虎自卫。因端方并不知道他所带的军中官兵大多数都是共进会、文学社的革命党人。革命党人现在只是准备消灭清朝的，他们再不愿当清朝的刽子手，做那残杀人民的傻事了。

当端方正在武昌调兵遣将的时候，革党三十一标代表李绍白、田智谅、赵振民、胡忠良、秦茂梅、王自新等密议，拟乘瑞澂与端方饯行时，把那两个奴才一齐杀掉，就举义旗干起来。总机关闻讯颇惊讶：以为时尚早，一切筹备实来不及，他们太冒险了，近于兵变，与领导上大计划不合，万不可行。急由居正、杨玉如、邓玉麟、黄元吉、胡祖舜等入营送行，极力阻止，席地抚慰。卒付以沿途伺机先图端方的任务，并相约种种互通消息的方法，幸得同志多数谅解接受，绍白等始怏怏就道。

第八节　特别筹款

武昌革命党人是一伙无名的热血青年，并头比肩实行民主革命，他不依靠党魁的支持（虽多属孙中山信徒，不过遥为奉戴，关系甚浅），亦无党费的接济（共进会尚得了孙黄的八百元运动费，杨枝一滴，已属可怜；而文学社连此一滴，亦未沾染）。文学社团体的活动费，是由军人月饷抽取的，尚可勉强应付。共进会的活动费，则全由干部个人自筹；或以教书所得的薪水挹注，或以报馆卖文的笔资分润。此等收入均微乎其微，且不能常有。是以焦达峰春间住在杨玉如家内时（胭脂巷二十四号），因随带人多，资用不给，与杨眷属皆日不再食以为常。邓玉麟、孙尧卿典质已尽，仅余蓝布长衫一袭，谁出外，谁穿着，其困窘如此。

谭人凤携来的八百元，早已用罄。他们穷极无聊，筹款就不择手段了。适湖南邹永成由日本来汉，访孙尧卿询湖北革命进行如何，焦达峰在座叹曰："革命进行颇得手，惟经费感困难耳。"永成云："有办法。我家婶母现旅汉，蓄有首饰约值数千金。如能以术取得，可尽作资助。"达峰喜，即由邓玉麟倩三十标军医江亚兰配置麻醉品交永成，置酒及馒首中，约于早膳进之。届时尧卿、达峰、玉麟等往取金饰。将入门，见其婶母立于堂前，言笑自若，知迷药未生效力，乃败兴而返。达峰叹曰："岂天真不欲吾辈成事业，何厄之甚也？"

邹婶的首饰未取得，同志皆引为笑柄。哪知又有较此举更可笑的事：因居正家数十里有一达城庙（属崭州境），庙内供金菩萨一尊，远近善男信女，多装金许愿。历年既久，菩萨金身越装越大，神龛内竟像一个大金库。一日居与达峰谈及，想向菩萨筹款，达峰大喜，即决定将金菩萨取来，溶解了作起义之用。当时吴静玉女士曾加阻拉，谓"神像上装的金，怎能化来变钱，真是奇谈，你们皇帝的命尚没有革掉，就先革菩萨的命来了。"（时焦等皆寓吴处）。达峯云："嫂嫂勿虑，那不是观音金身，是个无名的小神，他身上的金太多了，我们暂借来一用！"

焦等既决定去取，但是这个金菩萨法身太重，取之亦不易：先由居与焦往达城庙踏勘了一次（踏勘时有查光佛同行，查谓蕲州三角山产绿毛龟，亦名金钱龟，富室视为珍品。若能多运武汉出售，亦可帮助党费，尤为笑谈）。复由邹永成筹资，专人回浏阳约黎大汉等来，往返筹备二月有余，始潜至庙内去取。结果金身虽毁，而不肯为革党所利用，只遭了一次刀劫与水劫。（因金身大而坚，焦等拟支解之，以便携带。及甫断四肢，天已光，农人起，乃急投陂塘内）。大汉、达峰等几为逻者所获。此举所费颇巨，而一无取偿，可谓得罪了菩萨，又耗费了香资。

但是武昌革命进行状态，已到了万事俱备只欠东风的时候了，领导诸人仍想筹笔款项，作为孤注，以便最后一掷。幸值刘仲文家内汇银五千两来汉，欲渠晋京捐道衔。杨玉如得悉，即往孙武寓商之众同志，尧卿初欲用特殊手段劫之，玉如不可。正计议间，彭楚藩忽至，得知内容，彭即慨然曰："是不难，我可完成这个任务"复问同盟会总部各种秘密刊物如《革命方略》等，仲文持有底本否？众答曰有。楚藩曰："计在是！请玉如兄向仲文索是本，多抄几份以便交负责同志。是日星期，余当请假访仲文，白金可取也。"众大喜，分途准备。玉如回雄楚楼，向仲文索革命方略抄写。抵晚，孙尧卿、李作栋、邓玉麟早已来仲文处闲谈，旋楚藩服宪兵制服亦到，先访玉如于楼下，将所抄之底本携去，上楼访晤仲文，正色语之曰："我等新军组织已充分完备，行将起义；只以无少数基金，不能即时发动，闻君携白金五千两将北上纳官，想非君初志，若出此赀供发动费，其价值奚啻一道台衔。君若不然，则吾持此证据，以宪兵资格告发，如是则君将捐之红顶，先戴于我头上矣。”仲文怫然曰：“余不欲纳官，曾为同志言之，老弟何疑之深而言之左也?”楚藩即曰：“弟言亦戏之耳。”仲文乃慨然悉数捐助。同人只取五千元作发动费。是晚彭楚藩、李作栋、邓玉麟、孙尧卿、杨玉如等均在仲文处密商起义的计划，不觉通宵。从此武昌革命步入成熟阶段。

第四章　武昌首义时之状态

第一节　战线统一　请将购械

刘仲文捐款获得后，两团体即于七月二十二日（9 月 14 日）晚在雄楚楼十号开联席会议。干部各重要人均齐集。推仲文为临时主席，蔡大辅当记录。首由孙武报告云："我们湖北革命已有十余年历史，尤其最近三四年间，完全是由我们文学社、共进会两团体担负这个重要任务。幸赖我们众同志互相谅解，互相努力，才获得相当成就。现在我们是到了摊牌的时候，我们要向敌人进攻了。月余以来，军队的同志屡屡催促我们发动，我们因为湖北处在满清的腹地，武昌革命是生路也是死路，我们必须要计策万全，只许成功，不许失败，所以不敢轻于一掷。现在我们秘密筹备的工作，已经大体完成。尤其是仲文同志慷慨地捐出了五千元，我们的发动费也有了，准备即时动手。但是武昌革命是文学社与共进会双方的事，如果此一方动手，彼一方仍袖手；反之如彼一方动手，此一方反袖手，都是不能成功的。所以今天召集我们两团体负责同志会商，这是紧急的关头，希望切实讨论。"

刘尧澂云："尧卿兄的报告很坦白。本人极表同情。武昌革命本是共进会与文学社两团体的事。我们两团体向来是合作的。不过以前的合作只算是消极的合作，现在我们要积极地合作了。我们已到'箭在弦上，不得不发'的时候了。本人建议：我们既到了与满清拼命生死关头，应该把以前双方团体名义如文学社、共进会等，一律暂时搁置不用，大家都以武昌革命党人的身份和满清拼个死活。‘事成则卿，不成则烹！’就在这时侯。我们全体同志要群策群力，冒险以赴，一切都不须顾虑了！”

刘仲文云：“尧卿兄的建议，本人极表赞成。现在我们要向满清强敌搏斗，首先我们的战线就要统一起来。我们都是湖北的革命党，都是想推倒满清的。有敌无我，有我无敌，我们武昌革命是整个的。以前那某社某会名词，到现在总结的时候，似乎过了时效。尧澄兄主张一律搁置不用，正可表现我们战线已完全统一了，这是极端重要的。本人亦有建议：以为不特团体名称要化除，就是从前所预拟的个人负责的名义，也是过了时效的，都应一概作废，重新改选。即如本人先前本蒙同志预推为湖北的大都督，刘晦述（英）为副都督，现在晦述不在此地，我不敢代表他；至于本人大都督的名义，今天我可当众同志面前坚决取消，我自量我的才识，万不能胜起义时的领袖之任，请大家原谅。”

蒋翊武云：“仲文、尧澂两同志的建议都是极合理极重要的，本人深表同情。我是文学社的正社长，现在团体名称既应化除了，本人的正社长名义愿实时取消，以党员的资格同大众努力。”

王宪章云：“我和蒋同志的意见是一致的。我的文学社副社长名义，亦愿即日取消。”

杨玉如云，“从今日起化除团体的痕迹，我们武昌革命战线才算真正统一了。但是大家都愿取消已往的领袖头衔，那末我们湖北革命不成了群龙无首吗？我以为谭石屏同志曾说过：‘责任可以分担，事权必须统一。’这是中部同盟会革命的原则。我们今天还须要预选一个主帅出来，或都督或总司令，以备起义时好负责指挥，庶免临时忙乱，请大家考虑。”

于是会众以玉如的提议亦颇合理，都表赞成。即就刘公、孙武、居正、蒋翊武等诸人中互相推选，无奈彼等皆谦让未遑，不肯担任。旋由居正提议：谓各同志如此谦虚，不争权利，较之洪、杨诸王相残，进步得多，这是我们革命的好现象。但事权仍须统一，组织要有重心。我们可否向中部同盟会找黄克强、宋遁初、谭石屏等来帮同我们主持，名义候他们来了再定，何如？尧卿首先赞同，谓我们两湖向来是一家，此次革命又是两湖同人领导的，但是发动地点在湖北。我们邀湖南的黄、宋来做主帅，一则可以表示湖北人谦让，二则可以利用他们的声望便于号召各省。仲文云："这是个解决主帅问题的最好办法。不过克强因今春广州打击太大了，很心灰意冷。遁初为人又甚谨慎，恐怕不是我们一纸相召，他们就即时命驾的。我们必须推举代表赴沪专邀，方可有济，因为我们武昌的现状再不能迟延了。"大家均以为然，遂全体赞成通过，并即席公推居正、杨玉如两同志赴上海，专邀黄、宋等克期前来，以便大举。并由居、杨携款千元向沪代购手枪，作干部临时发动之用。

同时并议决二事：（一）就武昌城内择要多开旅社，平时通声气，有事即为集合点。（二）就汉口租界分租密室，为制造发难时应用之爆烈物品及旗帜文告等，至经费则公开使用，由会计向银行兑取。

先是七月初，鄂方因川省风潮未靖，复下令四十一标第一营准备开宜昌、沙市，第二营准备开岳州，马队第八标第三营准备开襄阳，统限七月二十日（9月2日）前出发。当此共图大举，新军可为干部者分调如此之多，其关系不在妨碍武汉发难，而在发难后清军南下，大减其抵抗力，故军事筹备人员对于部署必须补救。于是文学社干部与各代表在小朝街机关开会，讨论应付之策，以武昌一旦起事，调防各处同志应即时响应。遂指定四十一标第一营开宜昌者，由唐牺支负责，与往川之三十一标曹子清、胡冠六及三十二标叶正中联络，占领荆宜；马队八标开襄阳者，由黄维汉、章裕昆负责，与往郧之二十九标第三营联络，占领襄樊；又四十一标三营左队开岳州，蒋翊武势必前往，其任务决定由王宪章、刘尧澂分担；尧澂驻社办事，故军中计划多由尧澂统筹，与军事筹备员不时讨论，拟具略案，凡各标营届时应负任务，预向各标营代表分别具告，临时依命令实行。

至共进会新军中组织：则由蔡济民为二十九标代表，黄礼堂、张鹏程、萧国宝为各营代表，杨宏胜、方殿甲、周楚材为三十标正副代表，江亚兰、殷占魁为三十一标正副代表，郭抚宸、祁占元、陈随福为各营代表，陈子龙为三十二标代表，徐万年、孟华臣（亦名发臣）为炮队八标正副代表，蔡汉卿、王鹤年、艾良臣、梅青福、张富国为各营代表，沙金海为马队八标代表，熊秉坤为工程营总代表，雷振声、方兴、金兆龙、徐兆宾等为代表，彭楚藩为宪兵营代表，李翊东（西屏）为测绘学堂代表，陈磊、赵师梅为工业学堂代表，陈洪九为法官养成所代表，张育万为方言学堂代表，刘鄂生、牛廷臣、方旭明为铁路学堂代表 。其军学界负责人，大概如此，以后时有增加或更易，颇难备载。两团体阵容时时调整，都摩厉以须。

至传言军中组织：以二十人为一排，五排为一队，中设有排长、队长以管领之。又称标营队各有总代表，以十人为一分队，以三分队为一支队，以三支队为一大队。各队置队长一人，副队长二人。队长即以总代表担任，指挥其他各级队长；副队长则由总代表就代表中指定或由队长互推之，由各标营代表负责等等，不过事前个人一种提议或预拟之言，筹备中并无此强制规定。因革命事，先主破坏，变起非常，战斗时又变化莫测，只宜依靠各代表临时部署，随机应变，不能如平时行军，预定整齐划一之制令人严格遵守。

时革命怒潮已至沸点，军队同志在总机关催促发动者户为之穿。黄、宋来鄂无期，势不能久待。于是孙武、刘尧澂等乃于八月初三日在胭脂巷机关部召集联合大会，商决首义动员计划。是日军界各代表及干部各负责人均出席，总计到会六十余人。公推孙武为临时主席，赵士龙、李济臣负户外警戒之责。首由孙武报告上月雄楚楼联席会议两团体合并经过。随即商讨首义日期，经一致决定八月十五日（10月6日）。并迅即电知湖南焦达峰同时发难。孙武复提议临时总司令一职推蒋翊武担任，自愿任参谋长之职，以表示合并诚意，众赞成之。旋即分派各标营队代表担任职务如下：

（一）混成协辎重工程两队总代表李鹏升担任首先纵火为号，以共营房位于草湖门外塘角旧恺字营，地临江岸，南北两岸及城内皆可望见。同营混成协炮队总代表蔡鹏来率队响应，即以一支队由草湖门进占领凤凰山炮台；以一支队占领青山邀击海军，由辎重两队分别派队掩护之。

（二）八镇工程第八营总代表熊秉坤担任占领中和门内楚望台军械所，因其营房位于楚望台附近。右旗八镇步队第二十九三十标总代表蔡济民、方维等，测绘学堂总代表方兴等率队响应。与工程营会合于楚望台，协同进攻总督署。

（三）南湖八镇炮队第八标徐万年、蔡汉卿等率炮队由中和门进城，攻击总督署，由附近八镇步队第三十二标孙昌复、单道康等率队掩护。

（四）南湖八镇马队第八标及混成协马队第十一营留守步队由祁国钧等以一部警戒于城外，以一部进城担任传骑队。

（五）八镇步队第三十一标及混成协步队第四十一标留守部队，由赵士龙、阙龙等率领占领蛇山，掩护炮队，因其两部同驻左旗营房与蛇山相接近。

（六）汉口驻军混成协步队第四十二标之一部，由代表林翼支等率队响应，进占武胜关。

（七）汉阳兵工厂驻军混成协步队第四十二标之一部，由代表宋锡全等率队响应，占领龟山炮台。

刘尧澂复与孙武协议：关于临时组织，据当时决定如下：

总理部　总理刘　公（此因刘公已取消都督名义，因假定为总理，将来仍拟更改，免与中山总理有侵越。）

军务部　正长孙　武　副长蒋翊武　高尚志

参议部　正长蔡济民　副长徐达明

内务部　正长杨时杰　副长杨玉如

外交部　正长宋教仁　副长居　正　刘复基（尧澂）

理财部　正长李春萱　副长张振武

调查部　正长邓玉麟　副长彭楚藩

部员陈宏诰　徐移山　蔡大辅　赵士龙

交通部　正长丁立中　副长王炳楚

部员杨宏胜　陈人杰　钱芸生

参　谋　张廷辅　杜武库　吴醒汉　吴芝诚　吴炳楚　彭寿松

黄中瓒　刘长庚　萧国宝　王宪章　黄元吉　李济臣

王文锦　刘　英　刘　铁　宋镇华　王华国　杨载雄

李抱良　杨王鹏　徐万年　林　晓　张斗枢　唐牺支

秘　书　谢石钦　邢伯谦　费　榘　苏成章

军　械　熊秉坤

司　刑　潘公复

司　勋　牟鸿勋

司　令　马骥云

司　书　黄元斌　袁汉南　罗秉襄

会　计　梅宝玑　赵师梅　赵学诗

庶　务　刘玉堂　钟雨亭　李伯贞　刘燮卿❶

第二节　总机关破露　三烈士就义

居正、杨玉如接受了总机关请将购械的任务。两人于七月杪抵沪，即迳赴《民立报》馆，晤宋遁初、陈英士（其美）、谭石屏等，报告湖北近况，并请英士代购手枪，由湖北携来一千元付之。英士即允负责办理。次日在英士寓所（马霍路某号）召集上海总机关部会议，决定武昌、南京、上海同时发动。时山、陕、滇、粤、川、桂各省，都有代表在沪总部参与会议，闻居等报告皆喜，即密报本省准备继起响应。又由居详述武汉及长江一带事实，函报黄克强，专派吕天民携往香港，请黄速来，遁初、石屏均准备同时赴汉。不料胡瑛在武昌狱中亦暗派岑楼持书至沪，向遁初索炸弹，欲行个人主义，并极言湖北不能发难。遁初遂对居等之报告，疑信参半，致迟迟其行。迨八月初间武昌炮队暴动，汉口总机关急电居、杨回鄂，而英士之手枪及

❶　又湖北革命知之录载：推蒋翊武为革命军临时总司令，孙武为参谋长，刘尧澂、蔡济民、吴醒汉、杜武库、蔡大辅、祝制六、王文锦、徐达明为参谋，杨时杰、杨玉如任内政，丁立中、潘公复、查光佛、牟鸿勳等任秘书，杨宏胜任交通，李作栋任财政，邓玉麟传达命令，王守愚、陈磊为常驻军事筹备员，孙武、潘公复、李作栋为常驻政治筹备员，赵师梅、赵学诗、费孟谦等等绘制星旗；牟鸿勋、谢石钦、梅宝玑办理文告。革命逸史载：夏间开联合大会，分组各部；以蔡济民、吴醒汉、杨玉如、张振武等任参谋，居正、杨时杰任内务，查光佛、牟鸿勋等任交际，刘公，李作栋等任财政，蒋翊武、刘尧澂等任军务。复又议发难时以蒋翊武为临时总司令，刘复基副之。孙武为参谋长，蔡济民为参议长，吴醒汉、徐达明、王宪章、张廷辅、王文锦等为参议，谢石钦、潘公复、丁笏堂、陈磊等分任秘书干事等职。邓玉麟、李作栋任传达命令。

居正“起义经过”载：推蒋翊武为临时总司令，孙武为参谋长。刘尧澂、秦洛民、吴醒汉、王文锦、徐达明、杜武库、蔡大辅、祝制六等为参谋。杨时杰、杨玉如等任内政，丁笏堂、潘善伯等任秘书。查光佛、牟鸿勋等任联络，刘公、李作栋任财政，杨宏胜任交通，邓玉麟传达命令。

遁初之行止，均未办妥，乃决定居暂留沪，玉如先行返汉。

因八月初三日午后，南湖八标炮队三营左队正目梅青福、兵士汪锡九请假离营，同志孟华臣、张富国、赵楚屏、霍殿臣等设宴饯别，猜拳斗酒，兴致甚豪，笑声达户外。其排长某忽来干涉，致激动公愤，陡起冲突。由霍殿臣、赵楚屏为首率众夺炮出，奈撞针已卸，子弹库又扃闭，仓库不得入内。本营同志以非总机关命，附和者少，而管带姜明经急电镇司令部就近飞调马队来弹压。孟、霍等度势不行，遂逃至城内晤邓玉麟、胡祖舜、李翊东等，具以事告。❶ 是日上午，正刘尧澂与孙武等在胭脂巷机关部开各标营代表大会，商定起义计划与日期。炮队代表蔡汉卿、徐万年散会后回营得知其情，乃密令为首的霍殿臣暂避，余则一概归营应点，处以镇定。如官长追问，则委责于霍殿臣一人，万一究治多人，则事非得已，即立时发动。结果张彪恐事态扩大，未加深究，只以兵士酗酒滋闹，开除霍殿臣等一二人军籍了事。时孟华臣手臂受伤，血痕新裹，面带怒容，见玉麟、祖舜时，力斥各机关主持者筹备迁延，致军中坐失时机，责难备至。邓、胡等婉言劝慰，告以居正、杨玉如赴沪购械快回，及本日会议已有结果，克期发动，彼始怏怏而去。

自此事发生后，清吏防范愈严，侦骑四出。十三日军警突至雄楚楼十号捕刘公、杨玉如未获。是晚杨妻吴静玉饮药自尽，柩停江神庙。清吏听侦探谎报，云吴柩系党人装的军火，十六日（10月7）又派兵围江神庙厝屋（详情见上章雄楚楼机关项下附注），疑鬼疑神，草木皆兵。至此清吏颇虑军队不稳，遂加紧各标营侦察，以三十标三营多旗人，移驻汉口，保护租界。又探悉汉兴里设有革命机关，将捕拿。方殿甲得此消息，于十六日上午来总机关报告，干部同志遂将汉兴里机关所藏文册器物等搬至宝善里十四号，其办事人亦移居是处。此时牟鸿勋、谢石钦、苏成章、邢伯谦、梅宝玑等则拟办文告及对外照会；丁立中、李春萱则筹设中华银行及印行钞票等事件；彭楚藩则侦察官方情报及各军事要点设备情形；潘公复、陈磊等则分别在汉口

❶ 当时马队曾奉有追捕炮队逃兵之命，因内中多同志，故纵之使绕道入营，致无一人被捕。

总部及武昌胭脂巷、小朝街机关部制备炸弹；杨宏胜、艾良臣等则密购子弹及传递消息；费振华则刻军政府鄂军大都督印；赵师梅、赵学诗则摹画十八星旗图案；刘尧澂、蔡济民、高尚志、邓玉麟、方兴、钱芸生、胡祖舜、黄元吉、马骥云、赵士龙等则往来各机关襄办一切。不料十八日（10 月 9 日）正午，孙武与潘善伯等在汉口总机关（宝善里十四号）内配制炸弹，[1] 忽刘公之弟刘同口含纸烟从外而来，上楼旁观，偶遗烟灰于配药盒内，一时火星迸裂，烟气弥漫，声震四邻。武炸伤头面，仓皇中由丁笏堂扑灭火线，汪性唐、陈光楚、李作栋等以被幅覆武面，急从后门扶出，送往同仁医院救治，余皆潜逃。俄捕闻爆炸声，鸣笛呼警来查，见系革命机关，力加搜索。刘公之寓在紧邻，公逃避他处，其弟同回寓。有人密告两屋相连。俄捕遂将同与公之妾及其亲友王可伯、谢坤山、陈文山一并捕去。刘燮卿匆匆自外来，亦被捕。所有被捕人员及所遗文告、名册、符号、旗帜，悉解俄捕房，立移江汉关道署，旋解武昌督署，并案讯办。严讯时有人畏刑吐实，于是武昌革命机关及其主要人物多被泄露，向晚瑞澂下令紧闭四城，飞调巡防营、守卫队、教练队分布街巷，据供分途搜捕，居民惴惴不安，可谓武昌最恐怖之一夜，亦即推翻专制之前夕。

时邓玉麟以购物在外，幸未被捕，急渡江至小朝街机关部报告其事。接着邢伯谦亦仓皇来告。时蒋翊武于是日晨由岳州防次回省，正与刘尧澂、张廷辅、彭楚藩、杨宏胜、陈磊等商谈，忽见邓、邢等来报告汉口总机关失事消息，皆相惊失色。尧澂奋然云：“事已至此，正是我们和满奴铁血相拼的时候了。与其坐而被捕，不如及时举义，成败利钝，非所计也。”翊武亦云：“再无别法，只有前干，或可死中求生。”众意皆主急发。尧澂乃取箧内地图及方略示翊武，促渠以临时总司令名义起草命令，派人分送各标营，定于是晚发动。命令如下：

---

[1] 此弹壳三枚，原系黄复生、喻培伦存留之物，能装炸药五六磅。干部已在督署左侧墙外租舖房一所，预备将此三枚，配全炸药，携至武昌作炸毁督署之用。

命　令

（八月十八日下午五时发于小朝街八十五号机关部）

（一）本军于今夜十二时举义。兴复汉族，驱逐满奴。

（二）本军勿论战守均宜依守纪律，不得扰害同胞及外人。

（三）凡属步炮工辎等军，闻中和门外炮声，即由原驻地依左列命令进攻：

（甲）工程第八营以占领楚望台军械库为目的。

（乙）二十九标二营由保安门向伪督署分前后进攻：一营前队出中和门迎接炮队。左队防守中和门，右队防守通湘门，后队助工程营占领楚望台（三营出防不列）。

（丙）三十标扑灭旗兵后，即向各要地分兵驻守。

（丁）三十一标留守兵分驻各城门防守。

（戊）四十一标三营进攻伪藩署及保守官钱善后电报各局。

（己）三十二标留守兵由保安门进城援助二十九标二营进攻伪督署。

（庚）马队八标一营进城后，分配各处搜索，二营向各城门外搜索，以四十里为止。

（辛）塘角辎重第十一营于本夜十二时在驻地放火助威，藉寒敌胆。

（壬）塘角工程第十一营掩护炮队十一营由武胜门进城，占领凤凰山。

（癸）卫生队于天明时往各处收拾阵亡尸首。汽球队于十二句钟时在谘议局听遣（辎重第八营在伪督署守卫谅不可靠）。

（四）炮队八标于十一句半钟即拔队由中和门进城，以一营占领楚望台向伪督署及八镇司令部猛烈射击，以二营左右队占蛇山向伪藩署猛烈射击，中队留守原驻地。三营占领黄鹤楼及青山一带，防守江中兵舰（我军占领时即射）。

（五）四十二标一营左队进攻汉阳城。前右后三队占领大别山及兵工厂，以中队为援队。

（六）四十二标二营占领汉口大智门桥口一带。

（七）四十二标三营右后两队堵塞武胜关，前左两队防守花园祁家湾一带。

（八）武昌弹药枪枝暂由楚望台军械库接济，阳夏暂由兵工厂接济。

（九）凡各军于十九日上午七句钟皆至谘议局前集合。但须留少数部队防守已占领地点（阳夏驻军不在此例）。

（十）予十二时前在机关部，十二时后在谘议局。

（注意）本军均以白布缠左膀为标志。

临时总司令　蒋翊武

这个命令外，还有另一道命令，就是：

“南湖炮队于是晚十二时鸣炮为号，城内外各军闻炮声一齐动作。”

所以送炮队命令的人最关重要。那时送这命令的是邓玉麟，本属可靠，无奈他不从保安门、中和门或望山门出去（或者那时各门已有阻碍，难于通行），而从文昌门往南湖，这已绕了一个弯，延长了路程。而和他同行的徐万年、艾良臣又都携有炸弹。他们三人走近文昌门不远，看见城门口戒严，往来行人必须检查。他们见情形不妙，忙将所带的危险物，抛置道旁水沟内，始得混出城外，这不免又耽误了若干时间。所以抵南湖炮队营门时，已经十二点钟了，营门早已关闭。乃徒涉该营外濠，攀篱而入。斯时人多睡了，猝不及备，以致时间已过，信炮未发。所以城内各军，亦无动作（据说城内各标营的命令，亦未完全送到），这个命令就失了效力，而我们为民国首先牺牲的彭、刘、杨三烈士，就难免演流血的惨剧。

蒋翊武派人分传命令后，旋出外晤王宪章，料理来日一切事情。刘尧澂见各同志分途出而办事，独往龚霞初寓，稍谈片刻，即同回小朝街机关部。适有留声机过，即唤入高唱，藉资掩饰。未几彭楚藩、邢伯谦、陈宏诰、蒋翊武、牟鸿勋等先后来。惟王宪章来而又去。唱片至九时始停。彭楚藩取身边所存钞票数十元，分给在座各同志，每人七元，以备糇粮。久之时钟将十二点，外间寂然，而传令被阻，亦无消息。正惶惑间，忽闻敲门声甚厉。同志等知有变，尧澂即持炸弹下楼，甫及梯，军警已破门入，迳登梯，尧澂掷弹中梯身，碎片反射，负伤扑下，遂被缚。其余诸人，越后墙登邻屋顶，人多顶塌，皆被捕。张廷辅妻住楼下亦不免。翊武尚垂长辫，衣酱色旧布衫，外套紫色领褂，如乡学究，军警不甚注意，遂乘间逸去。宏诰与来捕之警官识，亦中途纵逃。是日杨宏胜与李济臣由胭脂巷胡寓搬运炸弹，装入提篮内，覆青菜其上，分送小朝街及宏胜杂货店内。向晚宏胜送信至工程营被营门守卫盘诘，胜因掷炸弹受重伤，遂亦被捕。

瑞澂见破获人士如此之多，大为震动。当命铁忠、双寿及武昌知府陈树屏在督署会审严讯。庭审时已四鼓，首提彭楚藩。彭原为宪兵营正目，身着制服，至则自承革命排满，大骂铁忠满奴不置。双寿犹欲好言诱供，乃谓尔是否去侦察，抑系党人？彭不理。略问年岁、籍贯，铁忠即令剥去制服，绑去候斩。彭且行且呼“黄帝万岁！民国万岁！”者再。复提刘尧澂，刘更厉声说：“我是革命党，要杀就杀，何必多问？”并痛诋清廷的残暴及官僚的腐败，滔滔不绝，铁忠等莫不失色。推出时，犹大呼“同胞呀！大家起来革命！”又讯杨宏胜，见其面被炸伤，焦如黑炭，问过姓名后，未讯一语，铁忠即令写就旗牌听斩。宏胜骂道：“好，只管杀！你们奴才们的末日就要到了！”至是开国三烈士皆为民族流血于督署辕门左端。至今伪督署废址虽改为雄壮之军事机关，其门外东偏墙隅尚存有碑文，题曰“彭、刘、杨三烈士就义处”。《革命实见记》篇首载有三烈士赞词：

龟山苍苍，江水泱泱，烈士一死满清亡，掷好头颅报轩皇！精神栩栩下大荒，功名赫赫披武昌。呜呼三烈士兮，汉族之光！永享俎豆于千秋兮，兴江山而俱长。赞一

貌清而洁，骨侠而烈。促革命之动机，贡牺牲于祖国！湖湘钟灵，孕兹三杰。共和成立兮千秋万岁，永纪念夫鄂州血！赞二

时天已黎明（已到了十九日），先后提龚霞初、牟鸿钟略问数语，未有结果。陈树屏提议午后再审，遂退庭。

陈树屏、双寿见名册多军人，主张烧毁其册，胁从罔治，以安反侧（此计甚毒），唯铁忠坚持不可，并严令续拿余党惩办。于是复在三十标操场捕去张廷辅，又在同兴学社捕去赵师梅、赵学诗兄弟及熊楚斌等二十余人。陈子龙之妻亦被捕。一日之间，武昌各革命机关全被破获，被捕男女达数十人，皆披枷带锁，拘押候审。这是清朝专制淫威的回光返照，其消灭当在指顾间。

第三节 血战终宵 武昌首义成功

彭、刘、杨三烈士就义后，瑞澂、铁忠等犹欲大肆杀戮。八月十九日（正是武昌首义之日）下午又把龚霞初、牟鸿勋等由模范监狱提到总督衙门再审。会审官仍是铁忠、双寿、陈树屏三个。因上午初次审牟鸿勳时，双寿问道："你也是营盘里兵士么?"鸿勋道："不是的，我是两湖师范的学生。"双寿道："你读的甚么书?"鸿勋道："我读的扬州史。"陈树屏是两湖师范的提调，大约想"成全"鸿勋，随问道："这几天两湖师范正在考毕业，你不好好用功，出来做甚么?"鸿勋道："我是出来到扬州去会史可法的。"树屏向双寿道："这个孩子所答的都是疯癫话，大概有神经病吧。"遂丢开不问了。此时陈树屏就先问龚霞初："你们是约定几时闹事的?"霞初道："本是约定昨夜，不知道为什么没有动手。"树屏道："你们约的是哪些人?"霞初道："我所晓得，你们捉的捉了，杀的杀了，其余没有别的人。"双寿问道："孙尧卿你认得么?"霞初道："不认得。"铁忠道："你说你是在报馆当过编辑的，那报上署名'古复子'的，你必知道，他的真名叫什么?"霞初道："这个人会做文章，我也听人讲过，但是我不认得他，也不知道他的本名。"接着又问牟鸿员、张廷辅等几句话。忽然有一戈什来（副官、勤务兵之类），气吁吁地道："上面传下话来，一切罪犯仍解回监狱，不必再审了。"铁忠等面面相觑，摸不着头脑，低声说了几句，也就宣告退庭。大约是知道党人于今晚决定大举，他们的大祸也临头了。

是日瑞澂曾电奏清廷邀功，尚云“臣不动声色，一以镇定处之，因得弭患于无形，定乱于俄顷”。可笑他夸口太早了，无殊梦呓。其时谣言蜂起，多以搜去名册为口实。有云由巡防营及宪警包围按册拿人；有云搜去者为假名册，各标营汉籍士兵皆在内。风声鹤唳，人人自危，同志极为愤慨。所以防制愈严，谋反愈急。当时虽总机关办事人（如刘公、蒋翊武、杨玉如、蔡大辅、王守愚、丁笏堂等）不得不暂避外，而各营队分别秘密私议，借故外出传递消息者，清吏实无法可以制止。加以各营队值日目兵，照例轮出采办，平湖、武胜各门限时开放，俾居民取水，以故城内外犹得通讯。所以蔡济民、吴醒汉在右旗与熊秉坤、金兆龙、彭纪麟、阙龙、方兴、方维等集议：济民云：“名册已搜去，各处捕人甚急，总是一死；不如今夜起事，死中求生。”众皆谓然。遂决定是晚点名时发难，以枪声为号。并通知塘角纵火，城内外各标营同时出动。邓玉麟、李作栋日暮由汉口绕道渡江至南湖与孟华臣、徐万年等议定：闻城内枪声，即集合出发。胡祖舜晤见黄元吉、刘国桢商妥与各营队互通消息，一致行动。

“拍……拍……拍……”这是工程营的枪声。“轰……轰……轰……”这是南湖的炮声。火伞高张，大放光明，这是塘角辎重营与城内王府口的火光。我们的三楚健儿干起来了！我们的黄帝子孙站起来了！让我把各路的民族英雄们先后出动及与清军血战的情况，逐项分叙于下：

（甲）工程第八营在紫阳桥南约一里，与右旗二十九标三十标及宪兵营接近，距左旗四十一标三十一标亦不远。先是十八日杨宏胜送来子弹仅有两排，本营吕功超取其兄家所藏子弹两盒，分给同志。于郁文、章盛恺又窃排长方定国子弹五排益之。队长罗子清系前日知会会员，因革命风潮高涨，曾密询熊秉坤，暗示关切，终以势格，无所助力。唯排长陶启胜反对革命最力。是晚七时巡查，见程正瀛持枪装弹，金兆龙亦擦枪，问其为何如此？兆龙答云：“准备不测。”启胜大怒，厉声道：“汝辈造反吗？”随扭住兆龙，正瀛急发枪击启胜，启胜负伤逃。兆龙跃起大呼云：“反！”时方兴在营外亦掷一炸弹，声震屋瓦，玻璃破裂，楼下林振邦、饶春棠、陈连魁等闻声皆起。代理管带阮荣发出而弹压，发手枪阻止，适启胜过其前，遂中枪倒地，同志章盛恺亦受伤。众遂击荣发，荣发逃，徐少斌要击毙之。于是熊秉坤放枪为号。右队队官黄坤庸挽本队士兵暂留营房内，吕中秋击之，坤庸死，弹贯司务长张文涛亦死。是时马荣、罗炳顺等守楚望台，闻本营枪声，立即放枪以应。各队官兵既集合，左队司书周定原云："难既发，当速占楚望台，据军械库。"于是整队驰往楚望台。楚望台逼近中和门，军械库在此，存枪炮子弹甚多。闻初在德国购七米厘九毛瑟双筒枪一万余枝，继在日本购六米厘五枪一万五千支，后由汉阳兵工厂自造单筒六米厘五枪数万支，多藏储其内。平时由工程第八营守卫。自谣传八月十五日革命军起事后，张彪即派李克果、马祖全、成炳荣、刘绳武、张策平等，会同总办纪某负责监守。克果等即在四周设防御工程，工甫竣而变起。克果见声势汹汹，不可制止，相率走避。炳荣系士官毕业，为同盟会会员，声请参加起义，同志许之。本营官兵到台，与守台同志马荣、罗炳顺等会合，遂实行占领楚望台及军械库。队官吴兆麟是晚亦守台，熊秉坤以兆麟在本营资望较高，军事学识出其上，举大事必须能者领道，遂与同志等公推兆麟为临时总指挥。[1] 兆麟力辞不获，乃申言宜严守纪律，服从命令，违者必绳以军法，众皆接受。于是重整队伍，集合西南凹地，宣布立时措置事宜，其概要如下：

一、本营北有三十标，西有宪兵营，多为旗人，地位相逼，必乘其不备制之。马荣、金兆龙各带兵一排：马荣向宪兵营东面进，金兆龙向宪兵营西南进，即时出发扑灭之。

二、本营军械库为我军根据地，必须保守。曹飞龙带兵一排防御西北端；黄楚楠带兵一排防御东北端，皆向三十标猛烈射击。

三、炮队在城外，本有预约，宜促其入城。熊秉坤偕杨金龙、徐兆斌、汪长林带兵一队，先夺取中和门，以便炮队入城。

四、附近电线，一律割断。程正瀛、杨开云、孙元胜、罗炳顺各带兵六名前往割断。

五、陈有耀带兵三名往通湘门附近侦察。唐荣斌带兵三名往中门

---

[1] 工程营同志举吴兆麟为临时总指挥，如此不自私不揽权之举动，本一般首义同志同具心理，亦即武昌首义成功之关键。

附近侦察。

六、城内各营各派同志二人分途前往送信。

七、其余为预备队，在本营军械库西端集合待命。

八、俟炮队入城及其他各营出动后，会师进攻伪督署。

（乙）混成协辎重一营工兵炮兵各一队驻城外塘角，距武胜门（即草湖门）数里。是晚七时左右，李鹏升、李树芬等携洋油灯一盏，往马房纵火为号。辎重营则集合队伍向武胜门进，工炮两队继之，破城门而入。余凤斋率大部份工辎队，掩护炮队，进占凤凰山，并搜索山后各处。当由塘角启行时，沿途炮车转动，轧轧有声，乡民惊问何事，答云："这是我们的事，驱满兴汉，老百姓不要惊惶。"李鹏升最先行，别率数十人，绕城至通湘门入城而至楚望台，蔡鹏来旋亦到台。

（丙）二十九标与三十标同驻右旗。二十九标三营调往襄郧，留守者为一营二营，尚有三营留守队若干人。三十标一营三营驻城内。三营士兵满汉渗合。二十九标张鹏程奉队官吴长怀命，于是晚守通湘门。先是本日午后六时许，二营厕所吴突有炸弹一枚爆炸，将厕前敞地陷成釜形，似由墙外掷入者，已震动右旗各营矣。及同志接到是晚发动消息，以塘角放火为号。[1] 向晚，纷纷在操场北外望，未久果见天空微现火光，正在相约准备，而工程营枪声已起，蔡济民遂率同志遽起，三营学兵杜武库、陈人杰等呼集同伍而起，济民声称出巡，率本排士兵出，张喆夫、李达武、谢超武亦起。济民率队行至营门前，见有枪弹从营外射入，当系工程营促右旗发动者，即大呼道："打旗人！"营内各同志皆应声呼"打旗人！""打旗人！"即三十标亦有呼者。呼声动天，旗兵无不人人慑服，莫敢较。济民遂出，迳向楚望台而去。钟仲衡、卢雅卿、方维、谢涌泉、陈伟、冯中骥、罗良骏、萧国宝、陈复元等皆出。第一营管带何锡蕃知为党人起义，未加阻难，但当时尚无参加勇气，暂避马房，观察动静。其本营同志则与二三营合领取子弹，其随管带避马房者仍未出。后炮队入城，闻一营未出，即在中和门城楼发一炮，适中右旗一营营房屋脊，避马房者遂一律

[1] 枪声为号，系各营发难之号。塘角放火，为城内外公同之号。

出动。

时旗籍官长守三十标营房，声言管带不准外出，各不相犯。吴醒汉趋前喝道："管带命令，固应服从。但不可不整队，以防不测。"言时声色俱厉，而四面枪声渐紧渐密，旗籍官长即默然退。马明熙、徐达明皆为排长，吹笛站队，遣同志闯入本标营军械库取子弹，气势汹汹，旗兵不敢与争。管带部翔宸见势不能敌，遂率旗兵百余人开西营门窜走，于是三十标马明熙、徐达明各率本排往楚望台，吴醒汉、方维、谢涌泉亦率一部去。二十九标杜武库、高尚志、杨选青、夏一鸣、姚金镛、彭纪麟及留守胡效骞等各率一部往楚望台，马云卿亦率一部与张鹏程会合。

（丁）四十一标与三十一标同驻左旗。协统黎元洪亦在是处办公。三十一标已开四川。四十一标有三营之前后右三队及一二营留守若干人。又有本标与四十二标之讲武堂受训士兵百余人寄宿标内。当塘角火起，其管带张正基电话报告黎元洪，黎即命谢国超严防本营士兵行动。适见一人从外来递信（有云名周荣发，亦有云名周荣棠），元洪手刃之。又士兵周玉溪闻变夺门出，亦为元洪所手刃。及闻工程营已占楚望台，遂下令谓革命军来，不开枪，以好言相劝。后闻南湖炮队变，又下令谓革命军来，即避入营房。自此元洪亦离去办公室避匿。于是阙龙、胡培才、李文灿、邹栋、王世龙、顾鸿、梁栋、柳涤凡、李必胜、郑继周等齐集操场，阙龙大呼站队，右队队官胡廷佐应声出，吹笛集合。二营留守士兵廖湘芸、姚钧与队官李铭鼎同出集合。后阙龙、廖湘芸、姚钧、胡廷佐、李铭鼎等率队出长街协攻督署，最出力，邓飞鹏、胡春阳、杨震亚亦同去。管带谢国超逃，队官殷人骥亦逃。三十一标留守无多，其督队官某同情革命，唯排长何少雄多方阻难，目兵胡忠良欲杀之，为同伍所阻，遂与江光国、赵士龙等出而参加，队长胡廷翼同往。次日何仍顽抗，乃被杀。

（戊）测绘学堂在通湘门内，距楚望台甚近，有学生八十名。当自习时，工程营枪声爆炸声并起，继以群众欢呼声，学生颇惊惶。李翊东即起抗声道："今晚革命党起事，推倒满清。我即革命党之一，我早代表我们同学参加了革命的，现在快站队赴楚望台领取枪弹。"众皆曰诺，遂同往操场排队。适方兴自工程营携军刀二柄来，以一柄授翊东云："学堂中有满人者，请以此斩之。"翊东云："仅一松俊耳，不必杀。"方以为可。遂与翊东及朱次璋、甘绩熙、向讦谟、喻义（育之）等及全体员生驰赴楚望台。

（己）南湖炮队第八标是日下午接城内同志起事预约，邓玉麟、李作栋复在营守候，已有准备。其晚九时工程营发难，二十九标三十标相继起，有若干部分集合楚望台，公推马明熙率队出中和门往南湖迎炮队入城；复派金兆龙、马荣率队在中和门内外，沿途掩护。而炮队同志，又自见塘角火光，群起准备，蔡汉卿乃赤膊呼啸而出，其队官柳柏顺出而阻止，汉卿飞腿蹴之，柳倒退数步，其他官佐皆退缩莫敢言。蔡遂与徐万年、孟华臣及同志多人往据标本部，继开子弹库，拖炮实弹，威胁各营队，集合者三百余人，遂偕陈国桢、李慕尧、黄驾白、范鸿江、王鹤年、陈天寅、刘天元、谢荻南、闵少斌、邹国勋、丁敬敏、金明山、史定邦等率炮十二尊，向中和门进，邓玉麟、李作栋亦改易军装同行。

（庚）三十二标驻城外武建营，其一营三营及二营之前后两队分调四川施南。留守者仅二营之左右两队及各学兵新兵共四百余人。十九日午后，标统孙国安由城内回，召集督队官许兆龙、队官楚英、赵怀仁等指示注意事项。向晚镇司令部电传警讯，标统命楚英率队警戒标营周围，时孙长福、单道康、戴鸿炳、张树棠、王时杰等以是晚发难事，密告许兆龙，因协议届时一致行动。及城内已发动，马荣、金兆龙等率队迎炮队入城，近抵武泰闸，楚英探悉大惧，而炮队复派金明山来催其出动，于是夏斗寅、段海山、梅明祥、黄义祥等在左队吆喝，戴鸿炳等在一营之操场，放枪击伤本部卫兵，孙国安于是出走，楚英亦遁。单道康、孙长福、夏斗寅乃集合队伍入城，其随标统出走之官兵，亦于次晚齐回，同受编制。

（辛）马队第八标混成马队第十一营同驻南湖，马八标二营管带马德才所部调防襄阳，留守者为吴连庆、孙长林之两营。当首义前夕瑞澂曾调马兵一队及机关枪一队，保卫督署。混成马队第十一营管带为王祥发，亦有一部分出防于外，该标营之代表章裕昆、陈孝芬等早随军出防襄樊，临时由祁国钧、刘国佐、沙金梅、黄冠群、罗振东、彭世春等率队参加，担任传骑，并任中和门内外警戒。

据此武昌革命军八路的人马都群起动员，固已气壮河山，胜算可操。但是瑞澂、张彪的兵力亦还不弱，他有教练队一营、机关枪一队、消防队一队（此是原在督署守卫的），自闻新军不稳，十八日又调入巡防三营协守，镇司令部亦有卫兵若干人，又有驻平湖门的八镇辎重营，合计当有三千人左右。又有警察约二千人分驻城内。瑞、张既拥有军警五千人，故仍欲顽强抵抗，及接到工程营与塘角辎重营举事消息，张彪即令平湖门外辎重营入城，复派李襄邻、白寿铭指挥各军，分两路防守伪督署。

长街为敌左路防线，所以防武胜门入城与阅马厂西进的革命军，前线以辎重营（八旗）入城队伍为主，头道防线在王府口，分哨及于南楼。

保安门正街为敌右路防线，所以防城内及南湖方面之各标营的革命军。前线以巡防消防各队为主。头道防线在保安门，其保安门正街沿北叉路皆布伏兵，使革命军不得径达大街进袭督署。至敌警察则分布山后各处及长街以东各街巷，直达阅马厂、紫阳桥一带。

瑞澂等既负隅顽抗，布此阵势，所以我们革命军当然有一番血战。吴兆麟与最先到台的蔡济民、熊秉坤、李翊东、马明熙、张鹏程等筹议时，鹏程抗声道："长守楚望台不速攻督署，天明敌军集，我辈无噍类矣。"众韪其言。于是派李鹏升率辎重兵一队，李翊东、方兴率测绘学生守楚望台军械库及通湘门。以外各军决定分三路向伪督署进攻。

第一路由紫阳桥向王府口搜索前进。

第二路向水陆街搜索前进。

第三路经津水闸向保安门正街搜索前进。

开始进攻时间为十一时左右。当是时各标营尚未齐集阵线，敌人布防情形亦不明了。进攻队伍，工程营所分配的：第一路邝杰，第二路马荣，第三路熊秉坤，各率一队。此外第一路尚有二十九标蔡济民本排与兼领零星之队。第三路尚有三十标马明熙本排与兼领零星之队。二十九标张鹏程、三十标吴醒汉各一部亦向第三路前进。唯因开始进攻，人数无多；又南湖炮队初入城，尚未在蛇山稳固阵地，是以王府口、保安门两方面进攻队伍皆被阻，且有伤亡（次晨卫生队长陈雨苍报告紫阳桥尸首最多），第一路邝部进至紫阳桥西，即遭敌严重袭击而退回楚望台，邝因此为众所诟詈，指挥吴兆麟欲绳以法，赖同志缓颊令戴罪图功，得免死。蔡济民则绕道王府口以北，因鄘部未达王府西口，故济民搜索至长街善后局官钱局附近，不敢前进。第三路熊部伍正林所率支队进至津水闸被阻。吴醒汉、张鹏程亦率部出第三路者，醒汉率士兵余文家、张玉清、于起云、马开云等数十人行至津水闸，遇敌巡防队连放排枪，被击倒数人，马开云负伤。鹏程则抵保安门附近亦遇敌军，不支而退，幸此时各标营已全体出动，纷纷参加战斗者甚众。故革命军两路虽稍挫，而气仍雄壮，加以炮队亦在蛇山稳固了阵地，声势更震。于是各标营联合发动“二次进攻”，并议定进至适当地点，即放火助威，兼为显明发炮目标。

二次进攻时已在是晚十二时后。第一路工程营邝（杰）部退，黄楚楠率队前进，二十九标姚金镛率部同进。张鹏程退出三路后，亦转向王府口进。四十一标出三佛阁，见王府口以北尚有蔡（济民）部，遂分为二部份：一部份由胡廷佐、左国栋率领，进占官钱、善后、电报各局，并攻取藩署。一部份则由阙龙与王世龙、郑兆周、胡培才、胡春阳、岳少秋、李宗义等率领，迳向督署方面进。邓飞鹏、柳涤凡、刘岳中、任得胜等则负沿途警戒之责。工程营马荣仍在第二路，三十标吴醒汉、二十九标高尚志同向第二路进。第三路熊秉坤担任正面，其支队徐少斌等向恤孤巷、崔家院方面搜索敌军，而进保安门正街。陈国桢带山炮二尊向保安门方面城墙上放列，由曹飞龙率一排掩护，伍正林一部调往沿保安门城墙射击，未至正街，遭恤孤巷伏敌袭击，不能进展，运往保安门方面山炮二尊，遂致放弃，伍愤欲自戕，经同志阻止。二十九标胡效骞、杜武库、杨选青、夏一鸣等各部，三十标马明熙、徐达明各部，以及彭纪麟、徐绍儒各部，皆出第三路。据闻其时张彪亲在保安门城上指挥，令武装消防队两次向我军冲锋，皆不得逞。于是马荣、熊秉坤、伍正林、杜武库、杨选青、徐少斌、彭纪麟、胡效骞等商组敢死队百余人，向保安门冲击。马明熙、彭纪麟、胡效骞等为前锋奋勇直冲，敌稍却，杜武库、杨选青、夏一鸣等遂进至保安门城上，与城下我军相呼应。而三十二标又入城助战，力更雄厚，第一路方面，我军接战甚猛，敌无炮队为助，又见王府口以北通道，亦有我军进至大街，不得已，始撤去紫阳桥一带防线，退至王府口西头布置阵地，张鹏程直冲至西口与敌军鏖战，马云卿受伤倒地，势颇危，鹏程乃在西口觅民房引纵火。当放火时，住户居民先出，助之燃烧，且有喜色。阙龙乘火势超至蔡（济民）部前冲击，越过王府口，时火焰漫延，敌气已馁。然镇司令部在大都司巷内，其巷口稍北，敌排列机关枪扫射。阙、蔡二部趁机关枪时作时息之际，息则前进，以故死伤不少；会工程营一部前进者，有壮士二人（惜佚其名，直谓之无名英雄）伏地蛇行，及至机关枪下狂呼跃起，先起者为敌人瞥见，受刃立倒，次起者趁敌举刃之际，迅转机枪纽回击（此真壮士），出敌不意，敌人乃如墙倒，死者十数人，阙龙等复乘之，遂击破大都司巷口一带防线，敌人纷纷向东辕门退。当此时，瑞澂已逃，潜登楚豫兵轮，偕行仅铁忠数人，其眷属已先走。[1] 辎重营残队一部份退往汉阳，亦在是时。张彪见残部队伍不能支持，督署难以久守，遂亦逃往汉口刘家庙。瑞澂逃时，责成张彪率军警固守。张彪逃时，更令以下官长领率士卒死守。其时我军水陆街的队伍，进至西口外大街上，亦在接近督署后面商店放火，与第一路前进之队会合。火光冲天，督署目标为炮队灼见，发炮渐准，署内员役群起恐慌，多越墙而遁。惟教练队由官长督率固守督署墙垣，向外密射，因此一二两路我军不能涌进。于是专人分驰至中和门与蛇山炮队，告以轰击目标：蛇山发炮，向火光之南；中和门发炮，向火光之北；加紧轰击，遂射中督署签押房。阙龙等冲至东辕门与敌人对击，阙龙负伤，王世龙遂从附近商店搜取石油一罐，木柴数束，跃至钟鼓楼亭前，且烧且注，虽弹如雨集，不稍避，不幸连中数弹而死，然火已延及亭楼了。时则第三路敢死队，节节击破敌军，三十二标相率偕进，城上之敌亦退至望山门下城，向西溃散。及钟鼓楼火起，照在署前二旗杆尖顶，我军炮队瞄准目标，不断轰击，凤凰山亦连发二大炮，署内轰毁数

---

[1] 当时瑞澂闻炮弹声猛烈，极惶恐，心惊胆落，不能自主。统领陈得龙在旁道：“卑职保护大帅。”瑞澂云：“炮弹厉害得很，设使落一颗下来，可不得了。”左右无言可答。少顷，果有炮弹落在督署，瑞澂慌了，忙呼云：“往哪里避？”陈得龙云：“往城外兵船上去。”瑞澂不敢往督署大门出，遂命差役等将督署后围墙打穿一洞，带巡防队守卫兵一排，潜逃出文昌门上楚豫兵船，并传谕守文昌门兵士不准说出。

处，守兵已心惊胆落。然为掩护退却计，敌退至辕门内，犹施放排枪；其在大堂之敌则以机关枪向外扫射，我军颇有死伤。马明熙、彭纪麟、陈振武、林振邦、饶春棠、胡效骞、张得发、孙松轩、杨正全、徐少斌、纪鸿钧等十余人一拥而进，竟陷于半环形包围。纪鸿钧即取随带石油一箱，跃进厅房放火，因以身殉。[1] 俄而火燎及大堂，敌乃鸟兽散，争先逃走，践伤跌死者不可胜数。其未及逃者，皆放下武器，垂手受俘。时天已黎明，至此武昌全城均为革命军所控制。党人预备的十八星旗遂高插于黄鹤楼上，临风飘扬，与日月争光。

此辛亥八月十九武昌首义的胜利日，正公历1911年10月10日。

[1] 至张斗熙、宋厚德、赵道兴、李自新等在保安门正街战死或督署前阵亡，则不可考。

第五章　湖北军政府成立
举黎元洪为都督

第一节　黎元洪之机运

黎元洪字宋卿，湖北黄陂人。幼肄业北洋水师学堂，为其监督萨镇水所器重，毕业后保为守备。甲午中日之战，北洋海军全覆，元洪时为定远舰驾驶，乃愤而投海，得救。旋经鲁抚资送南洋候差年余，始奉檄经修吴淞炮台。时张之洞署两江总督兼南洋大臣，极为赏拔。张氏旋奉旨还湖广总督任，乃调元洪为鄂军马队营官，递升至陆军二十一混成协统领。为人有“谨厚”之称，平素颇得军心。职位虽在第八镇统制张彪下，而声誉则远过之。但黎氏思想太旧，对于革命潮流实格格不入。然何以武昌党人忽然拥渠为革命首领，尊之为首义都督，这无异拔出九渊之下升诸九霄之上。在黎氏固属侥天之幸，而其促成原因，则不外下列几种：

（一）武昌党人鉴于太平天国诸王互相残杀之失，深以攘夺权位为戒。故起义前对于革命领袖，皆彼此推让，不肯担任。其预拟之领袖虽决定黄兴或宋教仁，奈二人皆远别省（详见前章），故起义前主帅一席，早已虚悬。

（二）八月十八日汉口总机关武昌总指挥部均已破坏，领导诸人或逃或匿，或被捕杀，革命事业几近消灭。幸军队团体甚坚，组织上宣导甚久，革命高潮，已达顶点。所以十九日夜间，各营队同志不为清吏压力所屈服，均能按照原定计划，人自为战。迨努力达到目的时，实有群龙无首现象。即如共进会孙武、文学社蒋翊武未尝不可代主帅之职，而是时孙被炸伤，蒋已潜逃，势不可能，故诸同志不得不舍其旧而新是谋。

（三）当时革命党人以为中国人心理重视偶像，军人尤其重视军阶地位，倘不以一有“名望”的人作出来号召，则不易成功。所以十九之夕，虽暂推吴兆麟为总指挥，而吴只一队官头衔，似乎不够都督资格。所以一有人提起黎元洪来，均表示赞成，以黎系现任协统，为高级军官，恰合此选。

（四）辛亥革命种族仇恨成分居多，故满汉界限极深。当时党人惟以满人为革命对象，汉人中即属官僚或不革命者，概不敌视。黎元洪虽无革命思想，然党人以彼同属汉族，终必表同情于革命，且彼军事学识均优，对兵士亦无恶感。当时掀天揭地的大革命业已开幕，对内对外急需有一主帅负责。我们若就现实解决问题，黎氏实为时势所必需，所以众同志一唱百和，群起拥戴。黎元洪遂不得不为开创民国的风云人物了。

八月二十日（10 月 11 日）黎明，革命军既攻下督署，占领武昌。全城除以少数队伍在城内外分巡外，各标营围攻督署之队伍，皆回营休息，各由领率者加以调整，听候改编。

革命军自十九日晚首义，至二十日正午，大众皆枵腹奋斗，疲困已极，严守纪律，无一兵入民家之房，无一人夺民家之食。戎马仓皇，又无法归营用膳。吴兆麟即命工程营伙夫陆续作饭，送至各队伍接济，以慰疲劳。而伙夫等亦努力急公，忙送茶饭，不觉其苦。全军感激，引起相亲相爱之情感，士气益为兴奋。

另由同志蔡济民、李作栋、高尚志、陈磊、王子梁、邢伯谦、甘绩熙等多人，并邀请城中绅耆父老齐集谘议局筹商进行一切紧急应办各事宜。

时吴兆麟得马荣、程正瀛二人报告：谓二十一混成协协统黎元洪尚在武昌城内，现拿有黎元洪之护兵前来为证等情。吴兆麟当命马荣、程正瀛、汤启发、徐寿林等带兵一排，由所获黎之护兵作向导，带至黄土坡刘文吉（黎之参谋）家，先将其宅前后包围，然后闯门而人，其势汹汹。刘之护兵问来此何为，大众谓来请黎协统的。护兵不敢指示，又不回答，于是大众直至卧室搜查，遂将黎获得。时黎身穿一灰呢长夹袍，状极惊惶，强向大众曰："我黎某治军素宽厚，你们何得来谋我?"众曰："非也，我辈非谋害统领而来，乃系请统领出而主持大计的。"黎曰："你们革命党人才济济，何用我为?"众曰："统领非去不可。"黎曰："你们要我往何处? 与何人晤谈?"眾曰："往楚望台与吴兆麟指挥见面。"黎曰："吴兆麟很行，有他一人，即足以当大事，固不须我也。"吴不耐，乃有人曰："我等好意来请，乃尊重统领也。如坚执不去，则自取祸耳。"黎踌躇有顷，即曰："我去，我去。"汤启发乃令人急足往楚望台报告，徐寿林且为黎备马。于是黎同众人往楚望台。其执事官王安澜随行。吴兆麟闻黎至，即指挥部队鸣号举枪欢迎，一如统领礼节。黎下马以笑容语迎者曰："诸位辛苦。"亦还礼如仪。时有一炮兵高呼："请统领下令作战!"王安澜劝黎勿应。炮兵拔刀将斫之，黎以身蔽之曰："此吾执事官也。"吴兆麟急呵止之。黎徐曰："总督署虽下，瑞瀓、张彪在逃。一旦水陆进攻，既无援军，又无粮饷，你们有何准备? 我曾学过海军，如海圻等军舰，武昌仅须三炮即可全毁。你们不知利害，我劝各自回营休息，再行商议。事情太闹大了，更不得了。"众皆气愤，不以黎言为然。邓玉麟乃语之曰："统领固不知革命党之有准备也。我等早与湖南焦达峰约，数日内必起兵响应；京山刘英现在襄河一带准备军事，日内亦可发动。"熊秉坤亦曰："藩库官钱局造币厂存款不少，粮饷亦不足虑。"黎犹有难色。何竹山乃趋黎前厉声曰："实告统领，革命事本无万全之策，生死成败，在所不顾。援军饷糈固所必需，然不能期其必备，要看我们办法如何。我们此时已是天与人归，也是你千载难逢的好机会。劝你不必游移吧。"旋李翊东呼曰："此地非下令之所，请至咨议局会商。"时亦有人强黎赴保安门一带察看防务。黎仍乘马往。归途过右旗第十五协营门，管带何锡蕃因黎劳顿已久，乃迎入协本部，款以茶点，何部并列队操场，留黎在其协部稍息。熊秉坤虑其有变，乃曳邓玉麟衣，使促之离去。众始拥黎至谘议局，甫入门，即有人高呼曰："都督到了。"黎竟默然。

斯时前清谘议局议长汤化龙，副议长张国淦、夏寿康，议员阮毓崧、沈维周、刘赓藻、胡瑞霖、秘书长石山俨等先已被邀在局。午后一时许，吴兆麟、李翊东、李作栋、蔡济民、徐达明、王文锦、吴醒汉、邓玉麟、高尚志、周定原、陈磊、陈宏诰、邢伯谦、赵学魁、苏成章、毕钟、向讦谟、高振霄、方定国、李国镛与前谘议局议长议员等，拥护黎元洪，齐到会议厅开会筹商大计。公推汤化龙主席。化龙首先发言谓："革命事业，兄弟素表赞成。但是此时武昌发难，各省均不晓得，须先通电各省，请一致响应，以助成伟举。鄂见瑞澂自逃走后，必有电报到京。清廷闻信，必派兵来鄂，与我们为难。此时正是军事时代，兄弟非军人，不知用兵。关于军事，请诸位筹划，兄弟无不尽力帮忙"云。吴兆麟谓："汤济武（化龙字）先生所说极是。武昌既已首义，瑞澂弃城而逃，必图报复，此必然之势。然武昌业已光复，军政学商各界均表同情。即以军事而言，湖北兵力虽不甚大，而在中国已为先进，声威所至，清廷必闻而破胆，只要能坚持数月，全国必闻风兴起。我们财政充裕，武器甚足，从速扩充兵力，以武汉军资丰足之地，努力整备，即清廷派兵来与我为难，比较上我胜算亦多。请诸君不要畏惧。此次革命非从前无根据地可比，我们既据武昌形胜，为天下中心，具有独立资格，不患不能达到目的。但首义后军民两政实繁，兄弟拟请在座诸位同志先生公举黎元洪统领为湖北都督，汤化龙先生为湖北民政总长。两公系湖北人望，如出来主持大计，号召天下，则各省必易响应。"云云。众皆赞成，拍掌之声洋溢满座。惟黎元洪答谓："此事体太大，务须谨慎，我不能胜都督之任，请你们另举贤能吧。"会众置之不理，因都督名义已决定黎氏，即不承认，亦拟强制执行。

第二节　组织军政府

于是同志等进商都督府部署事宜。即以谘议局为湖北都督府，先派同志若干人负守卫之责。黎元洪住议长室内，由赵士龙、徐邦俊等就室门外角楼监护，以甘绩熙为警卫司令，卫士多用陆军中小学堂学生。后绩熙他调，改高尚志担任。李翊东被推为都督府铨叙长，司赏罚。又以往来人杂，特设军法、侦探、稽查、间谍等处，规定徽章，以便出入易于分别，并推定若干人暂任文书庶务。时李翊东持预拟之安民布告请黎元洪签名，黎犹不允，众乃大哗，翊东怫然，即援笔代书一“黎”字发出。午后则见武昌城内外遍贴湖北都督府黎元洪布告，往观者途为之塞，欢声雷动。至有艰于步履之白发老翁倩人扶持，拥至布告前，必欲亲睹为快，人心为之大定。旅汉外籍人士闻之，亦为震动，皆曰：“想不到黎协统也是革命党。”残敌更心惊胆裂，易装潜逃者甚多。

是日大众又议决各重要事项列下：

一、以谘议局为军政府。

二、称中国为中华民国。

三、称中华民国年号为黄帝纪元四千六百零九年。

四、以黎元洪为都督，布告地方。

五、移檄各省并照会各国领事宣布满清罪状。

六、布告全国国民并军民长官。

七、布告湖北各府州县。

八、拟定军政府紧要谕令。

九、致书满清政府宰辅疆吏。

十、布告汉族同胞之为满清将士者，促其觉悟。

十一、军政府暂设四部：

（甲）参谋部。

（乙）军务部。

（丙）政事部。

（丁）外交部。

十二、设立招贤馆。

以上各事议定后，即分途托人办理。是晚得各方报告，谓陈得龙之水师巡防营在襄河者均集合汉阳小河口附近待命。铁忠嘱陈袭击革命军，陈惧不敢登岸指挥。

又大众商议先在藩库取银十万两到谘议局，派向一清为军需，分发各军队以便购买粮秣。一面仍以革命军总指挥名义命令各军队防御武昌城，并先传谕各城门晚间一律关闭，无论何人不得准其出入。兹将是晚所下命令列后：

革命军总指挥命令

（八月二十日午后六时于谘议局发）

一、据报闻瑞澂欲派兵袭武昌城。

二、本军今晚以战斗队形彻夜固守武昌城。

三、步队二十九标第一第二两营附炮六门，归姚金镛指挥，防御宾阳门、通湘门、小东门一带。

四、步队四十一标第三营及第一第二两营留守兵，并步队三十标留守兵，附炮六门，归胡廷佐指挥，防御汉阳门、平湖门、文昌门一带。

五、混成二十一协工辎重二队附炮二门，归李鹏升指挥，防御武胜门一带。

六、工程第八营附炮四门，归李占魁指挥，防御望山门、中和门一带及楚望台军械局。

七、炮队第八标归程国贞指挥，除派附属各部队外，其余在蛇山、黄鹤楼、楚望台布置放列。

八、马荣带兵一队，防御谘议局。

九、总指挥在谘议局。

总指挥吴兆麟

注意本晚口号：义军　独立

是晚命令发出后，吴兆麟即偕蔡济民、徐达明、吴醒汉等到各城门查视防御情形，并劝谕各兵士务宜坚苦忍耐，严守军纪，夜间不可懈怠。尤须切实保护百姓，以不负革命初衷为要。

吴兆麟查毕，先返谘议局。蔡济民即往各监狱释放瑞澂所捕之革命同志。胡瑛出狱时，将狱中所有犯人一律带至谘议局集合，并云都是同志，可为我们效力。当编成间谍队，由胡瑛、陈宏诰带领作巡查街道事务。

是晚十时，接得程正瀛报告，谓“黎元洪又由其公馆转回协司令部。闻黎已安排家眷往上海，其自己因被监视，亦未说如何，但对于革命似不赞同。目下跟随保护兵士，除派六名保护黎之家眷外，余均跟至协司令部。诚恐兵力单薄，致有不测，究竟如何办理，请示决定”等语。吴兆麟即与张振武、李作栋、陈磊等商议，无论如何，决不许黎元洪逃遁。张振武云：“此次革命虽将武昌全城占领，而文武大员均已潜逃一空，未杀一个，以壮声威。革命军对于清臣未免宽容过度。但革命非彻底将清廷余孽大杀一次，将来必为民国之祸，革命仍是有名无实。依我愚见，黎元洪既不赞成革命，又不受同志抬举，放其出去，恐其害人。好在我们用黎元洪之名拟的通电尚未发出，不如先将黎元洪斩首示众，以扬革命军神威，使一般忠于异族的清臣皆为胆落，实为直捷了当。且昨首义总指挥既是吴先生，就以吴先生为湖北都督，可以贯彻到底，早为成功，岂不妙甚?”吴兆麟道：“此事万不能行，兄弟资望太浅，即以湖北军队而论，多数尚未响应，而带兵官位居我上者，必不肯服从。即与我同级者，亦未必悦服，欲收新军全体来归之效，非借黎元洪资望不可。至于各省若闻革命军领袖系一裨将，必少附和。吾辈欲革命速成，借黎元洪之名以号召天下，一则使各省可表同情，二则使外人不敢轻视。望诸位同志勿怀二心可也”云云。张振武又道：“吴先生主张未必尽然。即以外国而论，拿破仑以一中尉而为欧洲盟主，只求才略，不在资格，中外皆然。”于时陈磊、李作栋等皆以振武之主张为是。并谓：“黎元洪素非同志，必不能为民国出力，用之何益？吴先生乃日知会老同志，出为首领，名实相符，计甚得也。”吴兆麟执不可，答云：“中国历史习惯向以成败论人，最讲资格；而本省人又最不钦仰本省人，所以满清成例，不用本省人在本省作官。兄弟官卑职小，决不能负此重任。如诸同志强我所难，我只有一走而已。”大众以兆麟坚持退让，又秘商一法：仍以黎元洪居都督名义，如黎决不干，即派兵看守起来。公举吴为湖北军政府总理，代行都督职权。吴更不可。谓：“军事紧急，只可帮忙，他事非其所长，万难负责，望诸同志不要多费研究，仍以黎元洪为都督，明日即请其到谘议局，派兵看守可耳。即彼不作一事，亦无妨碍。”大众均不得已，勉强赞成。于是吴兆麟即令程正瀛等俟天明即请黎元洪到谘议局深居，不得再出。

中和门外陆军中学学生约千名，是日午前九时整队荷枪入城，随即派守各机关。三十二标步队及八标马队各一部分由其标统孙国安、喻化龙强率逃往郊外者，给养起居，均感困难，皆有怨言，亦于是晚回营，全体加入革命军。

先是十八日总指挥部命令原以四十一标留守队进攻藩署，并保守官钱、善后、电报各局。后因发难之初，敌军势力颇盛，各标营集中围攻督署，四十一标士兵多至督署前鏖战。及督署攻下，王府口方面后防队伍皆转向偕四十一标履行任务。胡廷佐率队占领藩署，见一人私劫库银一锭，廷佐立斩以徇，故库银不损丝毫者，廷佐之力也。蔡济民所领之队亦联合其他部队攻入善后电报等局，张鹏程、王殿甲、张诘夫、马骥云等与焉。

二十一日（10 月 12 日）吴兆麟、蔡济民、李作栋、徐达明等同往藩库铜币局官钱局点验款目：计藩库实存银一百二十余万两。铜币局存银元七十余万元，银八十万两，铜元四十万串。官钱局存铜元二百万串，官票八百万张，未盖印者二千万张，银元票二百四十万张，库银二十万两，银元三十万元。总计存款约四千万元。点清后，令胡廷佐负藩库责，刘绳武负官钱局责，夏维善负铜币局责。武昌战事止于十九日夜间，及明晨而秩序大定。故商户照常营业。是日武昌商会会长吕逵先组织地方保安社，逵先人甚开通，表同情于革命，由其协助政府维持，人心更安。

都督府组织伊始，部署多未就绪。三十标旗兵管带部翔宸率残部百余人，匿在城内，是晚忽由大东门窜至蛇山，进袭谘议局。张振武更衣将走，李翊东喝曰："汝更衣何往？"张惭而这。吴醒汉、蔡济民、李作栋、刘熙卿等护黎元洪避蛇山麓，李翊东指挥测绘学生数十人拒之，旋加入陆军中小学生，遂击溃部部叛兵。

原工程营后队排长方定国充都督府卫队司令官，与蔡登高、张振标常伺于元洪左右，时相密语。定国奉令派兵肃清残余旗兵，辄不如命。李翊东、陈磊等已疑之。二十二日（10 月 13 日）傍晚，有大汉手持提灯，以手条付定国，定国阅后即碎咽之，被翊东察觉，拘问大汉，发觉为旗人，黄元吉立毙之。旋严询定国，定国无以对，细讯，辞连蔡登高、张振标，并攀多人，翊东立枪决此三人，余未究。当翊东喝令拿问定国时，定国手提大刀，握住枪柄，守卫相顾莫前。翊东遽提其领扣，定国瑟缩不敢动，可知当时革命党声威，颇足慑服叛逆。

都督府最初由蔡济民、邓玉麟、谢石钦、蔡大辅、吴醒汉、张廷辅、高尚志、徐达明、王宪章、陈宏诰等组织谋略处，筹划并处理一切军政事宜。二十一日刘公入府，二十三日（10月14日）居正自上海来，蒋翊武自襄河返，参预机要。汤化龙则长民政兼领秘书事。以黎、汤故，旧日军官佐及政学界附从者日多。其始也，黎虽被举为都督，诸多顾虑，尚未治事，首义干部亦多虚心，但求事之有成，少有成见。都督以下文武职官多由推举，制度兴废，悉从众议。二十四日（10月15日）谋略处改为参谋部，以杨开甲为部长，杨玺章、吴兆麟副之。孙武长军务，蔡绍忠副之。孙因伤未能任事，推张振武为副部长代行之。旋又成立军令部，以杜锡钧为部长。首义干部李作栋、马骥云、蔡汉卿、潘公复、熊秉坤、黄元吉、方兴、李翊东、钱芸生、赵士龙、徐万年、邢伯谦、陈磊、胡祖舜等，悉凭个人热心兴趣与需要以执役，以一人而兼办数事者有之，以数人而合办一事者有之。二十六日（10月17日）军政府召集会议，议决职官薪给自都督以下，每人月支洋二十元，军队饷章另定之。同时由居正等提议，议订《军政府暂行条例》计六章二十四条，军令、参谋、军务三部仍旧，民政部更为政事部，内设外交、内务、财政、司法、交通、文书、编制七局，以夏寿康、张国溶、胡瑞霖、阮毓崧、刘赓藻、石山俨、舒礼鉴、黄中恺、沈维周等为正副局长，首义干部少有预焉。但组织未备，又有更动。九月四日（10月25日）复开会议，政事部废，文书局隶军政府秘书处，外交、内务、财政、司法、交通、编制六局一律正名为部，并与军令、参谋、军务三部，直隶军政府都督之下。其改订条例计四章十五条如下：

中华民国鄂军政府改订暂行条例

第一章　总　　则

第一条　中华民国人民公约推倒满政府，恢复中华，建立民国，暂组织军政府，统辖政务。

第二条　军政府由起义时公推都督一人，执行军政一切事宜。

第三条　军政府都督代表军政府人民施行职务，除关于战事外，所有发布命令关系人民权利自由者，须由都督召集军事参议会议决施行。

第四条　军政府恢复土地所有建设各事宜，暂由都督谘询参议会议决施行。

第二章　组　　织

第五条　军政府都督置僚属如左：

（一）秘书员（二）顾问员（三）稽查员

第六条　军政府设置左列各部，直隶于都督，各担责任，执行主管事务。

（一）军令部（二）参谋部（三）军务部（四）内务部（五）外交部（六）理财部（七）交通部（八）司法部（九）编制部

第七条　都督所属秘书、顾问各员，由都督自行任用。稽查员由起义人公推，请都督任用。但各部部长得兼充参议员。

第八条　各部部长暂由都督委任。部长、副部长以下，由各部长、副部长分别请用或委用。

第九条　关于行军重要地点，由都督酌设镇守部，其组织法临时酌定。

第三章　权　　限

第十条　军政府都督所置如僚属权限如左：

（甲）秘书：（一）分理各部文书事件。（二）保管文书关防事件。

（乙）顾问：随时应都督之谘询，并得自建议。

（丙）稽查：（一）稽查各部及各行政机关。（二）稽查各军队。

第十一条　各部权限如左：

（甲）军令部：掌承都督命令，有发布军令、编定调遣军队、纠举军官及检阅军队之权。

（乙）参谋部：掌定作战计划一切事宜。

（丙）军务部：掌关于军务行政事宜。

（丁）内务部：掌关于内务行政事宜。

（戊）外交部：掌关于外交行政事宜。

（己）理财部：掌关于财务行政事宜。

（庚）交通部：掌关于交通行政事宜。

（辛）司法部：掌关于司法行行政事宜。

（壬）编制部：掌编制军制以外一切法规。

第十二条　各部权限如有异议时，由都督召集参议会解决之。

第四章　附　　则

第十三条　都督僚属及各部细则另定之。

第十四条　本条例依都督批准之日为施行之期。

第十五条　本条例如有修改时，须都督僚属各部正副部长十人以上之提议，由参议会议决。

至是公推冯开濬为内务部长，周之瀚副之。停战后冯辞，杨时杰继；杨去，部改为司，周汝翼为司长。胡瑛出武昌府狱，被推为外交部长，杨霆垣副之。胡转任烟台都督，王正廷继；王任参赞和议代表，夏维崧继，江恒源副之；部改为司，伍朝枢为司长，胡、朝宗副之。胡瑞霖为财政部长，陶德琨副之；胡陶去，李春萱、潘祖裕继。汤化龙为编制部长，张海若副之；汤张去，徐声金、李逢年继。旋又成立交通、司法两部，以熊继贞，张知本为部长，傅立相、彭汉遗副之；彭去，夏道南继。其后内务部建议设立教育、实业两部，以苏成章、李四光为部长，查光佛、牟鸿勋副之。秘书事务初未置长，陈寿熙、李廉方（原名步青）、冯亚佛、李基鸿、蒋文汉、陈重民、金振声、萧日昌、饶汉祥、宋康复、王世杰、段树滋、杨霆垣、胡朝宗、欧阳葆真、方作舟、瞿瀛、胡吉陔、范熙仁、梁柏年、周龙骧、阮毓崧、范叔衡、戴祥云、刘钟秀等为秘书。杨玉如自京山还，覃振随援军自长沙来，郭泰祺自外洋至，亦先后任秘书。停战后军政府自洪山迁昙华林，公推杨玉如为秘书长。未几，杨因公赴京，陈寿熙继；陈调职，饶汉祥继。蒋兰圃、黄元吉、朱树烈、胡祖舜等为军事参议官。彭养光、赵鹏飞、万声扬、李国镛、夏寿康、张昉、黎澎、熊瑞棻、鲁鱼、张大昕、佘大鸿、孙发绪等为顾问。钱芸生、冯中兴、黄祯祥、耿毓英、沈尚元、钟振声、李振铎、周拓疆等为参议。邝杰、张盘、王安澜、萧慕何、王镇华、唐仲寅、曾进等为副官。邓玉麟、李翊东、聂豫、刘度成为军务部参议；邓升统领，夏道南继。刘玉堂为长江上下游总稽查长，蔡济民、牟鸿勋、谢石钦、苏成章、梅宝玑、陈宏诰、钱守范、高振霄为各部总稽查处总稽查。牟、苏调职，甘绩熙、丁人杰继，丁复为内部稽查处处长，陈庆章副之。曾振汉、潘铎、佘振中、杜渐、姜钟煜、方震中等为稽查。蔡汉卿为全属总稽查部部长，王子英副之。杜邦俊自东还，任总参议，夏斗寅、涂汉鼎、刘鼎铭、刘天元、陈得森、江子超、陈瑞兰等为稽查。鲁俊英为会计处长，雷金龙为庶务处长，冯昌言为书记处长。冯去，刘世勋继。程汉卿初为执法官，旋扩充为执法科，程为科长，李范一、黄子琴、吴小昉、廖文阶、黄源汇、彭子丹、陈鸿诏、高鸿绂分任执法检查职务。李次璋为测量局长，范义侠、喻育之、萧鸣鹤、李南星等为局员。汉阳兵工厂总办，驻军反正时为曹国勋，军政府以萧佐汉为提调；战争进行，曹去，总办由萧升任；萧去，刘庆恩继。总稽查则为刘德荣。汉阳钢药厂总办为李重任，李去，冯仁佺继；提调为罗一安，罗去，孙绍基继。武昌电报局长为章盛恺，汉口电报局长为于郁文。毡呢厂总理为张正基，军装制造厂总理为徐移山，被服厂总理为张融。布麻丝纱四局监督初为王国栋。王因案伏法，费榘继。胡石庵创办《大汉报》军政府亦刊行《中华民国公报》，牟鸿勋任社长，刘复、朱峙三、张祝南、蔡良臣等为编辑，是为最初有力之宣传机关。江夏县废，存府，以陶凤集为武昌府知事，下新河设临时外交办事处，以路邦道为主任。

后因战争进行，军政各机关漫无节制，众议以同盟会孙总理有监察权独立之说，因组织总监察处，以为军政府最高监察机关。某日由都督召集会议，公举刘公为总监察，谢怀霞为秘书长，徐万年为稽查部长，曾尚武副之。刘斌一为参议部长，曾振汉副之。其后公任北伐左翼总司令官，移驻襄阳，此机构遂废。

是时所有在武汉之新军，除步队四十二标第二营及辎重第八营外，均已为军政府所有，声势更为浩大。于是吴兆麟即用黎元洪为湖北军政府都督名义先通知武汉各军队自行解除总指挥之职。以后对于各军队俱用都督名义直接命令之。兹将所发命令列下：

湖北军政府都督命令

（八月二十一日午后二时于谘议局发）

一、据各方面侦探报告，瑞澂在楚豫兵轮，率楚材、江清二兵轮在日本租界下面停泊。张彪率辎重第八营在刘家庙，似有图袭武昌之势。

二、本军政府自本日起，拟防御武昌省城汉口及汉阳兵工厂。一俟军队组织就绪，即向京汉铁路前进，占领武胜关。

三、胡效骞率步队二十九标第二营即赴汉口，防御大智门一带。

四、吴胜元率步队四十二标第一营防御汉口各街市，但派一队沿街游击。

五、宋锡全率步队四十二标第三营，固守汉阳兵工厂。

六、姚金镛率步队二十九标第一营，炮六门，仍防御通湘门、宾阳门、小东门一带。

七、胡廷佐率步队四十一标第二营，炮六门，防御汉阳门、平湖门、文昌门一带。

八、李鹏升率混成协工辎二队，炮二门，防御武胜门一带。

九、谢元恺率步队三十标第三营，炮四门，防御望山门、中和门一带。

十、程国贞率炮队继续前任务。

十一、段天一率混成协炮队一营防御凤凰山。

十二、李占魁率工程第八营防御楚望台军械局。

十三、张福麟率马队第八标在混成协营房内待命。

十四、王祥发率混成协马队一营在谘议局待命。

十五、本都督在谘议局。

都督黎元洪。

注意本晚口号：四方　响应

以上命令发下后，各队伍均赴防地，严为防御，武汉秩序如常，秋毫无犯，武汉百姓极为欢悦，谓革命军真是仁义之师，众兵士真是爱国军人。于是一人传十，十人传百，无论老幼男女，俱表欢迎。一种庄严悲壮之气，有非笔墨所能形容者。

是日午后六时，各同志集合谘议局再开会议，因各部人员均未规定，办事殊多紊乱。拟暂增加兵力四协，每协成立后，各招补充兵一团。先将参谋、军务、外交、政务各部人员及协统四员举定。当此军书旁午，宜速规定，以利进行。兹将所举各部人员及四协统之姓名列下：

一、参谋部：正部长　杨开甲　闻先亦曾推张景良
副部长　吴兆麟（兼）　杨玺章
二、军务部：正部长　孙　武
副部长　蒋翊武　蔡绍忠办事，张振武兼蒋职。
三、政务部：正部长　汤化龙
副部长　张知本
四、外交部：正部长　胡　瑛
副部长　王正廷
步队第一协统领：吴兆麟
步队第二协统领：何锡蕃
步队第三协统领：成炳荣
步队第四协统领：张廷辅

以上人员举定后，各部即按当时情形组织之。至于军队组织，仍照前清新军制度。

诸同志都抱定爱国热忱，议定军官及各部一切办事人员，一律对于军政府尽义务。每月各职员仅支夫马费二十元。兵士每月支十元，头目十二元。

是晚汇集各方面送到军政府报告：有谓瑞澂率同海军及陈得龙所带之巡防营协攻武昌城者；有谓张彪带领队伍由青山、洪山二方面袭击武昌者；又有谓城内藏有旗人甚多，联络奸细，作内应者；更有谓清廷已派兵南下来攻民军者。一时满城风雨，谣言百出。军政府内部

办事人员至晚多潜出在外，其在内者，不过吴兆麟、李作栋、李翊东、张振武、胡瑛、牟鸿勋、蔡济民、陈磊、徐达明、吴醒汉、蔡汉卿、向一青、杨玺章、黄元吉十数人而已。当晚大众会议，议定即出布告，晓谕人民，使之安心乐业，不得妄听谣言。又绝对禁止妄杀旗人，遇事皆要遵守法律办理。即或拿获旗人与奸细，亦须禀明都督，然后由都督转交军法处依法究办。又一面传知各机关及各军队，凡外来文武官绅以及各界热心志士，均须敬礼接待，以期广揽人才，帮助民国。又赶办公文派人分送各府州县及各驻扎在外之新军，与水师巡防各种队伍接洽，劝其一律反正，倘有迟疑观望者，一经查出，定以汉奸治罪。

二十二日黎明，军政府派蔡德懋率炮队一营及胡廷翼步兵一队，到武胜门外两望占领阵地，向楚豫、楚材、江清各兵舰射击。午前八时已到该处沿堤布置放列。蔡德懋命各炮兵向各兵轮测准开始射击，各兵轮亦向两望还击，炮战约两时之久，射击极形猛烈。中外观者如堵，见革命军炮战精神极强，将楚豫、江清击伤，向扬子江下游败走，皆为鼓掌称赞。

第三节　光复阳夏　黄州反正　刘英起兵京山

阳夏驻军原为第二十一混成协步兵第四十二标，黎元洪直属之部队也。第一营驻汉阳，前队分防黑山及钢药厂上码头，左队驻兵工厂，右队分驻龙灯堤及钢药厂下码头。第二营驻夏口之居仁门营房，前右两队之一部分防大智门一带。第三营防护京汉线南段自孝感至郑州一带。

二十日上午九时，夏口驻军得悉武昌已为我军占领，纷纷集议反正。第三营代表赵承武因密令其副代表石占奎潜赴汉阳，邀约第一营同时动作。一面公推林翼支任临时指挥，从事布置一切。并密发同志子弹，以占领刘家庙火车站为目标，决定是晚十时正式宣布。翼支遂各授以任务，以“直剑”二字为口号。迨午后六时，该营管带陈钟麟忽通传各队，令各派步哨，以防敌袭。并云河南陆军一营事前被瑞澂电调赴援，即将抵汉，各队预备茶水接待等语。同志闻之咸抱不安，相集讲堂，筹议应付之策。赵承武义愤勃勃，不可遏抑，遂即持枪向天连放数响，飞奔出营，大呼曰："敌至矣，敌至矣。"于是全营为之震动。左队同志先出响应，后队亦渐次集合于操场。赵承武复对众宣示临时约法三章：（一）挟私报仇者斩。（二）争权夺利者斩。（三）扰害商民者斩。众赞成之。时统带张永汉早有戒心，偕管带陈钟麟已闻警先逃矣，赵遂率同志追捕。翼支因整备队伍，拟与出防大智门之前右队会合，依照原定计划，进占刘家庙。令丁振凯率一部同志先发，既至大智门，则前右防兵已鸟兽散矣，留守寥寥无几。众疑其受张永汉之指使，或已同车北逃，均主沿铁路穷追。适胡光瑞收合江汉关卫队及汉防警士兵约百人接踵而至，相率向刘家庙火车站进发，约距半里许，忽见赵承武回报曰：河南陆军确已抵汉，本队不能轻进。盖赵于营中觅捕张永汉不得，已先本队到过刘家庙，故云。胡光瑞亦以众寡不敌，主张暂退大智门，时已午夜一时矣。迨行甫半途，接奉翼支命令，调队赴汉阳协助第一营掩护龟山炮台，直至翌日四时，始奉命复返夏口，巡查街道，保护商民，改编队伍，准备作战。

先是十八日汉口机关破坏，武汉风声极为紧张。副代表邱文彬时驻汉阳，得报，即往晤正代表胡玉珍，商定先赴夏口侦察情形，再定方针。途间适遇文学社副社长王宪章，见其形色仓皇，以手势约至大生典巷内，询悉省城事败，王固因张廷辅被捕而走避来汉者也。邱遂匆匆回营，分赴各代表处筹商举义方略。一面派密查袁金声渡省城侦查一切，此二十日上午以前事也。午后二时，忽有辎重第八营管带萧安国所部之辎重兵约三百余人，马队若干骑，声称奉瑞制台、张统制令，前来保护兵工厂，提取枪械子弹，同时派来铁舰一艘，停泊码头，气势汹汹，肆行恫吓。时司守卫之责者为第一营之左队，周拓疆其队官也。周以守护兵工厂负有专责，不能轻于放弃，因之彼此相持。周见其来也匆匆，明知武昌有异，然以众寡悬殊，姑以口舌周旋，来者亦无如周何。久之忽用好言就商于周曰："实以告君，我等自昨夜至今未得一食，请烦代筹给养及宿地如何？"周当以钱二百串文与之，令其自购面食，并指定龟山南端小教场为其宿营地，来者始悻悻而退。时袁金声已由省城回营，始悉武昌已入我军之手，萧安国所部之众即昨夕为我军所逐，受瑞、张指使，以图劫夺兵工厂者。胡玉珍得报，即与同队之王缵承、祝制六、朱璧珍、孙业张、黄振中、黄全斌、黄家麟，后队陈建章、郑兆兰、袁金声、宋自新、罗广顺、彭星垣等商定即晚十时举义。一面通知驻赫山之前队梁炎昌、张大鹏、邱堒墉及驻兵工厂之左队邱文彬、戈承元、张步瀛等积极准备。布置既定，届时胡玉珍在龙灯堤营房发令站队，集合营众，宣布革命宗旨，分给子弹。当举右队队官宋锡全为指挥官，即以右后两队分编四大排：一令胡玉珍、陈建章率领至兵工厂佯击，以助左队之声威；一令宋自新率队至回湾校场充独立步哨，以防辎重兵袭击；一令彭星垣、袁金声率队向夏口第二营前进佯击，促其响应。其时夏口已先二小时反正矣。黄振中、栾瑞超率一排守备营房，并派李春山通知前队，令于钢药厂下码头至针钉厂码头一带设立步哨，警戒襄河沿岸。复派王缵承准备次日伙食，清理各队军装，以为招兵之需。又派朱璧珍、韩洪发连夜渡江，报告军政府。钢药厂方面梁炎昌得令后，即与张大鹏、邱堒墉等夺取本队子弹，立时占领全厂，于赫山附近设步哨，并派任鸿钧率一排向五里墩小教场袭击辎重兵。兵工厂之左队由戈承元将平日私藏之子弹数百粒分给谢开山、罗春臣、姜安桂等，令在厂之西门发击号枪。邱文彬、张步瀛、王家麟、朱承堃等在内应之。驻厂巡警俱无抵抗，厂中职员悉已逃避。盖原充总办王寿昌早与革命党人相默契，至此已暗示意向于厂员矣。邱等占领兵工厂后，立开储弹库与炮厂，率所部搬运出厂，背龟山设戍。戈承元则任守护司令官，派石仲文、史大章、鲁国荣等率一支队会同前队派出之任鸿钧夹击辎重兵。胡玉珍等即会同林翼支所部，登龟山，设炮位，悬旗帜，时已二十一日午前八时矣。嗣据探报：谓汉阳知府已逃，有旗人童英者，在署放火。遂由张步瀛等率兵一队前往弹压，当场将童拿获，解由邱文彬讯明枪决。一面出李亚东于狱，军政府即任为汉阳府知事。而萧安国所部之辎重兵与张彪所派之铁舰，亦相率逃往刘家庙。

阳夏既复，林翼支奉命驻汉。是时汉口有匪人乘机劫抢者，当经拿获十余起，就地正法。复经胡光瑞、丁振凯、曾广生等分别会同警察及自治员，亲到各冲要地带演说革命宗旨，商民悦服，人心乃定。于是汉口商务总会蔡辅卿、刘仁山、黄锡山等愿筹巨款，以助军需。遂禀呈都督委胡光瑞、丁振凯、曹星源、曾广生等四人设处经理其事，担任接济阳夏两处军食。首由江汉关拨铜元五百串文作为开办经费，并于处中组织粮饷队，以便输送。宋锡全所部则驻汉阳，以戈承元为兵工厂守护司令官，王金山为兵工厂总理，郑兆兰任军械官兼理厂务。当拔升机器各厂领工张德芳为全厂总监工，枪厂领工余庆鳌为枪厂监工。一面召集炮厂匠目曾得胜、枪弹厂匠目张喜生、炮弹厂匠目董绍荣等到厂，由郑兆兰宣传革命宗旨，命速招集工众立即复工。一面检查厂存军械，有枪七千余支，枪弹约五百万粒，山炮有一百五十余尊，炮弹六千颗，此就已制成者而言。至于尚未完工之枪炮弹药及存储之钢铁铜铅各项物料，骤难统计。当即报明军政府核办。旋奉都督命：改委曹国勋为兵工、钢药两厂总办，萧佐汉充兵工厂提调，罗一安充钢药厂提调，而王金山仍襄赞其间。厂工达三千人，日夜工作，故能于阳夏战争剧烈之消耗外，尚能供给湘、赣军及各路援军之需，盖得力于该厂也。

同时军政府以夏口地域重要，诚恐战端一开，内而军需孔亟，外而交涉频繁，非有适当机关，不足以资因应，佥议设驻汉军政分府，就近处理。时詹大悲、何海鸣由夏口礼智司狱中甫被释出，都督即札委大悲主其事，海鸣副之。所有前委胡光瑞、丁振凯等经理军需事务，悉归并分府，此八月二十二日事也。大悲奉委后，当即假汉口旧江汉关道署为办公处，分设司令、参谋、军需、军政、军械、军法、交涉、稽查八处。其重要职员有吴昆、马骥云、温楚珩、王尔康、余楚善、胡仰、邹廓、梁维亚、尹亚一、吕丹书、罗衡九、潘江、蓝寿鼎、戴锡麟、魏之纲、郭寄生、刘润生、李文辅、李中杰、王光汉、潘锡九及其他人员约八十人。未几都督以大悲不谙军事，组织过当，即将军政分府取消，改为驻汉鄂军支部，仍以大悲为支部长，专办运输粮秣械弹接济前敌事宜，殆一变相之前敌总粮台也。

又有详述该军系由汉阳先发动者云：四十二标一营分防兵工、钢药两厂，营部驻龙灯堤，在两厂中间，其左队驻兵工厂，前队驻钢药厂，秘密负责同志以胡玉珍为主。营部负责者，书记王缵承，左队邱文彬、张步瀛等，前队戈承元、张大鹏、梁炎昌。当武昌总指挥部破坏，汉阳未接消息，十九日晨，管带汪炳山下令各队采办员限上午十时归营，并有种种规定，禁令颇严。胡玉珍适为采办员，将米蔬由伙夫挑回，自往汉口交通处范明山寓探讯，遇副社长王宪章逃至，告以破坏详情，谆嘱准备速动。下午六时回营，值日长责以违令，罚禁足一月。其夜十二时，玉珍私至王缵承棚，据实密告，尚不知武昌是时已发动也。次日星期，奉令士兵得在操场休息，采办则以司务长代之，即分驻各队消息亦不易通。忽有李金山同志奉派督送帐棚至大校场，据回报云：辎重营无枪官兵露宿其处，询其来由皆不答，同志颇以为疑，然亦无由探其真相也。其日正午，袁金声同志奉派送营部公文至标本部，缵承嘱其细探消息。金声递公文后，急渡江往武昌探之。下午四时半，回报汉阳门紧闭，城上荷枪士兵左臂皆缠白布，城外遍贴布告，署都督黎。于是玉珍、缵承等知武昌已得手，商定是晚举义，适同志黄家麟值日守卫，玉珍乃便衣踰后墙出往汉口，与二营同志赵承武等商洽，并约王宪章来议事，缵承则通知左前两队同志于八时半举义，各占领其防守之厂及厂外山隘。及宪章、玉珍先后至，议事有顷，玉珍鸣枪为号，右后两队齐至操场集合，即进子弹库取子弹分发，管带汪炳山逃。时队官宋锡全在大营门与黄家麟谈话，欲起而制止，家麟即将预置白布一副系于锡全左臂，笑语曰："你不要糊涂！"锡全素机警，即抽佩刀作指挥状。玉珍正向队伍演说，即曰："宋队官日知会党员也，才学为本营冠，平日待士兵尤和平，吾辈此后皆听其指挥。"众皆欢呼。旋左队前队先后报告，左队由邱文彬鸣枪集合，率队搜查枪厂炮厂子弹库，随即布哨龟山周围，并推倒山脚围墙，运枪炮子弹至山上，又拖大炮三尊安置山顶。时夜深天黑，宿大校场之辎重营残队闻声，派人至山腰探问，文彬漫应曰："放哨"。一面急足催龙灯堤及赫山速派队来合剿，一面分队经栖贤寺包抄其左翼，自率数十人向山下冲击，辎重营残队未抵抗而逃。前队戈承元、张大鹏等则驱散钢药厂厂警，代以士兵，并分队往赫山布哨，两队长官相率逃走。兵工厂总办王寿昌遁往上海。于是设司令部于公务厅，设指挥部于龟山上。次晨七时许，见有敌舰一艘满载士兵由刘家庙上驶，至黄鹤楼前转舵，直向龟山方面而进。我军炮手王子卿、左福斋、雷声燮发炮击之，敌舰亦回炮，及我军之炮击中其船尾，敌舰急向青山下游逃去。后闻敌舰为瑞、张运兵拟进据兵工厂者，此数炮关系武汉安危。邱文彬常言龟山数炮重于武昌工程营一枪。

其二营驻汉口居仁门，标本部在焉。先是胡玉珍与赵承武等曾商同时举义。承武约其派队来汉放枪威胁，及汉阳已占两厂，乃由曾汉臣等率队往居仁门外向空放枪，承武即集合同志发动。队官林翼支、排长吴胜元亦出而指挥。管带陈钟麟走避，时二十一日晨也。三十标二营多旗兵，驻歆生路余庆里，见风声恶，相率遁去。管带任光耀亦逃，其余百余人由商会出面接洽，留其保卫歆生路，至是与四十二标联合，分防汉口。是日上午十一时许，一二两营各派代表集议于兵工厂，胡玉珍、邱文彬、赵承武、王缵承等皆主张军事领袖宜重资历声望，众韪其议，公举宋锡全为统制，驻守汉阳；林翼支为协统，驻守汉口。王宪章、黄振中、王殿一（原队官）、黄柱国（原排长）为标统，陈建章、戈承元、蒲志斌、宋玉廷、赵承武等为管带，邱坤庸、张仲威、朱旭东、王家麟、袁金声、陈得元等为营附。龟山炮队以左福斋、王子卿为队长，邱文彬、梁炎昌为正副参谋长，王缵承、黄家麟、张步瀛等为参谋，胡玉珍以参谋名义担任联络。郑兆兰为兵工厂厂长。其后呈报都督核定，稍有更易，委宋为协统，林为标统；汉口共三营：第一营朱振汉，驻余庆里；第二营祝雄武，驻居仁门；第三营赵振武，驻汉防营内。汉口五方杂处，当二十、二十一两日，治安无人负责，匪类乘机抢劫纵火，花楼即有钱店二家被抢，南城桥口、后城马路等处皆有行劫者，此以二十一日为最甚。汉口官钱局各钱庄及典商同时被劫。各处纵火，商团救不胜救，由商会代表向都督府请保卫，当派兵二百名来汉，获抢匪三人，就地正法，势稍安静。时桥口方面则由兵工厂司令部派张步瀛率队前往镇压，毙抢劫者二名，抢风亦息。官商与居民稍有迁徙，江轮索票价甚昂，码头常有男女老幼衣物被劫或缺船资者，坐地饮泣。及各标营部署已定，吴胜元、胡光瑞、丁振凯等由四官殿出而弹压，余庆里驻军亦会同逡巡，秩序遂逐渐恢复。未几军政分府成立，与商会协商维持，更定种种条规，保商安民。其时汉口商会会长蔡文会（辅卿）、副会长李紫云维持市面颇有力，紫云尤明干，商民颇称许之。

黄州为鄂东门户，密迩省城，受革命影响最早。八月二十三日，该处得武昌起义消息，全城即为骚动，巡警罢岗，原驻防营亦变。标统张禹臣逃，变兵焚其标署。缘张尝积欠弁兵饷银，数逾千两，已归无着，职是谋变，遂蜂拥县署，县知事亦无踪。时有自治局议员左项辅归自武汉，得状，约总董冯锡恩、董事邱沅、绅耆朱泽霖等就知县署商议维持地方秩序，并报告武汉光复实况，讵议未终而变兵至。项辅会参加庚子自立军之役，田桐、詹大悲亦素相识，固同情革命者，至是见有机可乘，乃召该防营队长姚某，什长马某、徐某商谈，询悉其由，慨允筹发欠饷，并晓以革命宗旨，劝其归顺民军。姚等从之，即取泰来布店白布两匹以为旗帜袖章之用，一面由自治局召集全城米商借米四十担，一面提取同春典存款当十铜元二百串文，银元四百元，以应防营粮饷急需。同时遣地保王某急足晋省报告军政府。黎都督以黄州为鄂东重镇，治乱所关至钜，特委黄楚楠、彭汉遗前往招抚，李持中、梅宝玑、方孝纯、殷子衡、吴贡三、黄巨川、刘子通、满莘儒、刘东青等先后往助，设署于旧协署，黄自兼防营统带，委姚、马、徐三人为管带。知府麟振早逃，以前府经历高孝炜任黄州府知事，前戎粮厅县丞谢琦任黄冈县知事，戎粮厅县丞一缺，由左项辅任之，招抚军民，地方以安。后北伐进行，右翼总司令李烈钧驻节黄州，即以该处为攻守基地。

刘英字晦述，湖北京山人，前清诸生，与同里宋镇华（字晋东）及其弟刘杰、刘铁等均醉心革命。英曾赴日本习法律于明治大学，先后加入同盟会、共进会为会员，属于激进一派。戊申返国，密与孙武、刘公、杨玉如、彭汉遗、潘公复、邓玉麟、黄申芗等谋义举。在会党中极负声望，襄河一带为其势力所及，谈湖北革命具有地方实力者必首推英。共进会尝推为军政府鄂军副都督。湖南焦达峰、河南王天纵均与有联络。庚戌，托名办理地方自治，结纳尤多。辛亥春，孙武、刘公、杨玉如等密设总机关于武汉，召英至武昌，筹商多时。值三月广州革命失败，共进会即议决由湖北首先发难，湖南与襄河一带即日应援。时英与焦达峰均参与会议，极表赞同，并各受任务，分途进行（见前第三章第五节）。七月初，英在乡正力为经营，忽传闻革命由湖南先动，湖北响应。英颇不谓然，即遣宋镇华至省察看，并寓书孙、刘、杨等云："……春间在胭脂巷二十四号议决我们湖北首先举动，湘省应之。近何以变更前议，弟颇不解。原武昌襟带江汉，绾毂南北，形势为天下最，义师一举，东南各省必争先响应……且他省如动，鄂当北兵南下之冲，恐事未集而兵已压境矣。……倘我省毅然发难，英虽不敏，必先树一帜于上游，上拒襄樊之敌，下为武汉声援，成则同为幸民，败则同为齑粉。”孙、刘等以英所得消息实系误传，由玉如复书解释，慰勉有加；并托镇华回里时面告武汉革命已至成熟阶段，促英积极准备。

先是杨玉如由沪回汉不久，雄楚楼住处即被军警查抄，其妻亦暴卒，玉如颇悲愤；至八月十五日起义之期又过，玉如更抑郁无聊。刘仲文、孙尧卿、邓炳三等诸同志多方慰藉，意稍解。十六日（10月7日）尧卿忽向同志提议请玉如往京山晤刘英，告以武汉革命即时发动，促英准备援应，并可令玉如乡间游历，略遣悲怀。同志皆以为善。商之玉如，亦慨然允诺，尧卿并给玉如手枪一支，子弹数十粒，由炳三教以用法，俾玉如旅行防卫之用。玉如拟俟机潜赴武昌探视其女一面（时杨女寄养渠姨母处）即起行，不料十八日总机关破坏，革命遭此遽变，同志皆星散。此时玉如幸不在宝善里，故未被捕，得息，即往新大方栈刘玉堂处告知。刘已先闻耗，派人四出探听，玉如即促刘亲往租界同仁医院探视尧卿伤状，逾时回栈，云：“尧卿伤虽重，但均系皮肤，内部无损，生命决无危险，现神智尚清，亦能言语，闻兄在我处，命我劝兄速往京山催晒述发难，省城恐怕糟了。”玉如此时亦无门可投，只有履行前计划，向刘英处相商。即由玉如雇一小舟，星夜从天门往京山，二十一日晚始抵永漋河刘家榨房内，向刘英兄弟及宋镇华等报告汉口失事详情。英忿然道：“武汉经营数年，机关甚多，这次破坏，伤人必不少。但是我们革命党是杀不尽的，民国这块招牌是要从血里淘出来的。现在我们只有干了，不管省城破坏如何严重，革命就是做的破坏事业。他不破坏我们，我们也是要破坏他的。兄弟们赶紧干起来吧。”玉如极端赞助，谓：“满清专制政府对待我们汉人，专以屠杀为不二法门，这二百六十余年我们汉人积的血债，也要和满奴彻底清算一次了。现在革命潮流，汹涌澎湃，民主的气运如旭日方升，君主的末光已奄奄一息。我们革命党人不止是杀不尽，我们革命的锋芒，满清终是挡不住的。至于发动地点，省城与乡镇无大区别。秦始皇是君主专制的鼻祖，他雄踞关中，以为是子孙帝王万世之业，哪知经陈胜、吴广两位英雄领导，以戍卒九百人在渔阳发难，不久就把他金城千里打垮了。就是前此太平天国起义，也不是在广西省城，而是在小小一隅的金田村发动的。现在武汉虽已破坏，晌述兄是武汉党人中坚份子，如果领导在座的各位英勇同志，投袂而起，焉知今日湖北的京山，不就是昔日广西的金田吗?”众闻刘、杨二人言，皆异常兴奋，一个个磨拳擦掌，都有剑及履及之势。于是日夜筹备，二十四日已集合壮士千余人，即袭击驻该处之襄阳巡防营，歼其弁兵，取其枪枝，二十五日晨（他所纪载以上日期均误），兴汉灭满之旗帜又高竖于永滏河畔。二十八日进兵天门，戮清知县荣濬于市，士民称快。二十九日发表布告，文曰：

黄帝纪元四千六百零九年八月二十九日，湖北荆襄国民军代表刘英、杨宝珊（玉如原名）、宋镇华、刘杰等，谨宜告于我伯叔兄弟姊妹同胞之前：我同胞苦满人虐待久矣。自明季失政，满奴以东胡贱种，乘我国有流寇之乱，窜入关内。偷窃我神器，屠杀我人民，奸淫我妇女，积尸成丘，流血成渠，自古夷狄乱华之惨，未有甚于此时者也。二百年来，我同胞不忘国仇，屡起义师，徒以汉奸揽权，自残同种，故未能即时恢复。方今满酋溥仪，口尚乳臭，雏毛未干，徒倚赖贪鄙无耻之奕劻，与淫乱宫闱之寡妇，荼毒生灵，摧残士气，假设立宪，以剥民财；滥借外债，以重民累。饿莩载途而不恤，利权损失而不顾；以致四海骚然，天怒人怨。我军政府痛满奴之暴虐，惧汉族之沦亡，用是纠合中国十八行省，同时起义，必使复旧物，扫除腥膻。今武昌、汉阳、汉口、汉川等处已经恢复，不烦一兵，不折一矢，我同胞一旦得睹天日，快何如之。英等奉军政府命，召集雄兵十万，战将千员，由京山起义，直捣天门。仰赖军政府威灵，我国民奋勇，天邑即时克复，满奴荣濬，已膏斧钺，枭首示众，士民踊跃欢呼，群相庆祝；义师所至，秋毫无犯，士农工商，各安各业，勿庸惊疑。外人教堂教士，皆当妥为保护，如有扰害，军法不宥。呜呼，我汉族复兴之日，正胡儿命尽之年，黄帝子孙，其速奋袂以起，布告同胞，咸使闻知。

刘英号召力颇大，起兵数日，已麇集二三千人，当即编整部伍，在天门县署与同志等会商进取所向。斯时由武汉逃回商民已众口宣传武汉已为民军光复，各处插的是九星旗，都督是黎元洪，汤化龙为民政长。惟武昌革命党人姓名，鲜有道及者。英颇诧异，谓杨玉如曰："武汉既为民军所有，何以军民两首长都不是我党的人？黎元洪是满清的将官，汤化龙是宪政党，他们是几时革命的，是何人推举的，我们十年辛苦为谁忙？仲文、尧卿、翊武、尧澂等未必都牺牲了吗？此时真相未明，我们的队伍是直抵武汉抑或暂时驻此？"玉如道："这都是十八日以后的变化，我也茫然。但现在商民都说插的是九星旗，你知道这旗帜是我们共进会预制的，可见武汉确实为我们革命党占领了。黎元洪做都督，大约是我们军队同志推戴的。但是满清还掌握着全国的统治权，我们只得了武汉一隅，他是不甘心放弃的，他必定派兵来和我们有一番血战。黎、汤革命与否是内部事，容易解决；现在军事要紧，你的队伍人数虽多，枪械太少，勇气有余，训练不足。我意你暂时不必直趋武汉，急应分兵向襄河一带仙桃镇上下驻扎，只派三五百徒手兵，同我下汉领取枪弹，从速搬运上来，好将队伍整理充实，俾将来作我们战守的基本，你以为何如？"英深然其说，即派宋镇华率领数百人同玉如下省，驻汉阳城内镇南殿、刘猛将军庙等处（他纪云"刘兵到时汉阳已失陷"，实误）。时汉口刘家庙已有战事，玉如即与宋过武昌，至军务部接洽军械，部中即时拨发若干，交宋运回。后英所部改编一标，由英弟刘铁统带，归并安襄郧荆招讨使季雨霖指挥，英遂摆脱军职。

第四节　宣示中外　传檄各省

军政府成立，即以中华民国鄂军政府都督黎名义，布告全城，文曰：

今奉军政府令告我国民知之：本督所持宗旨，排满复汉四字；先得鄂省根据，北上破竹乘势。凡我义兵到处，尔等勿用惊疑，本督为民除害，用特先举义旗。须知堂堂大汉，何颜屈膝满夷，请读明末历史，无不血泪沾衣：扬州屠城十日，嘉定杀戮孩提，此外十八行省，到处血肉横飞。兹仇兹恨未雪，中心一日不离；彼昔食吾之肉，吾今寝彼之皮。告我父老伯叔，同胞姊妹兄弟，皆当同心协力，恢复我汉土地。凡尔投诚军界，尤宜恪守军律，以外绅商学界，照常安居贸易。又有紧要一言，尔等各宜知悉，列强居留内地，更应保护严密。土匪流氓煽惑，从中趁势抢劫，设有汉奸傀儡，立即斩首不惜。自此示谕之后，各宜凛遵勿逆。

同时颁布刑赏律令十六条，文曰：

本都督驱逐满虏，恢复汉族，凡我同胞，皆宜谨守秩序，勿违军法。所有刑赏各条，开列于后：

藏匿满人者斩。藏匿侦探者斩。卖买不公者斩。伤害外人者斩。扰乱商务者斩。奸掳烧杀者斩。邀约罢市者斩。违抗义师者斩。

乐输粮饷者赏。接济军火者赏。保护租界者赏。守卫教堂者赏。率众投降者赏。劝导乡民者赏。报告敌情者赏。维持商务者赏。

二十五日（10月16日）复颁军令八条：

一、军队中上自都督下至兵夫均一律守纪律，违者斩。

二、无论原有及新募兵士人等，有三五成群不归编制者，以及至编制内擅离所在易装私逃者斩。

三、擅入民家苛索钱财及私行纵火者斩。

四、军队中各干部如有不遵约束者斩。

五、官兵不受调遣及违背命令者斩。

六、擅自放枪恐骇行人往来者斩。

七、兵士中如有挟私仇杀同胞者斩。

八、如在当铺强当军装物件者斩。

同日又颁紧要谕令二则：

其　一

一、宪兵务分别派人分途巡查。

一、巡查专以军纪风纪为主旨。

一、巡查如遇有冒充军人到处劫抢以及扰害商民情事，当即扭至执法处审办。

一、各协标营官兵，一律不准私自出营到处散游，新兵尤宜注意。

一、暗号务各记明，如经查问不对，定即扭送执法处惩办。

一、本都督不时亲诣各协标营审查，倘有不遵军纪情事，定以军法惩治。

一、夜晚无命令，不准携枪擅入民家搜索。

一、各协标营务各设置风纪卫兵，以维持军律。

一、凡在街逡巡兵士，非有官长领带者，务即各回原营。不准三五成群在街闲游，如违定以军法从事。

一、各协标营业已编练成立，仰各级官长督率老兵将现招新兵迅速切实训练，并演说此次革命宗旨及大概情形，俾资鼓舞。

一、各协标营迅将火夫招齐，并将炊具赶紧整理完善。如无铜锅，可赴善后局领取。

一、各官兵武器装具亟应整顿齐全，而饭锅水瓶，尤为紧要。

以上各条，各协标营官兵应即凛遵。倘有违犯，定即分别重惩，决不姑宽，勿谓本都督言之不预也。切切。此谕。

其　二

时当军事紧要，凡我同胞，具有热血，务宜鼓其义勇共襄盛举。保国即所以保身家性命，万勿以一己意见而贻九仞一篑之虞，合衷共济，汉业立成。

一、外间谣言不可信。

一、满贼之假电报不可信。

一、本军起义，极有节制，商民莫不心悦诚服。军人努力同心一时，投效者以千万计，商民亦愿输粮饷，兵力充足，粮饷充实，万无不胜之理，惟军商最宜和洽。

未几，清军南下，谣言四起。军政府诚恐军心玩怠，作战不力，因先后发布下列各谕令：

其　一

一、各军士于战斗时，务须确见有敌人，方准放枪，以免糜费子弹。

二、于战线上虽敏捷，必有沉着之性质，方有济于事。

三、战斗之胜败，全在乎精神。各军士务必鼓舞志气，将满奴灭尽。

四、军队赖乎军纪，各军士务必服从上官命令，方得服从之效果。

其　二

刻下传闻北洋来兵，实系谣言。深恐无知之人，无故惊扰。须知本军政府现已编成陆军三镇，并急招募新兵。战守之计已定，各省均已响应，大局绝无可虑。为此示谕一切人等：各安生业，不得互相疑惧，倘有借此造谣生事煽乱民心者，一经查获，定即严惩，决不宽恕。

其　三

为示谕事。照得大汉起义，战胜攻取，端赖旧军教授有方，新军勇气百倍。近闻各营时有谣言，谓北来大兵，实属无稽。南面半壁，独立已成，正待直捣黄龙。彼满奴自顾不暇，安敢越雷池一步。且北洋之兵，多属汉族，深明大义，万不致与我为难，夫何疑惧之有？愿我同胞齐心努力，杀尽满奴，恢复汉土。如有故造谣言，妄生事端，定交执法处拟罪重办。又闻各营兵有至土娼处取乐者，夫当臣薪尝胆之时，尚敢嬉戏以误事乎？一经查获，立即治罪。其勇往直前束身自好者，亦有重赏。为此示谕各标营一体知悉，勿造谣言，勿作无益，共建奇勋，张我汉力，是所深望，切切勿违！特示。

复颁发示谕豁免常关税、百货统捐及本年下忙钱漕，文曰：

父老苦清苛政久矣。元洪倡义武昌，天下响应，亟应将湖北境内一切恶税，先行豁免，以安我父老而为天下倡。谨开列于左：

一、除盐烟酒糖土膏各税捐外，所有统捐局卡，一律永远裁撤。

一、本年下忙丁漕概行蠲免。

一、本年以前积欠丁漕概行蠲免。

一、各属杂捐，除为地方所用者外，概行豁免。

武昌占领，阳夏反正，二十一日军政府即以都督黎元洪名义照会驻汉各国领事，宣示革命宗旨。文曰：

中华民国军政府鄂省都督黎为照会事。我军政府自广东之役团体溃后，乃转而向西，遂得志于四川。在昔各友邦未遽认我为与国者，以惟有人民、主权而无土地故耳。今既取得四川属之土地，国家之三要，于是备矣。军政府复祖国之情切，愤满清之无状，复命本都督起兵武昌，共图讨满，推倒满清政府，建立民国。同时对于各友邦益敦睦谊，以期维持世界之和平，增进人类之幸福。所有国民军对外之行动，特先知照，免致误会：

一、所有清国前此与各国缔结之条约，皆继续有效。

一、赔款外债照旧担任，仍由各省按期如数摊还。

一、居留军政府占领地域内之各国人民财产均一律保护。

一、所有各国之既得权利，亦一律保护。

一、清政府与各国所立、所许之权利、所借之国债，其事件成立于此次照会后者，军政府概不承认。

一、各国如有助清政府以妨害军政府者概以敌人视之。

一、各国如有援济清政府以可为战事用之物品者，搜获一概收没。

以上七条，特此通告各友邦，俾知师以义动，并无丝毫排外之性质渗杂于其间也。相应照会各领事，望转贵国政府查照。须至照会者。

各国领事即以电告各本国驻北京公使，奉令“除非保护租界利益及侨民生命财产必不得已之事，可与间接商办外，不得与革军政府公文来往”。嗣因我军占有武汉重镇，举动文明，秋毫无犯，尤其对于租界利益及各国侨民生命财产之安全，保护周至。当瑞澂、张彪残部占据刘家庙车站，清廷援军亦将陆续南下，我军政府派夏维崧、李国镛持文往晤驻汉领袖领事俄领敖康夫，要求限令清军离开租界三十里外作战，以免损害外人生命财产，并希望各国严守中立。同时我军武装人员间有出入租界者，我军政府得报，立即出示禁止，邮政、海关、电报有关条约亦不侵犯，各国领事派员晋谒黎都督。二十六日俄领袖领事召集驻汉各国领事会议，决定严守“中立”，布告租界居民知照。文曰：

驻汉英俄法德日领事为布告严守中立事。现值中国政府与中国民国军互起战争。查国际公法：无论何国政府与其国民开战，该国国内法管辖之事，其驻在该国之外国人无干涉权，并应严守中立，不得藏匿两有关系之职守者，亦不得辅助何方面之状态。据此，本领事等自严守中立，并照租界规则，不准携带军械之武装人在租界内发现，及在租界内储匿各式军械及炸药等事。此系本领事等遵守公法，敦结交谊上应尽之天职，为此剀切布告，希望中国无论何项官民，辅助本领事等遵守，达其目的，则本领事等幸甚，中国幸甚。谨此布告。

西历一千九百十一年十月十八号

八月二十三日由都督出示招募新军，文曰：

本都督议定暂编步兵四协，马队一标，炮队二标，工、辎各一营，宪兵队、军乐队各一队，为与满政府对敌施行之准备。将来节次扩充，本都督自应随时规划进行。凡我同胞，皆宜本尚武精神，抱汉人立国思想，踊跃应募。凡往日具有军事阅历、军人资格，或留学东西各国者，均可即时亲来编练处报名，听候依次查验，以便编列入伍，按给军饷，一切优待自与满政府苛待汉族军民大异。为此剀切晓谕，俾我同胞阖众周知，切切。特示。

二十五日又议扩充步兵一协、工辎各一营，未几又议扩充步兵三协、马炮各一营、机关枪一队、敢死队二队、独立将校决死团一团、学生军一标。

都督示谕后，因满运告终，人心思汉，应募者极为踊跃，数日之间，即已足额编成。兹将各官职姓名列下：（前四协统领姓名与二十一日大众推举者略有更动）

步队第一协统领　宋锡全　原吴兆麟，二十四日吴奉调专任参谋部副部长，宋继之，宋后，蒋兆鉴继。

第一标统带　黄振中

第二标统带　梁邦福　原林翼支，林升第三协统领，梁继之。

第二协统领　何锡蕃　十月十三日何调职，刘炳福继。

第三标统带　姚金镛　姚调参谋部，刘炳福继；刘升统领，胡效骞继。

第四标统带　谢元恺　夏口阵亡，胡光瑞继。

第三协统领　林翼支　夏口失陷，林出走，成炳荣继，汉阳失陷后窦秉钧继。

第五标统带　刘廷璧

第六标统带　胡廷翼

第四协统领　张廷辅

第七标统带　胡廷佐　胡汉阳受伤，张诂夫代。

第八标统带　王华国　原王文锦，未到差，王华国继；停战后华国升统领，周承勋继。

第五协统领　熊秉坤

第九标统带　杜武库

第十标统带　杨传连　原杨载雄，载雄升统领，杨传连继。汉阳失陷后，伍正林继。

第六协统领　杨载雄

第十一标统带　杨选青　杨违令正法后，尹奎元继。

第十二标统带　单道康

第七协统领　邓玉麟

第十三标统带　朱振汉　后冯国贤代。后祁国钧代。

第十四标统带　黄申芗

第八协统领　罗洪陞

第十五标统带　刘佐龙

第十六标统带　李树芝

马队　第一标统带　王祥发

第二标统带　刘国佐

炮队　统领　姜明经

第一标统带　尚安邦

第二标统带　蔡德懋　夏口阵亡，董占元继。

第三标统带　柳柏勋

工程队第一营管带　李汝魁

第二营管带　杜世鑫

辎重队第一营管带　孙鸿斌

第二营管带　胡祖舜　时名恢汉，停战后胡回军政府，李鹏升继，改编为步兵第五协十标一营。

机关枪队　队长　沙金海

敢死队第一队队长　方　兴　九月二十八日方辞，金兆龙继。

副长　徐兆宾　夏口阵亡，金兆龙继，金升队长，陈新龙继，陈辞后，蒋楚杰继。

第二队队长　马　荣　夏口阵亡，程正瀛继。

副长　程正瀛　程升队长，后继未详。

独立将校决死团

团长　金鸿钧

副长　李汝奎

学生军　统带　刘绳武

第一营管带　田化龙

第二营管带　赵士龙

第三营管带　佘子祥

荆襄水师　统领　赵均腾

长江水师　统领　陈孝芬　陈去，何锡蕃继。

宪兵队　队官　邓贤才　后扩两营，邓为司令。

军乐队　队官　（未详）

武昌首义，奉黄帝纪元为正朔。八月二十六日，军政府乃筑设礼坛于府前之阅马厂空场，以太牢玄酒之仪，由都督黎元洪主祭，昭告黄帝。是日坛前设燎火，坛上设香案玄酒，太牢用小黄牛，赞礼官立香案左，读祝官立香案右。全军站队，军乐队奏军乐首章，都督率各上级将校升坛。南面，都督中立，将校旁立；都督就香案位，亲上香，献牲酌酒，都督就位跪，将校同跪，全军立正举枪，都督及将校俯伏，祝官兴，都督及将校免冠行四叩礼，读祝官跪就香案右读祝文；读毕，祝官授爵于都督奠酒，都督率将校整冠兴，全军枪放下；都督立坛前发誓词毕，全军举枪三呼万岁，军乐队奏军乐之次章。礼毕，都督率将校下坛，全军整队归伍。

祝　文　辞

维黄帝纪元四千六百零九年辛亥秋八月朔越二十有六日，代表鄂军都督黎元洪率同全军人等，谨以太牢玄酒之仪，恭奠于先黄帝在天之灵：伏以黄帝开中华文明之国，演神明奕禩之祚，绵衍至今，越四千余岁，达四百兆人，圣神功德，丕著环球，崇报歆飨，理固宜然。不料满清异种，横侵政权，二百年来，惨无天日，我族痛心疾首，久思光复故物，克缵先烈，卧薪尝胆，匪伊朝夕。兹幸义旗一举，不崇朝而克复全鄂，邻邑响应，不旬日而底定东南，众志一心，务以歼除异种恢复神州为目的。元洪德薄智浅，仰托先皇灵爽之凭，近赖同志进行之锐，誓必达到目的，循序布宪，足与环球各国并驾齐驱，使我五千年文明古国，于历史上发异常光彩。子子孙孙永保幸福。维我先黄帝式鉴之。尚飨。

誓 师 辞

维黄帝纪元四千六百零九年月日，鄂军都督黎元洪，谨以牲酒昭告皇天后土而誓于师曰：我祖黄帝建邦于中土，世世先哲明王，缵衍厥绪，爰迄有明，不康于政，遂丧厥宗主，丑虏满清，辱我华夏，二百余年，先祖先宗，礼乐文教，靡有遗存。钦尔有众，克振义军，丕扬我大汉之烈，光复土宇，予小子实有惭德，辱在推戴，敢用玄牡，昭告于皇天后土，与尔军士庶民，戮力协心，殄此寇仇，创立民国，建设共和政体。尔惟克奋英烈，实乃无疆之休，予亦报于汝功，其或不达，而有后至，予亦汝罚，嗟尔有众，尚钦念哉，决不食言。

檄全国文

粤维我祖轩辕，肇开疆土，奄有中夏，经历代圣哲贤豪之缔造，成兹文明古国。凡吾族今日所依止之河山，所被服之礼教，所享受之文物，何一非我先人心血颈血之所遗留，故睹城邑宫室，则思古人开土殖民之惠；睹干戈戎马，则思古人保种敌忾之勤；睹典章法制，则思古人贻谋教诫之殷。骏誉华声，世世相承，如一家然。父传之子，祖衍之孙，断不容他族实逼处此。何物满奴，敢乱天纪，挽弓介马，竟履神皋。夫满奴者非他，黑水之旧部，女真之遗孽；犬种兽性，罔通人理。始则寇边抄掳，盗我财物；继则羡我膏腴，眈我文繡；利我国土，遂窥神器。惟野蛮之不能统文明，戎狄之不能统华夏，少数之不能统多数，故入关之初，极肆凶威，以为恐吓之计。我十八省之父老兄弟诸姑姊妹，莫不遭逢淫杀，靡有孑遗。若扬州，若江阴，若嘉定，屠戮之惨，纪载可稽。又复变法易服，使神明衣冠，沦于禽兽。而历代相传之文教礼俗，扫地尽矣。乃更焚毁书籍，改窜典册，兴文字狱，罗致无辜。秽词妖言，尊曰圣谕；戴仇养贼，谬曰正经。务使人人数典而忘其祖，是其害乃中于人心风俗，不但诛杀已也。呜呼同胞，谁无心肝，即不能忆父老之遗闻，且请观夫各省驻防之谁属，重要职权之谁掌，其用意可揣知矣。二百六十余年，奸淫苛忍之术，言之已不胜言，至此时则发之愈迟而出之愈刻也。今者海陆交通，外侮日急，亦有家室，谁不图存，彼以利害相反，不惜倒行逆施。故开智识，则为破其法律；尚武技，则为扰其治安。于是百术欺愚，一意压制，假立宪之美名，行中央集权之势；借举行新政之虚说，以为搜括聚敛之端。而乃日修园陵，治宫寝，赍嬖佞，赏民贼，何一非吾民之膏血。饥民遍野，呼吁弗灵，哀鸿嗷嗷，是谁夺其生产而置之死地？又日矜其“宁送友邦，勿与华族”之谬见，今日献一地，明日割一城；今日卖矿，明日卖路。吾民或争持，则曰干预政权，曰格杀勿论。甚且举吾民自办之路，自集之款，一网而归之官。呜呼！谁无生命？谁无财产？而日托诸危疑之地，其谁堪之？夫政府本以保民，而反得其害，则奚用此政府为？况乃秽德丑类，有玷声华者耶？本政府用是首举义旗，万众一心，天人共愤，白麾所指，瓦裂山颓。深望我十八省父老兄弟，戮力共进，相与同仇，还我河山，雪我国耻，永久建立民国共和政体，与世界列强并峙于太平洋之上，共享万国和平之福，又非但宏我汉京而已。将推此赤心，振扶同病，凡文明之族，降在水火，皆为同胞之所必怜而救之者。呜呼！机不可失，时不再来，想我神明贵胄，不乏英杰挺生之士，曷勿执竿而起，共建殊勋，期于直捣黄龙，犁庭痛饮，则我汉族万世之荣光矣。我十八行省父老兄弟，其共勉之。

黄帝纪元四千六百零九年八月二十四日布

宣布满清皇室罪状檄

为吊民伐罪，誓众出师，昭告于天下曰：呜呼！皇天不造，降乱中邦。满清以塞外胡种，窃据神皋。越二百六十有七年，覆我宗社，乱我陵寝，杀戮我父母，臣妾我兄妹，丧昧人道，罔有天日，九万里宗邦，久沦伤心惨目之境；五百兆臣庶，不共戴天履地之仇。阅及近兹，益逞凶悍，毒屠诛杀，不遗余力。举天下之膏血，尽贶四邻；割神州之要区，归之万国。淫凶酷虐，炽于其前，刀锯鼎镬，随于其后。立足无地，偷生何从？罪恶滔天，奇仇不赦。普天同愤，草木皆兴问罪之师；动地兴悲，鱼龙亦感风云之会。况复黄炎神胄，忍堕狱城；爰举国民义后，歼除大盗。择日出师，当天誓众，铙歌初唱，汉帜齐张，江南既克，两粤旋恢。义师已据武昌，南军直来湖上，戈矛十万，同挥贱虏之头；子弟八千，共啖胡王之血。山河依旧，先人之庐墓可亲；冠带奚存，九世之仇宜复。凡我同志，努力前驱，挥日扬鞭，一荡中原之腥秽；擒王克敌，重瞻上国之衣冠。驱胡群于关外，定霸图于亚洲。内洗三百年灭国之耻，外当六十国逐鹿之冲，义戈所指，天地廓清，民命堪怜，秋毫无犯。须知为国复仇，并非许民作乱，守万国公同之约，勿害邦交；值七雄并峙之秋，各尽天职。呜呼，黄冠草履之民，谁无尊亲之血气，四海九洲之内，何非故国之山河。秉尔白矛，报尔先德，重新九鼎，再奠神京。灭此朝食，与诸君同为黄龙之饮；建兹民国，俾万邦共睹赤日之光。一念血诚，千秋伟业，传檄天下，用布愤言。

昔拓跋氏窃号于洛，代北群胡，犹不敢陵轹汉族。满清入关，恐汉人心存光复，凡属要害，悉置驻防，监视我汉人之耳目，使汉人永远降为满清之奴隶而后快。心如蛇蝎，行同虎狼。其罪一。

清廷昔创一条鞭之法，谓以后永不加赋，乃未几而厘金之制兴。近更变本加厉，苛税如毛，割吾民之膏，吮吾民之血，使吾民死于囹圄，葬于沟壑者，盖不知几千万。外窃仁声，内存饕餮。其罪二。

流寇肆虐，遗黎凋丧，东南一隅，犹自完具。清廷谓“汉人死不尽，满人不得安”。于是下江南，所过城邑，肆意屠杀，读《扬州十日记》，《嘉定三屠录》凡属汉人，当无不涔涔泪下也。汉人何罪，尽膏清兵之刃。其罪三。

前世史书之毁，多由直笔书其虐政，苦在旧朝，一无所闻。清廷恐人心思汉，焚毁书籍八千余通，自明季诸臣奏议外，上及宋末之遗书，靡不焚烧，令汉人忘祖，永习为奴。其罪四。

世奴之制，普天所无。满清窃据中国，视汉人如猪羊；汉人小有过失，即发八旗，永与满人为奴。有潜逃者，罪及九族。雍乾时东南名士：如庄廷龙、戴名世、吕留良、查嗣庭、陆生楠、汪景祺之家族，发往胡域者数十万家。背逆人道，苛暴齐民。其罪五。

满清为灭绝汉人计，严其刑罚，苛其条例。吾民一触其网罗，则有死无生。历观数年来寻常私罪，多不复按，府电朝下，囚人夕诛，好恶因于郡县，生杀成于墨吏，私刑毒杀，暗无天日，刑部不知，按察不问，遂令冤魂屈鬼，呼天无所。其罪六。

犬羊之性，父子无别。胡酋以盗嫂为美谈，以淫妹为法制。其他淫蒸，史不绝书。使华夏清严之地，一变而为狐狸之乡，遗臭中原，传笑万国。其罪七。

垂狗尾以为饰，穿马蹄以为服，衣冠禽兽，其满清之谓。入关之初，强汉族蓄尾，不从致死者遍天下，至今受其束缚，贻九州万国羞，使吾汉官威仪，夷为牛马。其罪八。

又致满清宰辅重臣电

满政府诸执事公鉴：夫兵凶战危，古训昭昭，本都督才虽不敏，曷尝罔知；然所以如此披甲厉兵枕戈待命者，实以祖仇所在，人心所趋，事势有不得不然耳。夫中原之土地，皆我汉族祖若宗暴霜露，斩荆棘，以有此神州大陆也。中原之人民，皆我黄帝之苗裔，万世一系之血统也。中原之政教礼俗，衣冠文物制度，皆我圣哲贤豪之脑力之心血所组织而庄严之者也。历代相承，未之或易。虽中间蒙古以夷猾夏，不百年而朱明即起而恢复之。降及末叶，闯贼篡窃，伪朝假应援之美名，标讨贼之大义，破走闯贼，遂据燕都，于是衣冠文物之邦，沦于胡虏；华夏神明之胄，陷于膻羶矣。本都督每读史至此，未尝不掩卷太息，椎心泣血也。

及观多尔衮致史可法一书，犹云“我朝抚有燕京，得之于闯贼，非取之于明朝”。噫，斯言也，将谁欺？欺天乎？譬之一室之内，有家贼盗窃，主人不能箝制之，同里之人，起而援助，未始非为义勇，及入其室，家贼甫除，旋乘其隙，而驱逐其主人，盘据其家室，攘夺其财产，其为害也，较家贼有什百千倍者，而犹曰我得之盗贼，非取之于汝家，有是理乎？伪朝之盗窃中原，得毋类是耶？

呜呼，杀父之仇，不共戴天，《春秋》之义，有死无二。我汉族痛念祖国沦亡，欲光复旧物，奈天不祚汉，卒至许多忠臣烈士，流涕饮血，一死以报国，若文天祥、史可法、黄道周辈，不亦大可哀乎？他若顾亭林、黄黎洲、王船山三先生，皆以明末大儒，怀复仇之大义，转徙流离，一不得遂，窜于荒山穷谷间，著书立说，以终其身，盖亦足悲矣。

夫《春秋》一书，内中国而外夷狄，所以严夷夏之防也。伪朝以夷乱华，盗窃神器，即能一视同仁，无分畛域，而我炎黄帝胄，尚欲复仇雪耻，殄彼胡虏，况乃假袭其政教，更易其衣冠，变乱其礼俗文物制度。各省要隘，遍设驻防，文字兴狱，株连无算。其任官也，内而阁部，满奴十居八九，外而督抚，汉族十仅二三。其收赋也，汉族抽捐纳粮，取尽锱铢，满奴坐食公饷，用如泥沙。其定制也，满汉显分尊卑，无通婚之典。其颁律也，满杀汉族，罚金二十四两，汉伤满奴，赔抵殃及妻孥。诸如此类之不平等，难以枚举，此仁人志士所以益愤惋而不平者也。

犹幸洪杨起义，志在恢复，东南半壁，无复贼有，汉家山河，将复我旧，讵料曾、左、胡、李诸巨奸，不辨救民爱国之义，误解食毛践土之言，群为伪朝效走狗，竞先驱，出死力以战胜疆场，自残同种，大江南北，蹂躏何堪设想，湘楚兵弁，死亡不可数计，血流漂杵，肝脑涂地，戕同胞以媚异族，久为天下讥讪，此凡有血气之伦，莫不引为遗恨者也。

厥后胡后垂帘，秽乱宫禁，奕劻专政，卖官鬻爵，英明贤哲之士，党锢海外，卑污恶劣之徒，弹冠朝中。犹复标榜维新，大肆搜刮，敛民膏而侈修宫苑，借外债而抵卖路矿，虐政密如蛛网，生民坠于涂炭，人神同嫉，天地不容，以致水旱迭臻，彗星示警，祸乱无已，盗贼纵横，天人之向背，不待智者而后辨也。……

其尤奇者，昏庸贪狠之瑞澂，竟声言鄂军悉不足恃，勒缴枪弹，转给旗兵，昼夜防禁，如临大敌。本无事也，而彼故为惊张，以震骇耳目，加以网罗无辜，立予极刑。我同胞素怀光复之志，值此残暴之秋，于是振臂一呼，挥戈直捣，义旗甫张，而满奴以窜，而汉奸渠魁以逃，时八月十九日事也。此固我汉族之义勇奋发有以致之，要亦见伪朝命运之已尽。当此之时，天地为之开颜，山河为之含笑。野叟老妪，庸人孺子，为之踊跃欢呼，声闻数十里。天心与人事相倚伏，人事与天心相感召，天与人归，千载一时，我祖若宗含垢忍辱，屡欲报复之而不遂者，今乃始得见之矣。

本都督既承同胞推举，不能不和衷体国，以坚同仇之志，伸讨贼之义，推翻专制政府，建立共和国家，上为祖宗雪耻，下为生民请命，各省檄文未传，而群率响应，列强通告甫达，即默认战团。我军气愤风云，勇撼山岳，天堑不难飞渡，投鞭足以断流，驱逐小丑，人自为战，逐北军前，所向无敌。现在倚戈立矛，迭请北渡黄河，直捣燕京。本都督默念伪朝亦属人类，岂忍大加诛戮，无奈众军士深恨胡虏，誓必殄灭无遗。诸执事倘笃念诸族，厚爱逆竖，当忠告渠已窃据中原几三百年，坐享福禄已十余世，此时宜懔止足之戒，即日取消帝号，退为公民，则民国政尚宽大，将来或可作虞宾之待，诸执事庶可免灭族之惨，本都督亦不愿居屠杀之名。若其眷恋栈豆，徘徊穷城，汽笛一声，大军瞬息云集，天戈所指，丑虏必无噍类，胜负之数，无待蓍龟，惟诸执事实图利之。（下略）

同时檄告各省督抚疆吏，文曰：

黄汉兴满贼不两立，吾不杀彼，彼必杀吾。本军政府爰举义旗，剿除满贼，军兴以来，义声所播，万姓欢迎。贵大臣亦黄帝子孙，虽暂任封疆，未必不见疑于鞑丑。现岑（春萱）袁（世凯）已事可知矣。而岑之此次赴川，主和平办理，已不容于满贼，故今日起用袁氏，无非使吾自戕同类，而满贼坐享其成耳。贵大臣深明大义，洞烛奸谋，此中利害，当已尽知，即不为一身计，独不为子孙计之乎？华族兴亡，在此一举，幸贵大臣勿拘君臣小节，而贻万世殷忧，盍归乎来，共襄汉室，拯同胞于水火，复大汉之山河。为此檄告。

又传檄清军招抚将士，文曰：

天运辛亥年月日，中华国民军鄂军都督黎，奉军政府命，布告于我国之为满清政府逼迫，以为其军之将校及兵士者：

我辈中国人也，今则一为中华国民军之将士，一为满清政府之将士。论情谊则为兄弟，论地位则为仇雠，论心事则同是受满洲政府之压制。特一则奋激而起，一则隐忍待发耳。是我辈虽立于反对地位，然情谊俱在，心事又未尝不相合也。

然则今日以后，或断兄弟之情谊，而变为仇雠，或离仇雠之地位，而复为兄弟，亦惟我国民之为满洲将士者己自择之。

自国民军起，移檄天下，民族主义、国民主义，炳若日月，凡为国民，无不激昂慷慨，敌忾同仇。诚以国民军者，以国民组织而成，发表国民之心理，肩荷国民之责任，以主义集合，非以私人号召，故民归之如水就下。我国民之为满洲将士者，非其本欲，特为满洲所迫，不得已而为之。此时满洲政府方又用"以汉人杀汉人"之手段，驱之与国民军为敌，愿我国民细思之，本中国人而当满清兵，以奴同胞为职，抚心自问，宁能勿愧乎？

我国民勿谓为满洲尽力，乃所以报国也。中国亡于满洲，已二百六十余年，我国民而有爱国心者，必当扑灭满清，以恢复祖国，倘反为满清尽力，是甘为仇雠，而与祖国为敌也。其身分为奴隶，其用心为枭獍，岂有人心者所忍为乎？

我国民又勿谓既食满清之禄，当忠于所事也。须知中国者，中国人之中国；及为满洲所夺，收中国人之财赋，以买中国人之死力，中国人效力满洲而食其禄者，譬如家财既为强盗所夺，复为强盗服役，以求得佣值，境遇既惨，行为又贱矣。是故我国国民之为清政府将士者，须以大义自持，知托身满洲政府之下，乃由一时之束缚，当怀脱离独立之志。际此国民军大起之日，正宜倒戈以向满洲，而与我国民军合为一体，方不失国民之本分也。

彼满洲以五百万民族，宰制四万万汉人，而能安坐至二百六十年者，岂彼之能力足以致之？徒以中国人不知大义，为之效力，自残同种，令满人得以肆志耳。试观满洲入关以来，每遇汉人起义，辄用汉人剿平，杀人盈野，流血成河，皆汉人自相屠戮，而于满人无所损。举其大者，如嘉庆年间汉人王三槐等举义四川，湖南、湖北、陕西诸省相继响应，满清政府，势垂危矣，八旗之兵，望风奔溃，禁旅驻防，皆不可用，乃重用绿营，招募乡勇，于是汉人杨遇春、杨芳等为之效力，屠戮同胞，死者千万。川湖陕诸省，遂复归于满洲主权之下。又如咸丰年间，太平天国起义广西，东南诸省，指日而定，西北则张乐行等风驰云卷，天下已非满清所有，其督师大臣赛尚阿、和春一败涂地，事已无可为。及汉人曾国藩、左宗棠、胡林翼、李鸿章等，练湘军淮军，以与太平天国相杀，前后十二年，汉人相屠殆尽，满人复安坐以有中国。凡此皆百年来事，我父老兄弟想皆熟知者也。

汉人不起义则已，苟其起义，必非满人所能敌，亦至明矣。所最可恨者，同是汉人，同处鞑虏政府之下，同为亡国之民，乃不念国耻，为人爪牙，自残骨肉，彼杨、曾、胡、李、左诸人，是何心肝，必欲使其祖国既将存而复亡，使其同胞已将自由而复奴隶乎?

自经诸役以后，满人习知以汉人杀汉人为上策，故近来怵于革命之祸，日谋收天下之兵权，以满人任统帅，以汉人供驱役，一旦有事，则披坚执锐，冒矢石，当前敌，断头流血者，皆汉人；而策殊勋受上赏者，则满人也。我国人之为满清将士者，苟一念及身为中国之人，当知助满洲杀同胞为天下所不容，可无待踌躇而断然决心者。

且我国民苟助满洲，岂止国家之罪人而已，即为一身计，亦无所利益。满洲之待汉人，不过说同奴隶，即为尽力，亦毫不爱惜。嘉庆时川湖之役，绿营乡勇，立功最多，事后八旗受上赏，绿营诸将，仅沾余唾。至于乡勇解散之后，困穷无聊，半世当兵，战功尽为八旗所冒冒，口粮复为上官克扣，出营之后，工商诸业，早已荒疏，无以谋衣食，穷而为盗，则被杀戮。于是蒲大芳等怨望作乱，杨芳、杨遇春念其战功，诱以甘言，使之降伏，而满洲政府震怒，黜杨芳职，使率蒲大芳等远戍伊犁，其后密使人尽杀蒲大芳等数百人，无一留者。

咸丰、同治间，湘军遍于十八行省，所至努力破敌，敌军既尽，湘军解散，克扣口粮，饥寒不免。其至丰者，不过给三月口粮，不敷归家川资。因此流离者，父母妻子终身不得相见，而他省之人，以其当兵杀人，畏之如蛇蝎，视之若寇仇，见其落魄，又斥为流氓，穷无所归，则相聚结会，以相依赖，而满洲政府恶其结党，捕拿杀戮，不可数计。是故川湖陕之兵氛告清，而乡勇失所，太平天国既覆，而湘军无归。乃知满洲政府之用汉人也，犹农夫之用牛也，既尽其力，则杀而烹之，无一毫人心相待，此其故何也?盖以同胞杀同胞，实为天下至贱之事，不惟为万国所鄙弃，同胞所切齿，即满人亦未尝不轻贱之，以为汉人相杀，乃其种性如此，宜其甘为奴隶，万劫不复。既存轻贱之心，故对待之手段刻薄如此。即使身居重镇，屡立战功，而偶忤廷旨，缇骑立至。其他将校受文官呵叱驱使，甚于仆隶，至于兵士所发口粮，不足一饱，而一有战事即责其死敌，是视之如虫蚁耳。世人见满洲刻薄寡恩，不重军人，皆知叹息痛恨，岂知欧美日本各国所以尊重军人者，以其为国努力，倚若长城，故军人之名誉，军人之身分，皆为社会所尊重。至于满人使中国人当兵，非以为国家之干城，不过专防家贼，故其军人以拥护国仇为天职，以诛戮同种为立功，禽兽之行，宜为世界所不齿。我国民之为满洲将士者，若犹有人心，当不待劝告，而决然倒戈反正，惟恐不速也，何用迟回审顾为？

意者或误会国民军之旨，以为国民军既与满洲政府为仇，则凡为满洲将士者，皆所不容，虽欲反正，奈无路可投何？然同是汉人，地位虽殊，情谊固在。且国民军当未起义以前，处满洲政府之下，与我国民之为满清将士者，固无所差别也。嗟呼，宗国之亡久矣，举我同胞悉隶于满奴之下，不能互相庇翼，而使寄食于仇雠，又不能速拯之出于水火，斯已大负国民矣，何忍复较前眚，自相携贰乎？

为此布告天下，凡我国民之为满洲将士者，若能顾念大义，翻然来归，军政府必推诚相与，视为一体。其以城镇乡村或军旅反正者，及剪除敌军心腹将校来归者，暨以器械粮食来归者，皆为国立功之人，当受上赏。其军至即降者，亦予优待，此皆赏典恤典略地规则等所一一规定者，其各激发忠义，以涤旧污，以建新猷。若犹有包藏祸心，怙恶不悛，甘为国民军之蟊贼者，则是自绝于中国，其罪不赦。

方今民族主义、国民主义，磅礴人心。举国之人，皆知明理仗义，固非若昔日人心塞之时，军政府首举义师，肃将天讨，期与四百兆人平等，以尽国民之责，亦与昔之英雄割据有别，固将使禹域之内，无复汉奸之迹。其满洲将士，有敢奋其螳臂以相抗拒者，必尽剪除，毋使漏网。特虑其中容有心怀反正而迟疑未决者，亦有身拥兵权，心怀助顺，而观望取巧，思徐觇国民军之强弱，以为进退者，凡此皆不胜其祸福之见，故就义不勇。今开诚布公，明示是非顺逆之辨，其各自择，毋得徘徊。檄到如律令。

旋通饬全省改建共和政体，文曰：

照得军政府愤满清占据中华，政治昏乱，外侮日亟，横征暴敛，敲骨击髓，强夺吾民之财产，箝制吾民之思想，斥志士为乱党，目公论为嚣张，逮捕株连，杀人无算。本军奉军政府命，特于八月十九日倡义，征讨民贼，驱逐满清贪污残酷官吏瑞澂、连甲、张彪等，克复武昌、汉阳、夏口等处重城镇。元洪不才，谬膺推举，为中华民国军政府鄂军都督，勉图报称，光复旧物。查旧日满清流毒之由，在于政体专制太甚，民气不扬，以致利无由兴，弊无由除。现已创立民国，亟应将全鄂地方改为共和政体，与民更始，共图富强。所有各厅州县县政务，仰各自治公所妥筹办法，移请各该地方官施行；各该地方旧治官吏，应一律呈缴伪印，听候支配录用，不愿者缴印后听其所之。如官吏有人地相宜，民间倚重者，准该自治公所具禀详叙情由，连同伪印，赍送来辕，经本都督核夺，颁给民国新印，即留原任，以从民望。各该公所应办事务，以警政民团为第一要着，应即日兴办警察以维持秩序，清查奸宄，惩治痞徒，保卫闾里为主；团练以驱逐乱民，抵御外侮为主，均不准借端讹诈，扰累无辜，并于外人生命财产，切实保护，以重邦交。为此谕仰该自治公所各员知悉：迅将警察团练二项开办方法，及旧日官吏伪印，并愿否投效情形，刻日禀复，勿得迟延贻误，有敢与旧吏结党，勾通满清政府，反抗义师，违误新政，或乘机扰害良民，擅作威福，或官吏有志投诚，而该公所人员竟阻挠挟持者，大兵一到，必以军法惩办。该员等为桑梓造福造祸，皆在今日，幸勿观望徘徊，坐失机会也。切切。此谕。

第六章　阳夏鏖战

第一节　刘家庙大捷

先是瑞澄逃至楚豫兵船，即开泊刘家庙，旋复泊至德租界码头，欲图挽救。苦于无兵可调，遂与左右计议，张大其词，电奏清廷，谓湖北新军结合革命党全体叛变，恳乞即派重兵来鄂平此大乱；一面又派人分途散播谣言，谓北京已派大兵南下，革命党不日即可消灭。其由军舰电奏清廷，略谓：

武汉革匪创乱，十八日拿获各匪，正在提讯核办，不料革匪余党勾结工程营、辎重营，突于十九夜八钟响应，工程营则猛扑楚望台军械局，辎重营则就营纵火，斩关而入。瑞澂督同张彪、铁忠、王履康分派军警，随时布置，并亲率警察队抵御，无如匪分路来攻，其党极众，其势极猛。瑞澂退登楚豫兵轮，移驻汉口，已电调湘豫巡防队来鄂会剿，并请派大员多带劲旅赴鄂剿办。

张彪自到汉口刘家庙后，即与四十二标统带张永汉、辎重营管带萧安国商议，均无办法。于是派张永汉到日本租界请日人寺西秀武（时寺西为湖北军事顾问）往刘家庙，代为计划。寺西云："为张统制计，惟有两策：（一）请统制集合现有两营多兵力（即辎重营一营及四十二标第三营马队一队），许以重赏，亲自带领，由刘家庙渡江到青山，绕至洪山，乘夜至宾阳门诈称响应，革命军必欢迎入城；然后袭取谘议局，胜则奏请皇上自请处分，皇上必将功抵过，所有失职之罪全加于黎元洪身上，败则一死而已。（二）如不能行上述策略，即改名换姓，潜往日本；一面派人登报，诈称统制已死。”张彪似以前策为然，但终无勇气实行。因慑于革命党声势，恐舟中之人皆成了敌国，计遂中止。旋闻清廷派陆军大臣荫昌统兵南下，张彪即嘱萧安国飞报荫昌，谓张统制现带有可靠军队数营，在汉口刘家庙枕戈待命，一俟大臣大兵南下，即合力进攻武昌。

湖南驻岳州巡防营管带王鼎华、夏占魁所部十九日即奉瑞澂电调援鄂，二十日乘轮下驶，二十一日该轮假悬白旗，混过武昌，午后抵刘家庙。河南混协统带张锡元所部两营及崇欢巡防一营亦奉调于二十二日到达刘家庙。时张彪率辎重第八营（营长萧安国）、第四十二标残部（统带张永汉）及八标马队数十骑（队长朱名超）驻守其地，引领待清军之至。

其时萧国宝、姚斌、熊世藩、李国梁四人奉令密探敌情，并拟游说萧安国归顺，安国乃令捕获枪决（国梁发辫未除被释），姚、熊立毙。国宝身中数枪，诈死于地，深夜潜归。原第四十二标军医王伟亦任间谍，被讯枪决，投尸江流。此数人之死事虽轻微，然其为民国牺牲，实与战死国殇无异。

当时报告清军南下，由陆军大臣荫昌统率，前敌军统冯国璋先率第二镇至信阳城内设粮台，司令部拟设彭家湾。第二镇统制马龙标、协统王占元、鲍贵卿。后又派第六镇南下，统制吴禄贞。第四镇统制王遇甲先来，其军队尚未行。又称清军由京汉车南来军队尚不多，沿途观望，武胜关向南架有大炮，闻即永平秋操军队。又称荫昌之先锋队抵武胜关者一标，统带马继贞；抵信阳者一标，统带贾德耀。又称统制吴禄贞、王遇甲及协统李纯、鲍贵卿、王占元、陈光远陆续南下，自彭家湾以下各站皆贴有布告。信阳城内为总粮台，所存粮秣极多云。

黎都督以北洋军队久经训练，大军云集，湖北新军非其敌也，颇形恐慌。而军政府又缺乏知兵之人，每接报告，皆多束手，于是经众议决：将第一协统领吴兆麟（时防御汉阳）调回军政府主持参谋部，以第一标统带宋锡全继第一协协统。

惟是时民气之盛为从来所未有，虽屡接清军南下之报，一般军民均不畏死，并存轻视意，以为汉人而作汉奸，来此抗顺，如此贱种，即为全国唾弃，故大有灭此朝食之慨。

先是豫抚宝芬接武昌新军首义电，即调巡防营自卫，将协统应龙翔看守（以应系湖北黄陂人），派张锡元代其职，即令率三营赴汉应援。锡元沿途探听，人人皆称革命军举动文明，及至汉口，见革命军声势浩大，已扩充至四协，瑞瀓兵舰又被击退，即外人亦盛称之，以故不敢动作，又虑革命军攻击，遂派人讲和。军政府派李国镛、毕钟等携洋数千元往豫军犒赏，锡元诈称愿降，惟不受赏赉，一面密电豫抚请示。二十二日晚，军政府开会决议收降办法，仍派李、毕等送达，其办法：（一）先通电声明响应，并出布告。（二）开往武胜关布防。（三）本军政府担任粮饷接济。（四）响应后扩充为一协，枪枝由本府补充。张接函后，颇迟疑，虽表面未拒绝，然声称俟准备妥当再行动作。军政府觉其有诈，一面防御，一面仍虚与委蛇，而密报已探知其诈降之意实为掩护清军南下也。

八月二十四日，军政府预备扫荡汉口敌军，其晚开会决议，由都督发布命令。

湖北军政府都督命令

（八月二十四日午后八时于武昌谘议局发）

一、综合各方面情报，满清政府派陆军部大臣荫昌率兵由京汉铁路南下，其先头部队约一标今日约抵武胜关附近。张彪所率马队一队、辎重第八营仍在汉口刘家庙附近。但河南军之两营自到汉口大智门附近，对于军政府非诚意归顺，似欲掩护荫昌之军队南下。

二、本军政府拟先击攘汉口之敌，逐次向北进攻，以阻止清军南下。

三、步队第二协统领何锡蕃率该协马队一营、炮队第一标（欠一营）、工程一队、敢死队两大队于明二十五日在汉准备击攘刘家庙大智门附近之敌，逐次向北进攻。

四、步队第一协统领宋锡全率该协及马队一队、炮队第一标之一营，明日防御汉阳兵工厂及汉阳各要地，并派一部保护汉口市面，且须接济汉口战斗部队之弹药。

五、步队第三协统领成炳荣率该协及马队一队、炮队第二标之一营、工程一队，明日防御青山至两望一带。但须广远搜索武昌省城下游一带之敌情，以防敌兵渡江。

六、步队第四协统领张廷辅率该协及马队之一营（欠一队），炮队一营，明日防御武昌省城。

七、步队第五协统领熊秉坤迅速整顿该协为预备队，准备赴汉口增援。

八、其余防御武昌各机关之部队明日仍续行前任务。

九、各部队粮秣给养均由各部队自招输送队办理。

十、本都督在武昌谘议局。

都督黎元洪

以上命令发下后，各部队均按照命令各自准备。

但此命令未发以前，步队第二协早占领汉口，其司令部设在汉口铁路外刘家花园，所派马炮工敢死各队已先分送派往汉口，听何锡蕃指挥。该协是日所发宿营命令列下：

军政府第二协命令

（八月二十四日午后四时于汉口刘家花园发）

一、在大智门刘家庙之敌约共一标兵力，着灰色服装，似在该处占领铁路掩护清军南下之势。

二、本协今晚拟在汉口新停车场附近宿营。

三、步队第三标统带姚金镛率该标在刘家花园附近宿营。派前哨警戒右翼自法国租界车场，左翼至刘氏堤防西端一带。但须派一部占领汉水故道。

四、其余各队之宿营地如左：

协司令部	在刘家花园
步队第四标	歆生路西北端

马队一营	跑马厂
炮队第一标（欠一营）	跑马厂东端附近
工程一队	新停车场南端
敢死队二队	跑马厂南端

宿营司令官步队第四标统带谢元恺，警戒集合场各宿营地前端。

五、今晚粮食由各部队派员在汉口市街补充。

六、本协统在刘家花园。今晚九时各队须派员来领命令。

统领何锡蕃

何锡蕃于发布命令后，细思士兵勇于杀敌，固属可嘉，各级军官多由目兵升充，指挥虽未能尽善，而对士兵维持甚热心，夜间亦分途训道，勉可对付。惟势在急于进攻，新募士兵过多，不易指挥，诚恐在战场上发生危险，即向都督辞职。都督认为不可，而军政府同志不知兵者，群议纷起，有谓何胆小畏战；有谓不应派何担任前敌；至有谓何为张彪旧部，恐误戎机。惟临敌易将，最犯兵家之忌，而命令已发，万难收回。幸参谋部主持者了解何之用意，力为解说。于是公推吴兆麟、徐达明、蔡济民、吴醒汉、甘绩熙、陈伟、耿丹、高尚志八人到汉监视，帮同指挥，并持都督函，加意慰勉，遂与何商定进攻事宜。续发命令如下：

军政府第二协命令

（八月二十四日夜十二时四十分刘家花园）

一、军政府综合各方情报，满清政府派陆军大臣荫昌率兵由京汉铁路南下，其先头步队约一标，今日抵武胜关附近，但在汉口之敌情，同前宿营命令。

二、本协明二十五日拟先攻击在汉口之敌。

三、黄冠群率马队一营，明早九时以前，由宿营地出发，搜索刘家庙大智门附近一带之敌情。

四、步队第四标统带谢元恺，率该标明早九时以前，在新停车场附近集合，且向北警戒。

五、步队第三标统带姚金镛，率该标（欠一营）明早九时以前，在农务试验场集合，且向北警戒。

六、炮队第一标统带蔡德懋，率该标明早九时以前，在跑马厂东端森林附近选择阵地，以能射击刘家庙大智门附近为要。

七、李忠孝率工程一队，附属炮队。

八、其余诸队为预备队，明早九时以前在跑马厂集合。

九、本协明早九时在跑马厂东端。

协统何锡蕃

上命令发出后，各部队即赶紧筹备。各兵士皆带子弹六十枚，又派人在汉口市面定馒头二万个，时则外人已探知民军准备进攻。张彪、张锡元亦多方探听消息。锡元一面电冯国璋请援，一面与彪在刘家庙以南占领阵地，并挖战壕。同时军政府则悬赏缉拿清吏，其赏格张彪一千元，敌军主将五百元。此时张彪部下约一营，河南新到军队约二千余人，主力分驻刘家庙停车场及造纸厂附近。萨镇冰率舰队楚有、建威、楚同、楚泰、江利停泊日本租界下游（后二十七日来汉者尚有建安、苏亨二舰），时派建安、湖隼、湖鹰、湖鹗及辰、宿各雷艇，游弋于汉阳、武昌间之江面。我军渡江颇陷入困难状态中。

八月二十七日午前，第二协队伍，依命令指定地点集合，向北警戒，并派探分途搜索敌情，当经何协统偕吴兆麟等实地察看地形，加以研究，发布进攻命令如下：

一、前面之敌，步兵共约一标，在刘家庙以南占领阵地，其后方之敌，尚未见到来。

二、我马队一营，经汉水故道前进，搜索刘家庙之敌情，本协即时进攻前面刘家庙以南之敌。

三、步队第四标统带谢元恺，率该标即时出发，沿京汉铁路向刘家庙以南之敌前进攻击。

四、步队第三标统带姚金镛，率该标即时出发，与步队第四标左翼联络前进，攻击刘家庙以南之敌。

五、炮队统带蔡德懋，率该标及工程队即时在跑马厂附近布置放列，以射击刘家庙附近为要，援助我步队进攻。

六、其余诸队为预备队，归胡效骞指挥，随步队第四标后行进。

七、本统领在法租界西端车场。

先是前一日我军有进至车站附近者，与张彪驻刘家庙残队发生斥候战，敌稍有死伤，即退。我军亦未追击。二十七日两军正式交战，其上午三时开始行动。据观战者称，我军步兵约二营，由后城马路向歆生路后面去，前一营颇整齐，后一营则未经训练者。其后有炮兵一队，携五生的炮四尊、野炮一尊，此当为二协姚金镛所率之第三标及炮兵一队。是队行后，第一协驻汉之林翼支一标亦出发，其余庆里朱振汉一营，因军服未全，有着便衣者。第一协本以守汉阳为主要任务，但战时则兼负接济械弹之责。其林翼支一标又驻汉口市街，当开始与南下清军接战，人人具有灭此朝食之概。林标职司汉口守卫，当然出而协攻，此当为预备队，或为别动队，在左翼姚标之西北面布防。其正面进军，以炮四门，步兵一千三百余名，向敌根据地江岸火车站出动，此当为二协谢元恺所率之第四标及炮兵一队。其炮队排列于跑马场，步兵受其掩护，沿德日租界后面铁路线，向刘家庙方面挺进，上午八时，肉搏至车站附近。其时敌马队一部，与张彪残队、河南军一部共约二千人，分为左右二队，作攻势防御战。敌由江中军舰开炮掩护，战斗约一小时，至上午九时许，我军稍却，退于大智门附近。炮队一部退至汉口市街后方。据观战者称，是日黎明时，车站附近我军甚多，皆下伏；跑马场南端有炮二尊，在平原上，军官数人以望远镜指挥发炮，表尺在二千米达以上。其跑马场北端沿稻田一带，皆火线界，进至友仁义社西北端，战线最剧烈地也。距此千余米达，敌一大队伏其左方树林内，其大部分在丹水池一带，布横线阵，地势颇利，炮弹难以命中。我军进愈逼，战愈烈，势几不支。上午十时许，我军一军官率士兵数十人，自右冒死进攻，锐不可当。其前锋因之乘势勇进，敌乃急退，奔据铁路乘车遁。我军遂集众成团而追之，敌车忽停，车窗中乱枪齐发，我军颇有死伤，猛进之军官遂中弹死。此军官即林标三营管带赵承武是也。此为首义同志捍卫民国最先牺牲之一人。敌复有支队由左侧来攻，我军乃大挫，死伤亦众。陆续退至大智门一带。时毕钟立大智门车站大呼曰：“同胞何处去，何处是同胞去路。”林翼支在跑马场南端涕泣劝阻，后詹大悲赶至歆生路，更加慰勉。于是逐渐复返，集合前进。是役敌死亡二三十人，我军死亡相等。同时武昌方面我军步兵一标，炮四门，在长江下游南岸向敌之兵舰轰击，彼此对击，从上午六时至九时。我军炮系购自德国者，火药不良，缺爆炸力，遂停止。

是日正午，何统领据马队探悉敌步兵约二百余人，由丹水池向刘家庙之敌右翼增加，并占阵地，料系敌之后方援军驰至，非先击败前面之敌不可。于是命敢死队二大队，分在第四标第三标之后面展开，督同前进。午后一时许，前线逐次前进，占领农务试验场以北，彼此对击甚烈。我军新兵不善用地形，行进迟缓，死伤颇多，渐有动摇。老兵及敢死队竭力鼓导，奋勇前进。至午后三时许，前进约五百米达，敌利用散壕不退，敢死队遂全体加入火线。炮队一部又前进占领阵地，向敌右侧不断猛击。战至下午四时，敌有火车一列，载步兵一标、炮兵一队，向刘家庙前来。初我军后退时，稻田中伏百余人，并有铁路工人多名，起而毁路，顷刻毁十余丈，敌车将至刘家庙，加速火力而进，我炮兵连轰二炮，未中。又一炮擦车顶而过，车仍驶行不已。及行近毁路处，我炮队瞄准火车，各炮齐发，轰然一声，车头脱轨，列军尽倒轨外，敌纷纷逃出，死伤无算。我军群起奋击，齐声喊杀，沿途人民亦奔赴驱敌，炮声、枪声、驰骤声、叫喊声、欢呼声，混为一片，敌乃如鸟兽散。其在散壕接战者，闻声四顾，见援军大溃，遂亦急退，直至三道桥而止。是役敌死四百余，伤者无数，我军亦死伤三百五十余人。敌之列车所载武器衣被粮食约一标军需以上，尽为我军所有。军政府得此捷报，遂令所获军需物品，尽赏于战斗各部队，以示鼓励。

清军退至滠口时，天已黑，两军各在三道桥之两端对峙宿营。

是日午后六时半，第二协统领一面命部队宿营，一面将本日阵中日记，呈报都督。惟各部队尽全日之战斗，尚未晚餐，而汉上市面商民，见民军战胜，人人欢欣鼓舞，共相庆祝，商会即购买馒头、罐头、酒肉等项，送至战线犒赏。又备红彩布多件，送于各部队兵士，以祝战胜纪念。旋汉口军政分府大放鞭炮庆贺，市面亦然。而武昌、汉阳各处人民，莫不额手称庆，悬旗挂彩，表示光荣。武汉各报纸当发号外，遍传是日革命军之大胜情形，《大汉报》更逾格赞扬。转瞬武汉三镇附近之居民，都知民军善战，为国前驱，对于民间又秋毫无犯，无论老幼男女，皆与革命军一致，箪食壶浆以迎之，于是民军精神为之大振。

次日（八月二十八日）晨，我军以步兵约二千八百人，炮、工、马各队合计三千余人，开始进攻。总指挥何锡蕃，其始一如昨日攻势，大炮数门，布列跑马场附近，在炮兵掩护下，以马队为先锋，步兵右翼沿铁路线，正面及左翼，则散布于铁路线外村落与田野。进攻目标，为刘家庙方面敌方防御阵地（约日租界北面二千五百米达）。敌在丹水池一带布横阵，分左右两翼迎战，更出支队包抄我军后方。我军于战前已得确报，乃别出一军伏中途，断其包抄之队。而以两翼卷攻其左右，炮队轰其中坚，更出散队纷击之。上午七八时，仅有前哨小冲突。敌舰则于上午十时开向上游，对我军略加炮击，惟不及昨日激烈，仅一二小时即停止，驶返下游，故我军进攻益利。敌不支，纷纷窜入棚户内，凿孔开枪，我军伤四十余人，排长吴桂林阵亡。炮队管带尚安邦，敢死队长方兴、马荣，见之大愤，亲率壮士百余人，绕道潜达其旁纵火，时风色正顺，顷刻火焰飞舞，棚户尽成火山，敌乃大乱。至下午一时左右，我军炮兵阵地已进至日租界北面极近地点。二时半，我军前锋抵刘家庙江岸车站，敌之豫军逐渐溃退。我军遂于三时占领车站。敌弃甲曳兵，退至二道桥，豫军遗弃帐幕、粮食货车约十辆，火车头一辆，山炮及弹药若干，向刘家庙车站北约七千米达沙口方面溃走，主力则退沙口西北约七八千米，达滠口车站。我军以马队一营追击沙口退敌，炮队则以刘家庙为阵地，轰击滠口方面退却之敌军主力部队。豫军之马队亦惨败，弃马百余匹，投降者亦数十人。于是我军留步兵半数一千二三百人在刘家庙，助马队进击敌军；其余半数则护运战利品，而树星旗于火车头上，以所得货车载战利品凯旋。林翼支又以兵绕出姑嫂树，旁击向滠口方面溃敌，敌死伤亦多，并捕其军官三人，毙管带一人。刘家庙附近人民，莫不雀跃欢呼。其代运战利品至歆生路余庆里，多有不受酬者。

是日晚第二协发布命令如下：

一、据探报清军败退于三道桥以北滠口附近。

二、本协今晚在造纸厂附近宿营。

三、步队第四标谢统带，在一道桥以战斗形彻夜，但派一部于二道桥为前进哨。

四、其余各队宿营地如左：

协司令部　造纸厂西南端。

步队第三标　造纸厂北端。

马队一营　造纸厂南端。

炮队第一标及工程一队　造纸厂西端堤防附近。

五、宿营司令官步兵第三标标统姚金镛。

六、各部队给养，以汉口商会与军政分府所办之粮秣在刘家庙车站领取。

七、本协统在造纸厂西南房屋内，今晚十时以前，各派队员来领命令。

统领何锡蕃

瑞澂所乘楚豫兵舰，昨晚尚停泊下游六十华里之羊楼，是日下午五时，与江利同时下驶。其他兵舰六艘，则停泊于下游三十里之草水矶。

同日萨镇冰、瑞澂有电报告清廷军咨府。文云：

洪密。窃二十七日六点钟，津兵第二起坐火车到站，尚未下车，突有匪众二三千人，迳扑刘家庙车站希图掩袭津兵。张彪立率湘、豫、鄂各军迎剿，击毙悍匪二三百人，无辫者居其大半，夺获大炮六尊，枪械无算，匪众败走，我军伤亡二十余人。时镇冰督率兵舰雷艇，防护江岸，以杜省匪接应。瑞澂在楚豫兵轮游弋江面接应。突有匪众炮队，由武昌江岸开炮，奋击楚豫兵轮，意在制瑞澂死命。楚豫开炮还击，连中两炮，匪队始退。惟因我军兵力甚单，不能痛追，仍饬照旧严密防守。不料三点钟后，匪众大股拥至，内有快炮二三十尊，弹落如雨。北洋炮队未到，步队全军遽向滠口退去。众军因之夺气，亦各退却。镇冰兵舰因恐误击我军，转向后湖，用炮击匪后路，共放三十余出，伤毙匪众不少。七点钟后，张彪探得刘家庙驻匪无多，复率湘豫鄂各军回攻，击败匪众，复将刘家庙占住，惟津兵不奉命令，不肯前进。此我军击败匪众并刘家庙失而复得之情形也。伏查此次匪众先乘津兵初到，径扑车站，其谋极为狡悍，幸得当时击退，津兵毫无损伤。午后复起大股炮队来攻，势尤凶猛，津兵炮队未到，步队辄行先退，以致各军夺气。幸张彪奋不顾身，复率湘豫鄂诸军乘夜回航，仍将刘家庙占住。惟本日伤亡甚众，兵力愈单，津兵折回，别无援应。瑞澂等惟有督率将士，竭尽血诚，能守一日刘家庙，即尽一日之责。惟陆军既单，兵轮又乏煤米，瑞澂之船更无米无油，势成坐困，危在旦夕。仰恳天恩，迅催荫昌立即前来，或派炮队先至，救此危局。不胜迫切待命之至。

此电去后，瑞澂以津兵不用命，粮尽煤绝，复单衔电军咨府请援。文云：

辰密。二十七日革军攻扑车站，官兵迎敌获胜，津兵退回不肯援应，刘家庙失而复得各情形，业经电奏在案。据闻城中以谘议局自治会为机关，以报馆报纸为煽惑，各处响应。瑞澂自二十日、二十一日两日率兵舰进攻武汉不克，遂与张彪督饬豫省张锡元所带陆军二营，湘省王鼎华、夏占魁所带巡防两队，及萧安国辎重八营，张永汉步队两营，崇欢巡防队一营，朱名超马队三十余人，特别警察队一百余人，驻守刘家庙车站，再三开导抚慰，并发给各弁目记升奖札，许以先支薪水，苦守七日以待津兵之至。不期津兵既到，叛众来攻，反向滠口退去。当时津军如果协力助剿，汉阳纵难遽复，汉口必可夺回，失此机会，良可深惜。现在豫、湘、鄂战后余兵，为数不过二千，虽经瑞澂督同张彪勉励将士，死守刘家庙，昼夜不懈，而力竭精疲，子药垂罄。荫昌至今未到，津军不遵瑞澂命令。若匪由汉口进兵，形势利便，敌多炮队，我尽步骑，强弱悬殊，断难支持，张彪等虽持必死之心，刘家庙终无保全之理。现在各处电报久已不通，所有电奏，去电先犹可托铁路南局译发，前日又复断绝，故改送九江电局拍发。瑞澂孤身率同幕僚数人，在舰游弋接应，切望大兵迅集，恢复城池，不料津军迟迟不到，到者只有马步而无炮兵，且不遵瑞澂命令，无兵无饷，呼应不灵，智力俱穷，徒深焦愤。萨镇冰所统兵舰雷艇，子弹无多，米煤垂尽，瑞澂所乘之楚豫兵舰，机器油已用罄，煤已只敷半日，武汉皆无可购办，前派委员四处采办米粮，或因路途阻隔，或竟消息全无，如此情形，将至坐以待毙。瑞澂死不足惜，特念兵舰为水师利器，若为匪得，为害滋深，不得已，与萨镇冰商明，暂将楚豫兵舰开赴九江，赶紧购办米煤等物，运往接济。惟黄州、武昌县、大冶县、田家镇处处有匪，上下隔绝，转运甚难。仰恳天恩，饬下提督张勳，迅将浦口巡防队派拨一半，迅往武穴以上，节节扫荡，以通运道而分匪势，并恳荫昌、袁世凯迅速南下，督兵进援，俾刘家庙驻守湘豫各军，不致覆没，得以规取汉口、汉阳，恢复武昌省城，瑞澂亦得交卸督篆，稍轻担负，不胜迫切待命之至。再，汉阳镇水师兵变，总兵张有亮闻已从贼，昨已商请提督程允和，先行设法招抚，以剪匪翼。合并陈明，谨乞代奏。

第二节　冯国璋焚烧汉口

武昌首义，清廷张皇失措。既无知兵人才，又无可靠军队，于是不得不起用袁世凯。遂于首义后三日，即简授世凯为湖广总督，并节制调遣各军。兹将世凯可调遣的军队，附志于次，计近畿六镇及二十镇将领与原驻地。

第一镇统制赵国贤　驻南苑

第二镇统制马龙标　驻保定府

协统王占元

协统鲍贵卿

标统马继贞

第三镇统制曹　锟

第四镇统制王遇甲

协统陈光远

协统何丰林

标统蒋廷梓（炮队）

标统张九卿（马队）

标统刘起垣（步队）

标统李厚基

标统吴长植

标统臧致平

第五镇统制张怀芝　驻山东

协统贾宾卿

协统张树元

第六镇统制吴禄贞

协统李　纯

协统周符麟

第二十镇统制张绍曾　驻滦州

在九月六日开始犯汉口的第四镇一部分，王遇甲自统率。第二镇一混成协，王占元指挥，标统马继贞。第六镇一混成协，李纯指挥。马队标统贾德耀，步队标统吴鸿昌，河南步队张锡元指挥，管带朱凤藻，军统先荫昌，继冯国璋，后段祺瑞。总司令部先设信阳，继设孝感，再设滠口，复移刘家庙与大智门。其后犯汉阳的，王占元率约一团，由蔡甸进，李纯率约一混成协，由舵落口进。何丰林率敢死队约一千人，由正面渡河，绕道仙女山进。

汉口刘家庙方面之敌，业经我军驱至三道桥北，屯滠口一带待援。军政府年少气盛的同志，主张乘敌新败，迅即前进，直取武胜关，相约多人往造纸厂察看，要挟何锡蕃指挥下令进攻，并分赴其部队内，鼓吹速进。敢死队长徐少斌（一名兆宾）激于公义，奋勇一试，于是挑选队伍：（一）敢死队二大队，（二）步队一营，（三）炮队一营。谢元恺为司令，徐少斌为前卫司令。其余二协各队皆准备接应。大约二十九日午后一时，少斌率敢死队第一队为前卫，马荣率第二队继之。步队一营为预备队，炮队一队在二道桥沿堤布列，掩护各队前进。少顷，少斌即率队行至二道桥北，开始射击。滠口方面之敌不还击，少斌即率队猛进，进至三道桥中间，敌以机关枪多架，堵塞隘路口，对我扫射，少斌当即中弹坠水而死。同时阵亡十余人，伤二十余人，而我之山炮威力，又远不如敌，遂于午后四时皆退回造纸厂。

有谓是日下午四时，我军进至谌家矶造纸厂，见敌斥候，相距约九百米达，即猛攻之。敌退走三道桥，遗弃机关枪一尊，及军械无算。

一说是日下午三时后，我军进攻三道桥，谢元恺率队乘车由刘家庙出发，以辎重第一营为前卫，炮队第一标第一营为中队，附属前卫。步兵四标三营为本队，距前卫六百米达续行。前卫司令为辎重营管带孙鸿斌。前卫则以一大排为尖兵，由胡队官指挥。二三两大排为前卫本队，距尖兵三百米达，中队距前卫本队五百米达。鸿斌率尖兵先进，约半点，见敌之斥候出现于造纸厂前，相距约八九百米达，我军进行乃稍缓。忽枪声起，我军右翼将校斥候长李某，率士兵十余人猛攻之，即击退其斥候。再进，又得斥候长孙某报告，敌有二队据二道桥，我军乃稍住，由鸿斌派人驰告本队中队，准备开战。一面指挥前卫尖兵散开，利用铁路沟堤为掩护，开始射击，而炮兵亦占领阵地开炮，枪炮飞弹，如风扫叶。然皆各据地势，莫肯突进。忽见前方树林中有人攀树而上，旋匆匆而下，手持望远镜，返身向中队驰去。未几炮声大作，一弹坠入敌阵，烟尘起处，敌军纷纷四窜，前卫乘之而进，敌遂退出二道桥，占一山阜，转而对抗。我军地势稍劣，遂有数人受伤，继而我军后援驰至，并力合击，敌乃再退至三道桥外。当敌军溃退时，我军有壮士八人，逐敌二十余人至一林内，白刃相接，后竟徒手奋搏，夺其机关炮一尊而返，但死二人伤二人而已。而敌之二十余人则死伤过半。时方六时，我军未越桥而入滠口，即吹号停战，退回原防，闻次日敌前哨又进至造纸厂了。

战事紧张日甚，何锡蕃屡欲借故辞退指挥职务，军务部有人提议以张景良代何。黎都督以景良系留日士官毕业，颇赞同，二十八日晚，军政府遂决定改派张景良为汉口指挥官，准何锡蕃辞职。何遂如释重负，而张竟贸然登台，设司令部于刘家庙车站，用萧开国为参谋。国家新造，强敌压境，而临阵重要将官，竟轻率更易如此，且所易之将又不强健。张景良虽被推为参谋部长，而军事向不与闻，前二十四日夜，尝入都督室，抱都督膝痛哭，语无伦次，似有神经病，同志欲杀之，经都督保免。至是日忽声请杀敌立功，军政府竟允所请，两军对垒，视为儿戏，汉口败亡之机兆矣。

是晚军政府又派步队第四协到汉增加，以第五协担任武昌防务。

同时召集军事会议，由参谋部提出研究问题如下：

一、满军在汉败退后，固守三道桥北端。陆续向祁家湾、滠口等处增加队伍，欲图恢复，势所必然。现在海军尚在阳逻，如不响应，颇为我害，惟三道桥隘路，我既进攻不易，敌人向我进攻亦难。按以上情形，我军或攻或守，此应研究者一。

二、满军兵力集中之后，连合海军向我进攻，此意中事。但是彼之目标，或攻武昌，或攻汉口，均未可知，此应研究者二。

三、如满军向汉口进攻，必利用海军协助。但是正面隘路，彼难前进。如由孝感经新沟绕攻，则我背后必受危险。应如何防御，此应研究者三。

四、如满军向武昌进攻，用海军掩护，由何处渡江，我应如何阻止而防御之，此应研究者四。

五、如满军此时无力攻我，或暂时防御，或我先向彼进攻，以击退滠口之敌，此应研究者五。

以上五端，望大众先判断敌情，比较我军胜算而决定之。于是大众逐一讨论。与其防御待敌攻我，不如乘敌未集中完备，先行进攻，倘能将滠口之敌军击退，则我前进一步，有一步的好处，并可借以壮我声威。

军政府因此议决对清军进攻，队由都督发命令如下：

军政府都督命令

（八月二十八日午后十一时半于谘议局）

一、在汉口败退之满军，其步兵约两标，附有机关枪，已占领三道桥北端滠口附近一带。又据侦探报告，黄陂、孝感、祁家湾各车站，满兵亦陆续派兵南下增加。其海军共计在阳逻有五只，司令官系萨镇冰，连日派员疏通，尚未妥协。闻满清有令海军协攻我军之举。

二、本军政府拟乘满军集中未完备以前，先攻滠口附近之敌。

三、张景良为汉口指挥官，率在汉所有各部队，明日准备进攻滠口之敌。但攻击计划及命令，须先呈报军政府。

四、部队第一协统宋锡全，率所属队伍，防御汉阳。但须设法接济我军汉口进攻军队之弹药。

五、步队第三协统成炳荣，率所属队伍，防御两望及青山一带，但须派炮队在青山附近占领阵地，阻止海军前进。

六、步队第五协统熊秉坤，率该协防御武昌省城。

七、本都督在谘议局。

都督黎元洪

以上命令发下后，各协应照命令内所指示任务，各自筹备实行，以期协力动作，方可达到进攻目的。不料张景良自受命令后，毫无办法，昏头昏脑，竟将都督命令全文抄转各部队，而各部队以为指挥官必是先将都督命令抄给我们一看，使我们知道全般情形，以后指挥官必再有命令给我们，使我们如何进攻的。孰知景良竟不另下命令，自己乘马亲往各部队，与各带兵官晤谈，就说照都督命令向前进攻。各带兵官云："都督命令是给指挥官的，不是给我们的，应由指挥官准都督命令，另下一如何进攻命令与我们，我们方好照指挥官命令内指示任务施行。"景良因各部队如此回答，才返刘家庙与司令部人员商议另拟命令，迟至次日正午，命令尚未发出，各部队竟在汉各原地待命。

时军政府早已传知各协，将输送接济等事，好为预备。又令军政分府在汉组织粮台。詹大悲、何海鸣等参谋吕丹书，偕同叶达三、黄之根三人，在刘家庙设第一粮台，在大智门设第二粮台，存储粮秣子弹，以便接济各战斗部队。又派罗锡炎为运输子弹队长。各事皆准备就绪，至上午十一时，尚未见张景良报告。军政府不知景良是如何布置，特派杨玺章、蔡国光、蔡济民、徐达明四人到汉调查。杨等到刘家庙晤景良时，始知其毫无计划，状甚惊慌。杨等语景良："都督给有命令，何以指挥官不转令各部队准备进攻。"景良无以对。吕丹书在旁云："即请杨副参谋长代指挥官下令。"景良自无异议，于是杨玺章即代张景良拟以如下之命令：

指挥官命令

（八月二十九日午后三时于刘家庙发）

一、在汉败退之满军，其步兵约两标，附有机关枪，已占领滠口附近一带。但黄陂、孝感、祁家湾等处，满军亦陆续增加队伍防御。海军计兵舰五只，在阳逻停泊，似有与满军协攻我军之势。

二、本军拟于明日进攻滠口附近之敌。

三、部队第二协何统领，率该协于明日拂晓先派一部步队潜进，占领三道桥以北，掩护其余队伍陆续前进，向敌之正面攻击。

四、步队第四协张统领，率该协（欠第七标）于明日拂晓出发，由藤子岗前进，向滠口之敌右翼攻击。

五、炮队第一标蔡统带，率该标于明日拂晓占领第一道铁桥堤防，布置放列，以能射击三道桥以北，援助我军前进为要。但须派一部于第二道桥堤防，占领阵地，亦向三道桥附近射击。工程一队附属炮队。

六、其余步队第七标及敢死队为预备队，在造纸厂西南端集合待命。

七、我明日拂晓在丹水池。

指挥官张景良

是晚都督又通令各协一律准备，以便协助汉口部队进攻，又专令第三协在青山炮队，阻止海军上驶。如汉口队伍攻过三道桥以北，该协即应派一小部队由青山渡江，扰害敌之背后。是晚各部队拟定轻装前进，大致均准备就绪，直待拂晓动作。

翌日拂晓，第二协令谢元恺之一标，潜行由三道桥陆续赴滠口。清军步哨，已经发觉鸣枪。该标队伍猛进，业将敌之步哨刺死数人。旋进至三道桥北端，敌用机枪扫射，谢标死伤甚众。复用冲锋喝进，敌仍不退，惟所有队伍均在桥上成纵队形，既不能展开，又不能前进，被击死于水中者不少，于是即退回二道桥堤防占领（后检查人数，共死二百余人，伤七十余人）。

少顷，天明，敌用炮队与机关枪向我堤防队伍猛击，谢标遂仍退回原地。两军各在三道桥两端用炮射击。至于第四协队伍，由簰子岗附近用船渡至滠口右岸，亦因地势低洼崎岖，碍难前进，且因清军防御严密，当在该处停止。旋因正面步队退却，遂亦退回原防。

一说我军与敌先在三道桥接战，敌不支而退。我军越桥进至滠口，与敌大战，敌降者甚多。

又有谓我军渡过沙口铁桥，与敌在沙口西北约八千米达之滠口车站前，以铁桥为界，自上午十时接战，至下午三时占领其车站，敌之大部队伍退屯祁家湾与万家店之间。是役敌我死伤皆轻。

张景良令我军在造纸厂以战斗队形彻夜，发布防御命令如下：

一、敌人在滠口一带陆续增加军队，现用机关枪炮队堵塞三道桥北端隘路口。

二、本军本日拟于造纸厂一带防御。

三、步队第二协占领造纸厂附近，右翼至造纸厂东端，左翼至三道桥南端。

四、步队第四协（欠第八标之第一营）占领阵地，右翼与步队第二协联络，左翼至簰子岗附近。

五、炮队第一标占领第一道桥堤防附近。但派一部占领戴家山，以能射击三道桥北端一带为要。

六、工程队附属炮队。

七、马队警戒我军左翼。

八、步第八标之一营及敢死队为预备队，在造纸厂西南端集合。

九、本指挥在造纸厂。

是晚黎都督令参谋部召集军事会议，提出进攻困难种种理由，经大家讨论良久，佥谓与其进攻徒遭损失，不如暂在三道桥南端据险以守，整顿一切，再筹划前进。于是决定暂取守势，由都督传知武汉各部队，赶紧施行坚固防御工事，严密防守。

是晚军政府电促刘英所部数千人，由襄河星夜来援。

军政府又接得北京政府消息，清廷下诏罪己。袁世凯已就湖广总督职，由项城县起程到彭家湾，换荫昌督师，并奏保姜桂题、段祺瑞、冯国璋三人为统兵大员。军政府闻袁世凯甘为异族用，大众颇注意，同志中有谓“袁此次出山无甚关系，彼既是汉人，如有一线天良，决不能为满奴出力，若能夺荫昌兵柄，与民军一致，我辈亦可利用。”惟黎都督云：“袁世凯是个野心枭雄，自小站练兵即得军心。北方人只知有袁宫保，不知其他，彼之声势，非荫昌可比。”说话之间，微露恐惧之色。同志中又有谓吴禄贞是第六镇统制，此次南下抗顺之师，有一部分系第六镇队伍，彼乃湖北人，又系革命同志，可电其响应。大众极以为然，遂用都督名义，拟电通知。

九月初一日，我军得荫昌变更作战计划，分三路来攻之报。其一由铁路沿线进攻刘家庙为主攻；其二由府河、新沟出蔡甸攻汉阳，以为侧击；其三由阳逻偷渡青山下游，直逼武昌，以为助攻。自信阳至黄陂、孝感，京汉路南段附近之各城池，都扼要分兵布守，而其主力仍在祁家湾、滠口一带，距刘家庙不过三十余里。左有武湖，右有西湖，后有蒲湖，三水环列。清军扼守甚力，我军不易进攻，因亦暂取守势。遂由都督调第五标刘廷璧所部，防守青山，第六标胡廷翼所部，防守两望，并令驻汉阳之第一协统领宋锡全所部，严防汉阳襄河上游，慎密保护兵工钢药两厂。同时驻夏口之第三协统领林翼支得探报，悉清军之一部，已由祁家湾、黄河潦向我军左翼运动，林即令所部工程营丁振凯率部住舵落口拒之。比至，获敌探四名，讯据供称由荫昌大本营派来，敌主力部队确在祁家湾一带，约达二镇以上，指挥官为王遇甲、张彪等。

初二日午前十一时，在三道桥之敌，忽增加生力军约步队两标，进展至造纸厂附近。我军以步队第三标及敢死队任前线，令炮队第三标第一营之中右雨队，占领铁路两侧阵地放列。相持至午后三时，我军复加机关枪队，及炮队第二标第三营右队，由管带罗某指挥，占领左翼阵地，试行扫射，清军大败。我军马队队官王炎斌亦阵亡。机关枪队队官陈咏裳，第一协队官李希濂、军需处员陈振华等受伤。是夜两军各以战斗队形警戒于二道桥之南北段，彻夜枪声不休。

初三日拂晓，战事复起，清军初不利。我军进至三道桥，适清军新到十生的大炮数尊，放列于戴家山陈家墩，俯瞰射击。我军伤亡甚众，不支，纷纷乘火车而退。旋占领刘家庙北端约一千米达之横堤以抵御之。其后清军子母弹火力奏效，我军受其威胁，复退至刘家庙车站防线。郑树森等受伤。是日我军从楚望台军械所检出旧式子母弹野炮四尊，由炮队第一标第一营中队以人力曳至前线，占领姑嫂树西北约一千米达阵地，一面以炮队第三标第一营管带陈殿甲所部，增加于刘家庙之前线，清军始不得逞。我军复于刘家庙以东筑设副防御工事两道，以资防守。午后二时，清军来袭，相持至三时余，我军反攻进至造纸厂，颇占优势，讵左翼有着灰色军服之清兵一队，绕道前进，我军疑系友军，猝未及防，以致侧面受攻，死伤颇多，遂退回刘家庙，清军亦退保头道桥造纸厂之线。

初四日，荫昌自孝感电军谘府报告战情。文云：

洪密。连得前敌报告，称初一日下午，匪约二营，向滠口、三道桥进扑、至头道桥，甫下火车，我山炮猛击，匪遂败走。初二日下午，第三协派步队一大排，过三道桥监视桥梁，见有匪炮四尊，占领刘家庙造纸厂一带，击我步队。第四镇山炮还击掩护，步兵遂退至头道桥。初三日午，我军侦探由滠口进至造纸厂刘家庙一带，搜索敌情，见匪约一大排向我军射击。我侦探还击，毙匪正副队长各一名，并获执照手枪手簿等项。又，第三协派步队一队向三道桥前进。匪炮忽从造纸厂西北方变换阵地，我军仍猛击，匪遂败退，状极狼狈。余续详。荫昌。支。

初五日拂晓以前，在阳逻之海军，偷入谌家矶（因青山炮队瞭望疏忽所致）。黎明，海军各舰复由谌家矶开至造纸厂江岸，向民军防御阵地侧面猛击，其效力颇大，遂将我散兵壕内及其附近之兵，击死五百余名。民军在此，危险万分，旋即后退。而在滠口之清军机关枪队，当由隘路前进至第一道桥，见民军退却，复用机关枪扫射，水陆夹攻，民军不能抵御。清军即占造纸厂，并掩护在后之清军陆续前进。民军不得已，节节后退，遂退至大智门附近始占领阵地。海军见清军通过三道桥隘路，其掩护任务已达，旋即转向阳逻停泊。

是晨清军因海军掩护，得以通过三道桥。第一步即占领造纸厂南端，以掩护其炮队过桥。至造纸厂西端附近布置放列，即向民军射击。一面掩护其步队前进，直至占领刘家庙始止。

是日午前十时，民军自造纸厂退至大智门附近方占领阵地。各部队即在此整顿队伍，大众愤恨已极，因死伤官兵六七百名，遗失子弹粮秣以及军需物品无算，各部队长官，侦察海军已退，都要誓图报复。

是日正午，民军拟定反攻，即在大智门早餐后，努力准备，但不知指挥官张景良退至何处。于是谢元恺自告奋勇，谓："指挥官是不中用的东西，我愿率同志打前驱，请大众跟我前进。"于是各部队长官先自行集合，共同拟定于午后一时开始反攻。谢元恺打前锋，步队第二协在右，步队第四协在左，齐向刘家庙攻击，士气极盛，进行亦速，锐不可当。清军在刘家庙用机关枪及步炮队顽强抵抗，弹如雨注，民军仍节节猛进，勇往直前。将近刘家庙五六百米达，各部队均上刺刀，由谢元恺先令号兵吹冲锋号音，大众鼓起精神，齐声喝杀，直冲至刘家庙与清军肉搏，清军不支，当即后退，民军遂将刘家庙恢复。

民军占领刘家庙后，复拟向造纸厂追击，因清军利用造纸厂掩护，以机关枪管退炮反击，民军亦因此日苦战太疲，如再穷追，死伤过重，且天将昏黑，挽日无戈，遂决定在刘家庙占领阵地防御。

是晚各队在刘家庙以战斗队形彻夜，终夜两军枪火未息。清军惶恐异常，惟恐民军扑营，自由向三道桥潜逃者甚众，其将领王占元、鲍贵卿等，特令卫队机关枪在三道桥隘口阻止。又闻冯国璋命通过三道桥的队伍，务要忍耐坚守，效韩信之背水阵，只许前进，不准后退。如再有后退者，即以军法从事云。

是晚接得在造纸厂附近人民报告，谓清军最怕民军喝杀，民军一喝，清军即惶恐不知如何应付。又怕民军冲锋，白刃相接，均谓民军灵敏，清军笨拙等语。

兹将是日死伤之数列下：

一、步队第二协谢元恺标，官兵死五百余人，伤一百八十余人。

二、步队姚金镛标，死百余人，伤七十余人。

三、步队第四协杨传连标，并吴元胜之一营，共死一百四十余人，伤九十人。

四、炮队蔡德懋标，死五十余人，伤七十余人。

五、其余敢死队、工程队、输送队等，死一百余人，伤五十余人。是日激战，共计死伤一千余人，闻清军亦死伤相等。

同时各部队皆将经过战况，报告军政府。是晚军政府召集军事会议，大众谓海军甚为可恶，宜先解决在阳逻之海军，拟运大炮至阳逻附近，将海军轰沉。旋有人劝阻，谓海军仍是中国武装，如尽击毁，未免可惜，不如仍用黎都督名义，向萨镇冰下一警告，促其反正，一面通知各处，不准卖给兵舰煤粮。后海军受困，遂开往下游，行至九江，即为湖口马当炮台阻止，遂投降。

军政府又以成炳荣所部青山炮队，瞭望疏忽，致海军为害，实属有亏职守，欲置成以军法，经多人缓颊，始记大过两次，令成炳荣戴罪立功。

军政府因汉口战斗各部死伤太众，特派步队第五协往汉增援，又派敢死队队长方兴、杨云开两队，亦往汉督队。

又因张景良无能，特派姜明经往汉协助张办事。都督又与大众商议，复增兵一协，杨载雄为协统，担任武昌城防务。是晚发于各部队之命令如下：

军政府都督命令

（初五日午后十一时于谘议局发）

一、满军约一混成协，今日由刘家庙退占造纸厂附近，其滠口及武胜关以南各车站，仍陆续增加军队。但海军仍到阳逻停泊，我军政府拟派炮队驱逐，一面通知各处不准接济海军粮煤。

二、本军政府拟明日击攘造纸厂之满军于三道桥以北。

三、汉口指挥官张景良，统率在汉各部队，明日攻击在造纸厂之敌。

四、步队第一协协统宋锡全，明日须派一部援助汉口进攻。其余所率各队，仍固守汉阳。

五、步队第三协协统成炳荣，明日率所属各部队，仍防御青山至两望一带，但须派炮队刻刻防御海军上驶。

六、步队第六协协统杨载雄，率武昌所有部队，防御武昌城。

七、各部队给食，仍由自行就近筹备。

八、本都督在谘议局。

都督黎元洪

以上都督命令发出后，军政府又派员与张景良接洽，请其谨慎从公，与各部队好为会商，一致行动，目下大敌当前，万不可再事疏忽，自取咎戾。景良唯唯。是晚由景良发下进攻命令如下：

指挥官命令

（九月初六日午前二时于大智门发）

一、敌人兵力约一混成协，已占领造纸厂附近，其滠口及武胜关以南，仍陆续增加军队。但海军仍在阳逻停泊，已由都督拟派炮队驱逐，并通知各处不许接济海军粮煤。

二、本军拟于本日拂晓，攻击前面造纸厂之敌。

三、步队第二协何统领，于本日拂晓，率贵协由刘家庙出发，其进攻区域，右翼自江岸起，左翼至刘家庙车站西端一带。

四、步队第四协张统领，率贵协于本日拂晓出发，其进攻区域，右翼与步第二协连络，左翼至戴家山附近一带。

五、步队第五协熊统领，率贵协于本日拂晓在刘家庙南端集合为预备队。

六、炮队第一标蔡统带，率贵标及工程队，于本日拂晓在刘家庙以北附近占领阵地，援助我步队进攻。

七、马队黄管带，于本日拂晓率贵营警戒我军左侧。

八、敢死队第一、第二两队，于本日拂晓在步队第二协后面协助进攻。第三、第四两队，在步队第四协后面协助进攻。

九、本指挥官本日拂晓在刘家庙。

指挥官张景良

初六日拂晓，清军乘我军未前进时，一由造纸厂，一由姑嫂树，分两路附机关枪多杆，亦向民军攻击。民军各部队已在刘家庙一带占领阵地，两军以火力相持射击，极为猛烈。民军谢元恺令该标前进，其余亦随之前进，惜民军新兵多不善利用地形，被清军机关枪扫射，死伤颇众。至午前十时，火力益形猛烈，空中子弹飞过之声，如风卷木叶，瑟瑟作响。民军无机关枪，又无管退炮。民军所用之山炮子弹效力不大，清军管退炮效力甚著，两军在刘家庙与造纸厂相持。清军由滠口陆续向前增加兵力约一镇以上，火器又较民军精锐，又系久练步队，善利用地形，秩序较民军整肃。而第一火线布满机关枪，民军迭次前进，均受伤过重。是日两军相持，战斗最烈，但刘家庙附近地势平坦，民军伤亡极多。午后五时，清军用炮队援助机关枪，由姑嫂树、戴家山方面前进，向民军侧击。民军步队第四协统领张廷辅受伤，该协左翼伤亡太多，遂往后退，而与左翼接近之队伍亦随之后退。惟敢死队在后督队，不准退后。无如新兵过多，既退之后，秩序渐乱，不易指挥，在战线上极为散漫。且协统受伤，其部下各级军官，亦难负责维持。战至天晚，火力渐息，民军各部队陆续向大智门新停车场附近退却，占领阵地宿营，清军即前进占领刘家庙附近一带。

是晚黎都督闻刘家庙复失，清军逐增加，我军受此挫折，士气未免沮丧，加以张廷辅受伤，更受打击。于是军政府即召集会议，兹将议决事项列下：

一、步队第四协协统张廷辅受伤，以谢元恺代之。谢元恺之标统，以胡效骞代之。

二、派尚安邦率炮队两营往汉增援。

三、通电湖南、江西两省，速急派精锐队伍来鄂援应。

四、派工程营与敢死队，多携带工作器具到汉，帮同各部队筑设坚固堡垒。

五、派游击队往黄、孝扰敌后方，牵制其南下兵力。

六、电知上海《民立报》，速请黄兴来鄂，以资镇慑。

七、汉口所有部队，迅速整顿，明日必须固守原阵地，如有机可乘，则向敌逆袭。

八、多印白话，数满清罪恶，派间谍到满军中散发，以启惕其军心。

九、电请陕西出兵，袭满军侧面。

十、通电各省促其响应。

初七日（10月28日）我军在大智门新停车站防御。上午七时向昨日为敌所夺之跑马场进击。德法两租界后方，成为剧烈战场，敌以重兵压迫我军于法租界后方球场附近，复用机关炮威胁沿铁路线前进之我军，并布野炮四门于日本火葬场后方，猛烈轰击。另出步队约一千人，迂迴三义桥方面，企图直扑我军阵地，其炮弹不断飞炸于大智门车站后方村落。八时半，是处大火起，我军虽陷于恶战，仍固守不退。其在歆生路一带者，谢元恺令士兵匿于掩堡内，俟敌近三百米达处即冲出肉搏。正午，敌渐逼近，我士兵一齐冲出喊杀，声震全市。其炮队复瞄准连发排炮助战，敌不支，稍却，然以近郊空旷，敌随退随以机关枪殿后扫射。我军死伤者多，而气不稍馁。下午三时半，我军守球场者，因敌之野炮猛轰，继以步兵进逼，遂撤至歆生路。敌又占领球场，旋将野炮由火葬场移至跑马场南端，续取攻势。五时，我敢死队向大智门反攻，亦不利。是日，我军死伤亦重。盖六七两日我军死伤约二千余人，新兵及勇猛者居多数。当时旅汉各国侨商，亦甚敬佩民军之勇敢善战，故中外合作组织红十字会，到战地收尸。今汉口球场各烈士之坟，即是役阵亡官兵也。伤者则收容于英租界两处医院及仁济医院。是晚我军仍在原阵地宿营。

至江防方面，是日六时半，我军在南岸列野炮多门，向停泊江岸车站附近敌舰开炮。萨镇冰以海筹、建威、江元、楚同、楚有、楚泰、楚豫及水雷艇三艘，编成舰队，双方对轰。炮声隆隆不断，我之炮弹常飞落敌舰前头，其越过者则落于江岸车站敌军阵地。对轰约二十分钟，敌舰遂下驶。先是昨日下午三时，萨向英国东洋舰队司令官通告，称次日下午三时以后，将炮击武昌、汉阳二处，难免不危及租界。英国韦提督命各国船舶暂时投锚下游，日海军司令川岛通告日侨妇孺乘船避险，地为阳逻下游。信号在旗舰樯顶挂B旗。当B旗尚未升起时，萨之舰队除留炮舰四艘外，海容（萨坐舰）、海琛（沈司令坐）、海筹溯江而上。三时二十分，开始击南岸我炮兵阵地，且战且上驶，对轰约一小时，敌舰发弹约三百发，至四时十五分，殿舰海筹先后中弹四枚，遂皆遁去。

初八日晨六时，敌发动攻势，置大炮八九门于大智门车站附近，轰我军在跑马场附近及右侧铁路沿线之炮兵阵地，我军亦善应战。当敌至歆生路向新马路张美之巷街头进攻，我军奋勇击退之。嗣因敌炮猛轰不已，仍退回原防，而以士兵隐伏歆生路一带屋后，敌近即击，多奇中。敌遂以野炮数门，进迫考尔夫球场俱乐部，猛烈轰击，我大别山头亦发炮应战，三处炮火齐飞，致歆生路一带及其后面起火。当是时敌在江岸车站者，有第二、第四两镇之兵，合计约一万五千人，尚有五镇、廿镇在南下中。袁世凯、荫昌则在信阳，敌巡洋舰海容、海琛、海筹停泊阳逻下，楚豫、楚同、楚有、楚泰、江元、江利六艘，停七里河口。敌之火力既优，人数亦较众，我军虽连战连退，然精神振奋，与敌作殊死战，日领报告其政府，极称壮烈。敌既占歆生路，将步兵五千及马队一营，分二方面前进，其一攻我军守华商跑马场者，另一部分攻我军守歆生路后方铁路沿线者。敌攻势益猛，我之炮火效力愈微，遂向玉带门方面退却。

代理第四协统领谢元恺，我将领之最勇敢者也。至是与蔡统带德懋会商，拟统率在汉各军拼命转守为攻，直驱敌于三道桥以北，各部队亦同意，遂令敢死队持大令督战，退者斩。元恺冒敌之十字火网，奋勇前进，各部队随进，德懋亦更换炮兵阵地，前仆后继，所向披靡。虽敌之预备队加入前线，亦不能阻，遂狼狈退回歆生路，而以机关枪与重炮猛轰为掩护。不意德懋更换阵地，目标太显，敌炮集注齐发，弹如雨下，我炮兵多有死伤。德懋见阵地不良，方欲停止放列，不幸中弹死。时元恺攻至距敌最近之地，奋不顾身，亦被敌之机关枪扫射而死。众见蔡、谢二勇将先后阵亡，士气大沮。未几，何锡蕃协统亦受伤，敢死队队长马荣、工程队长李忠孝，皆以激战阵亡。我军忠勇将士牺牲之烈，未有甚于此时者。时已午后五时许也。其在市街后方村落交绥者，一进一退，战况亦烈。其地人烟稠密，敌随处纵火，遂呈混乱状态。汉口各报纸亦于是晚停刊。计是日下午二时前之伤兵人数，收容于武昌红十字病院，及汉口三医院。敌我共达九百人。其死亡及重伤，此二日间横卧于战场者无算，可谓惨矣。

是晚甘绩熙回军政府报告，各同志闻谢元恺、蔡德懋、马荣、李忠孝等同时牺牲，皆凄然泪下，极为悲愤。指挥张景良则不知所之，汉口军政分府于后城马路侦知其藏匿所，清军前第八镇参谋刘锡祺亦在是处。因迫令同到分府谈话，经詹大悲严讯看管，后皆枪毙之。都督当召集紧急会议，派姜明经代理指挥，姜称病不敢往，不得已，由各部队暂维现状。

初九日都督派吴兆麟、蔡济民渡江视察，指导防御事宜，以熊秉坤、胡效骞、甘绩熙、杨传连、伍正林五人，分区防御。敢死队亦分五队督率。又令尚安邦编成炮队，布列于歆生路堤防后，工程队附于炮队，赶修掩堡。林翼支标为预备队，蔡济民、杨玺章、王安澜、周定原等分途督察。

上午敌炮击兵工厂，我军散布者向大智门方面袭之，敌不支稍却。歆生路前面，屋多树密，敌派侦察队搜索，我军伏民房后者，俟敌近即枪击之，时有俘获，故敌不得猝进。及正午，敌以猛烈火力，向各房屋树林射击，逐渐前进。午后二时，进至堤防前面，我军步炮齐击，其地无掩蔽，敌乃后退。而我炮队管带孟广顺，不幸中弹而死，时我军指挥由宋锡全暂代。锡全将守汉阳队伍抽调七成，与林标残部合，由张步瀛率领，王缵承督战，借铁路线掩护，与敌相持。

时清军已渐次达汉口街巷，满布机关枪于民房楼上，并遣多数游击队窜入民房，纵火抢劫。又闻冯国璋曾照会驻汉各外国领事，谓汉口障碍甚多，进攻困难，拟将全镇房屋烧毁，以便施行攻击，倘有侵害外人财产之处，清国政府愿赔偿损失等语。各领事接得照会，极不谓然，舆论大哗，谓各国已严守中立，关于租界附近不得侵害，并云民军起义后，始终保护中外人民之生命财产，真是文明义师。惟清政府至今仍是野蛮，不顾舆论，无怪中国各省皆与之反对。

是日驻汉鄂军支部长（军政分府改名）詹大悲走九江，其部址江汉关旧道署饷糈弹药储藏甚多，悉焚之。后胡祖舜收拾江汉关余烬，检出受火铜元，装炮弹箱十八箱，运缴军务部。连日我军惨败，荫昌与其总参谋长易迺谦，即飞电告捷。

黄兴在海外接武昌首义电讯，即兼程回国，九月初七日抵武汉，各同志热烈欢迎，与黎都督晤谈甚洽，军政府群以战时总司令一职推兴担任。盖“千军易得，一将难求”，武昌党人，虚席以待此君久矣。兴乃党中健者，早以身许革命，责任所在，亦未遑多让，见汉口军事紧急，初十日晨，即偕杨玺章等往汉口视察。都督先令制丈二“黄”字大旗两面命人高举前导，军士闻黄司令来，精神为之一振，即清军震兴盛名，常私语曰：“是曾在广东欲杀张都督（鸣岐）者，乃真将军也。”亦群相戒备。

是日设总司令部于汉口满春茶园，一面命杨玺章、蔡济民等检查汉口队伍，兹将所检查之军队开列于后：

一、步队第二协　兵额约两千人

协统　何锡蕃伤，以罗洪升代

标统　胡效骞

标统　姚金镛病，以刘廷福代

二、步队第四协第七标　兵额约一千人

协统　张廷辅

标统　胡廷佐

标统　杨选青（官兵均不在汉口）

三、步队第五协　兵额约两千千人

协统　熊秉坤

标统　杜武库

标统　伍正林　督队官　方汉农

四、步队第一协　林翼支一标

五、马队一营　管带　黄冠群

六、炮队约一标

标统　尚安邦

七、工程队一营　管带　李占魁

八、敢死队约二大队　队长　方兴　队长　杨金龙

九、季雨霖之团防兵一千余名

据检查以上各队人数，第四协欠第八标，林翼支一标只有百余人。黄总司令一面通知黎都督，一面问林翼支何以缺额如此之多。林云：“兵士系在汉口附近招募，夜间有潜自归家者，以致数额难稽。”

黄曰："何不严办？"林无以对。

是日敌我保守原来阵地，敌之步兵散布铁路线，其炮队则布列玉带门后方及大智门两旁与我军对击，我敢死队俟敌进至一百米达时，骤起冲锋，敌死伤甚多。当上午十一时半，我军向济生堂进击，敌则对新马路附近短屋内潜伏我军一齐射击。经我军猛冲，敌即退，而以机关枪炮还击。时两军距离不过二百公尺，敌之大部队沿铁路线西侧向玉带门方面进者，虽有接触，但无激战，因市街时被狙击，敌损失颇大。及晚，敌遂在英租界背面及中国市街后方村落二三处，举行放火。又胡祖舜辎重营是日奉令赴援，祖舜到汉，仅得与王安澜、杜武库一晤。惟见前线部队零乱，无人负责，祖舜即就所部从事歆生路口、张美之巷口及徽州会馆以下之线布防，并派队巡查街道。参谋甘绩熙、高建翎等群守满春，敌尚未深入街市。黄总司令在汉口检查军队完毕即发如下之命令：

总　司　令　命　令

（九月初十日午后九时于汉口满春茶园发）

一、满军仍占领大智门新停车场附近。

我湘军已有步兵两协，业已出发，不日来鄂援助。

二、本军今晚拟在原占领阵地，以战斗队形彻夜。

三、步队第二协警戒线，右翼由歆生路后城马路起，左翼至查家墩以东火车站之堤防一带。

四、步队第五协警戒线，右翼与步第二协连络，左翼至玉带门一带。

五、其余各队之集合地如左：

步第七标在满春以北空地。

马队一营在满春西端。炮队一标在满春西北端附近。工程一营在满春北端附近。敢死队二队防御满春本司令部。

六、步队第一标及季雨霖标，警戒汉口市街各要地。

七、各队给养用前军政分府预备之粮秣。

八、本总司令在满春茶园。

注意：今夜口号——复汉

总司令黄兴

十一日晨，黄总司令正与杨玺章等商进攻事宜，准备下令击敌，而敌已于午前六时由王家墩来攻，枪炮齐发。我军依堤防固守，预备队亦向前线增加。总司令率敢死队督战，不准后退，退者斩。午前十时许，敌分布机关枪扫射，渐与我右翼接近。我右翼受伤者多，稍后退，敌遂放火，焚歆生路房屋，使我军失其掩蔽。又乱发炮，于是我右翼不得不节节再退。其正面及左翼则借抬救伤兵，亦陆续退。总司令手刃数人，而士兵竟潜向两侧而退。至午后二时，人数大减，总司令遂下令退玉带门一带。五时许，皆退集于此。敌节节放火，烧一段则进一段。正午火愈炽，汉市中心满春附近化为焦土。入夜火势更烈，居民狼狈逃走，其状甚惨，火势将延及四官殿。歆生路之敌加紧压迫；徽州会馆以下之敌，亦出没于怡心茶楼附近，转瞬该茶楼亦被焚。敌有时隔岸向汉阳放枪，时江岸已无船只，昨日赴援之辎重营，拦得驳船二只，先将械弹马匹运回，至五时许，武昌开一小轮来拖去。时汉口商场四官殿西北端数处着火。烟云蔽空，我军纷纷退走，除机关枪队与步队目兵百余名尚在张美之巷抵抗外，其余前线空无一人。驻汉阳守护兵工厂之第一协统宋锡全与胡瑛、王宪章等密议，携饷银二十余万元，舢板船六十余艘，小火轮四艘，装载枪炮弹药，竟于夜半退走岳州，后由黎都督电请湘都督以临阵脱逃罪处死刑。王宪章偕走，被扣留，汉阳府知事李亚东亦弃职去。

十二日总司令命各队仍守后堤至玉带门一带，又派查光佛通知甘绩熙、杨传连、伍正林，防御张美之巷附近。午前七时，敌在歆生路、刘家花园一带，以炮轰击，并向兵工厂及都督府发炮，故意扰乱，扬言分攻武昌、汉阳，一面仍在市街节节纵火，随风所煽，愈焚愈烈。居民号泣逃命，惨不忍睹。火延烧至马王庙沿江一带，打扣巷、龙王庙、沈家庙等处，火光亦大。敌至初九日起纵火，至本日更盛，教堂亦有被焚者，外人啧有烦言。所余者上仅桥口至遇字巷一带，下仅张美之巷至花楼一带而已。午后一时，敌派步队一队，并机关枪队，由王家墩向我左翼攻击，行至距玉带门六七百米达地，我预备队及敢死队潜扰敌之右侧，冲出猛击。敌不支而退，我军亦回原防。是时敌我隔河对峙，惟间常发炮互击。至午后六时，总司令命各队守原阵地待援，万不得已，得渐退汉阳，沿襄河布防。总司令即往武昌与都督商善后事宜。

军政府召集会议，总司令报告计有六点：

一、前日往汉口督战，本期反攻，以图恢复，惟各队新兵过多，秩序混乱，难以指挥。

二、军官程度太低，多不上前指挥。

三、各队战斗日久，伤亡过多，官与兵均甚疲劳，一闻机关枪声，即往后退。

四、兵士多在武汉附近招募，夜间私自回家者众，战斗员减少，军官因其仓卒召募，难以查实。

五、我军全系步枪，无机关枪，较敌损伤更重，炮队又系山炮，子弹不开花，射出距离亦近，效用不及敌之管退炮远甚。

六、敌系北洋久经训练之兵，极有纪律，又善射击，惟冲锋时不及我军灵敏，每喊杀时，敌即后退，我所恃者惟此。

此次在争夺战中，因参战受伤者，居正在大智门一带伤面部，季雨霖指挥团防时，飞弹由胸侧洞背而出。连日死伤人数，敌我相等，各死伤有二千余人。在济生堂后双洞门内外，累尸成塚者八九处，至于汉口商民损失房屋财产，则不可以数计矣。

按：当时论者有云汉口之战，民军虽受挫折，而战略上已获莫大之胜利，所以者何？盖民军当日所虑者，诚恐清军以海军掩护，由青山以下渡江，进攻武昌。若武昌不守，则民军失根据地。汉口、汉阳自不战而亡。无如清军暮气甚深，汉奸行动，早为全国人心所不容，即抗顺之袁世凯，亦毫无把握。自桧以下，不问可知，其不暗渡武昌，而专攻汉口者，乃天夺汉奸之魄，使之昏迷。民军虽失汉口，即令再失汉阳，原无碍于大局，因民军作战，利在持久，一则可以作各省同志筹备光复之气，一则可以待邻封同志精锐之来援。况汉口有极大市街，依托掩护，逸以待劳，持久之力，明如指掌。加以刘家庙初次开战之役，民军大捷，士气极旺，全国人心为之大快，清军败退，极形恐慌，后虽来袭，不敢猛进。其胆既怯，其气已馁，设当时民军以守为攻，不图急进，抱定“持久战”之计划，汉口稳如长城，即汉奸袁世凯亦不敢贸然出山。天下传檄而定，亦未可知。惜民军昧于“持久战”之理，妄主急进，以致失败。但民军失败原因，不可不细为推究：(一) 为姑息养奸，不肯将抗顺之海军击沉，致于大捷之后，三道桥以南之坚固防御线，受海军侧击，壮敌之气。(二) 民军虽勇锐无匹，而武器不及清军之利，因缺乏机关枪，又无管退炮，弃险攻人，徒招损失。(三) 民军大将谢元恺、蔡德懋等，攻敌阵亡，以致各队军官胆寒，新军无人维持。(四) 自骄轻敌，取败之由。民军初胜，即存骄气，新集之兵，不教而战，专取攻势，不顾防御。而不知兵之同志，从中鼓噪。不知危急存亡，徒死无益，新兵又无秩序，何以胜久练之师。(五) 蒋翊武等任意扩充势力，求遂其私，以致军中日益紊乱，老兵分散。军队愈多，则指挥力愈薄，甚至军队毫无限制，以新兵充军官者有之。种种缺点，不胜枚举。设非各省响应，派兵援助，仅湖北一省之力，清廷孽数，尚不知何日能终也。

海军降顺　三镇光复，八月二十一日，清廷即命海军提督萨镇冰，统率海军，协助荫昌陆军进攻夏口。二十六日，萨乘楚有兵舰抵汉，海容、海琛、海筹三战舰，建威、建安、江元、江贞、江利、楚同、楚泰、楚谦、飞鹰各炮舰，湖隼、湖鹰、湖鹗，及辰字、宿字各雷艇，亦陆续驶汉。我军颇受威胁。夏口陷落，清军得其助力不少。黎都督因与萨有师生之谊，当其抵汉之初，寓书招致，不报。战争进行，我军受海军之害甚巨，有人献议以炮火集中轰毁之。黎以海军为国防所必需，建设匪易，毁之可惜，复修一函，晓以大义，促其归顺。同时致楚同、楚泰等各船主一书，勉其诛锄内奸，共成义举。其时海琛舰员有张怿伯者，素与驾驶二副杨庆贞、三副高幼钦、见习士官阳明、水手头目李春清、一等水手刘文才、号手王春山、海容正电官金琢章、海筹正电官何渭生、枪炮二副沙训龄、教练官余振兴等，早思乘时而起，以舰禁往来，意志难达，因临时编订密电码十二种，借通消息，由是取得联络。九月二十一日，海琛、海筹、海容及江贞、飞鹰、楚豫等舰皆自动离阳逻下驶，中途海琛士官阳明遽取龙旗投之江，代以密制之巨幅白旗悬于舰尾，其舰长黄钟瑛，固预得其默许者，不之究，余舰继之。各舰舰员之满籍者，皆知大势已去，避匿舱中不敢出，飞鹰帮带吉升投水死。各舰行抵九江，军政分府马都督毓宝，电武昌黎都督报告，并请示处置。文曰：

黎都督鉴：本日（九月二十一日）午刻十点，有海琛、海筹、海容三战舰到浔。据各船主云，系因水涸，奉萨统制谕，命驶东下，并云萨统制与贵都督已有接洽。该船通竖白旗，并向浔军政分府请领国旗。惟窥其意，尚欲下驶。现在南京尚未克复，该舰仍想东下，不可不防。现已由浔将三舰扣留，暂不准下驶。究应如何处置，及该舰需用煤米等，可否由浔供给，敬乞迅示遵行。浔军政府叩。

旋复来一电，云三海舰已悬民国军旗，炮门及紧要机关，业经拆卸收藏，满籍人员，均护送往沪。黎都督得报，即电马都督，请派员优待萨镇冰，一面派李作栋携带汤化龙私函，赴浔与汤芗铭及杜锡珪、李烈钧、马毓宝等会商，并请其派舰西上赴援。而萨乘江贞舰下驶时，已先由黄石港换乘渔船，至九江英领署借宿一夕，翌晨乔作商人赴沪矣。浔军司令部赓即电黎报告，云已派定第二舰队由汤芗铭指挥来鄂助战。文云：

黎都督鉴：敝处已派定海战队第二舰队海容、江贞、湖鹗三战舰，并附步队二队，归汤芗铭指挥，决定于二十七日午前十时由浔来鄂助剿，二十八日可到。请将左列诸件，于本夜十时以前迅详电复。

一、彼我两军情况、两军特别标帜，并各部队之位置，尤为紧要。

二、请给第二舰队司令官训令，便宜进行。

三、请预派定得力军官，俟第二舰队到鄂时，即乘小火轮，或本身到海容军舰，与汤司令接洽，商议进剿，但须给予该军官正式公文，并以“满军”二字为暗号，以蓝军旗为号，以防奸细。

四、前决定派出之挺进队，因南昌内乱，未即实行。现已调复皖军回浔，如无来鄂助战之必要，敝处拟即派第一舰队海筹、海琛、湖鹰三舰，附以皖军，编为陆军，即日攻取金陵。如何办理之处，并希电复。浔军司令部。

其后改派海容、海筹、海琛援鄂，二十九日下午，由汤芗铭、杜锡珪率抵武昌下游之青山。黎都督派李作栋、李国镛等携款犒赏，令其攻击三道桥之敌，清军受创甚巨，我三海舰亦有死伤，有一海舰且中数弹，几兆焚如。时届初冬，江水日涸，三海不能久留，因驶上海。其余舰艇仍留助战，并派杨承禧与其舰队司令马煩玉商筹作战任务。

第三节　汉阳奋斗

是时清廷见各省已陆续响应武昌，汉口虽有小胜，仍惶恐万状，因下诏罪己。又谕开党禁，解散皇族内阁，组责任内阁，授袁世凯为内阁总理大臣，仍节制湖北海陆军。又谕亲贵不许预政，奕劻、载泽、载洵、载涛均免职。又决定实行君主立宪，拟具信条十九条，宣誓太庙，布告臣民。凡此皆欲挽回人心，但不过为袁世凯造机会，武昌革命军置之不理，反愈战愈奋。

九月十二日，汉口有十数处起火，风猛火烈，极为愁惨。清军亦未进攻，徒以炮队不时向武昌、汉阳威吓。但自倡义以来，大战已经两旬之久，民军与武汉市民，见炮火射击，已属司空见惯，不甚恐怖。军政府仍令汉阳兵工厂开工，各机关照常办事，借资镇静。我军在汉口各部队，见清军纵火延烧，已成燎原之势，市民迁徙殆尽，一切粮秣给养，极感困难，遂陆续向汉阳退却，利用襄河一带壕堑，以为防御。兹将是日退至汉阳军队揭示如下：

一、步队第一协统领蒋肇鉴，其兵力约一千余人，防御兵工厂。

二、步队第四标统带胡效骞，其兵力约三营，共一千二百人，防御汉阳赫山、割丝口一带。

三、步队第四协统领张廷辅，其兵力约两标，共两千人，防御汉阳南岸嘴至兵工厂一带。

四、步队第五协统领熊秉坤，其兵力两标，约两千六百余人，防御汉阳十里铺、锅底山一带。但派有一部警戒琴断口、三眼桥。

五、炮队两营，一营在大别山，一营在赫山，归曾继梧指挥。

六、工程一营，管带李占魁，分配步炮队，构筑防御工事。

七、步队第三协统领成炳荣，仍守青山原防，其余均在武昌补充编练。

先是黄兴抵鄂后，武昌党人，对黄期望甚殷，曾讨论黄任职名义问题，新来的同盟会同志，如田桐、宋教仁等，及略含有区域观念的，如蒋翊武、杨王鹏等，以兴代表民党，欲公推为湖北、湖南大都督，或称南方民军总司令，以便统辖各省赴援的民军。而军政府首义各员，如刘公、孙武、蔡济民、吴醒汉、杨玉如、吴兆麟等，仍欲兴属鄂军都督名下，只用战时总司令，不冠南方二字。某日密议时，吴兆麟与杨王鹏大起辩论。吴谓："黄廑午（兴旧号）的职任，万不可影响黎元洪地位，因黎氏虽非同志，但在湖北军界资深望重。此次大众公举其为都督，并非黎氏本愿，且起义时大众说他浑厚，外人均依其名义，认民军为交战团，各省陆续响应，群来电推崇，颇表敬仰。若一旦将其更动，中外必生疑团，视我辈有争权夺利之嫌，不顾大局，此不可者一；黄廑午为革命巨子，海内皆知，此次来鄂，大众热忱爱戴，如趁此在湖北立功，将来达到革命成功目的，再由同志公举为全国首领，前途远大，天下归心，区区都督虚名，又何足计较，此不可者二；前日廑午抵鄂时，已由大众公推为总司令，由黎都督命令发表，是黄已在黎下，忽以大都督名义节制黎都督，在黎原无可无不可，如有人代鸣不平，岂不立起内争，此不可者三；若黄之大都督发表后，黎如辞职，届时各省及外人群来质问，我辈如何答复，即云我辈公意，当此军事紧张之际，忽主将辞职，各方必疑我军不能容物，好恶偏狭，此不可者四；进而言之，湖北军人中同志此次倡义，自拥黎登场后，对黎绝对服从，以表示一德一心，只知杀敌，不问权利，因与黎发生好感，若一旦更换都督，大众顿生疑虑，必不安心，恐与黎接近之人借此挑拨恶感，或至偶起纠纷，反令廑午面子不好，此不可者五；目下大敌在前，清军时派间谍侦察民军缺点，并图煽惑军心。因民军举动文明，民军又协力一致，清军无隙可乘。如民军内部发生变化，是与敌以隙，自取败亡。回忆洪杨之在南京，奄有中国大半，势力不可谓不雄，人才不可谓不多，卒因权利之私，自相残害，以致功败垂成，我辈同志此时应以洪杨覆辙为戒，此不可者六。总之，此时急宜团结军心，维持现状，不可更张以生内乱。我非反对黄廑午之为大都督，实情势有所不可也。"云云。时杨王鹏不以吴言为然，谓："江西革命军始以吴介璋为都督，更以马毓宝，未见中外人质问与内部反对，湖北反去电欢迎。况我辈公举黄廑午为大都督，于黎的位置原无妨碍，试问将来推倒满清后，中国不举大总统乎，岂以各省即以有都督即算完事吗？"吴云："各省情形不同，湖北是首义之区，关系全局，所以各省皆以湖北为重心。外人仅照会湖北为交战团，与他省之大小轻重有不同耳。”时在座者多以吴兆麟话理由颇充分，默表同情，杨玉如并劝王鹏重视现实与环境，不必坚持己见，恐牵一发而全身动。王鹏不悦，又欲与玉如争辩，宋教仁即起立云：“此事不过征求大众同意，我们原无成见，因黄廑午实行革命多年，声望甚好，诸同志欲推其为首领，借以号召，俾达迅速成功之目的，并无他意。我们初来湖北，对于湖北军队情形不熟，既有利害冲突，即作罢论可也。”于是大众复决定举黄兴为战时总司令，所有各省军队，均听其节制调遣，并效汉刘邦聘韩信为大将故事，请黎都督聘黄兴为总司令，登坛拜将，郑重其事，使各省来鄂军队均听指挥，以便作战。大众均以为然，遂将此举报告黎都督，黎极表赞同，遂择定九月十三日吉期行拜将礼。

九月十三日午前八时，都督府前建一将台，黎都督传知各机关人员及武昌军队长官，并派军队一标，准于正午齐集军政府，请黄兴登坛拜将，于坛之四角树立军旗，中立一“战时总司令黄”六字大旗，气象庄严。届时军乐队毕至，文武咸集，黎都督偕各机关人员先登坛，发表大意曰：“本都督代表中华民国四万万同胞，及全国军界袍泽，特拜黄君兴为战时总司令，于本日此时就职，率我军民，推倒满清恶劣专制政府，光复汉族，建立良善真正共和，共谋人民福利。我将士皆当诚心悦服，听其指挥，群策群力，驱除鞑虏，以卫国家。中华民国幸甚，同胞幸甚。”云云。说毕，即请黄兴登坛受职，并由都督将关防、聘状、令箭等项，亲交黄总司令。当时黄兴在将坛上向大众演说云：“此次革命，是光复汉族，建立共和政府，无如虏廷仍未觉悟，派兵来鄂，与民军为难，我辈宜先驱逐在汉口之敌，然后进攻，收复北京，以完成革命之志。今日承黎都督与诸同志举兄弟为战时总司令，责任重大，实难负荷，但大敌当前，不敢不勉。因念军人以服从命令为天职，以艰苦奋斗为己任，兄弟愿从黎都督与诸同志后，直捣虏廷，恢复神州，虽捐躯糜踵，均所不惜”云。言毕，大众鼓掌，欢声雷动。齐呼中华民国四万万同胞、黎都督、黄总司令万岁。互相致敬，礼毕而退。

黄就任后，即往汉阳西门外昭忠祠组织总司令部，分参谋、副官、秘书三处。李书城为参谋长，杨玺章为副参谋长。后加派吴兆麟为副参谋长，姚金镛、吴醒汉、甘绩熙、徐达明、宾士礼、高建翎、金龙章、夏继善、邹燮斌等为参谋，日人萱野等为军事顾问，王孝缜为副官长，高尚志副之。田桐为秘书长，万声扬、黄中恺、萧骧等为秘书。蔡济民为经理部长，蒋翊武副之。陈磊为金柜科长，孙德成为稽查科长，胡鄂公为侦探科长，谢震华为庶务科长，王安澜为粮台总办。胡祖舜任全军后方勤务，湘军来援之兴汉营及新编之输送标，归其指挥，以归元寺为本部。所有部队，黄总司令以命令指定防区如下：

一、第四协统领张廷辅，率所部七标，防守南岸嘴至兵工厂东端一带。

一、第一协统领蒋肇鉴，率所部一标，防守兵工厂附近，并派一标驻徐家湾。

一、步队第四标第三营，驻守徐家湾至琴断口一带。

一、步队第十标第三营，驻琴断口。

一、步队第十一标，炮队独立队，机关枪队，及水师第一标散卒防守赫山。

一、炮队第三标第一营，驻梅子山，并分派一队驻高庙南端。

一、令步队第十标之一营，附炮兵二队，由第五协统领熊秉坤率驻十里铺及归元寺附近。

总司令通令各地防军筑设防御工事，于高地作盖沟及站沟两种，并令各部队分别建筑赫山、高庙、梅子山、十里铺及龟山、兵工厂、南岸嘴各处工事。挖壕筑堡时，雇用民伕数千人，不加督率，而工作昼夜不辍，当时人心倾向，于此可见。

时有敌一队用帆布船将由黄金堂渡河，被我军炮击，其伤亡以及被俘者约二百人。

九月十五日，总司令部署已定，防御工程正在赶修，总司令乃偕参谋等数人巡视，自大别山麓，由右翼南岸嘴经十里铺，至左翼三眼桥。据报自孝感至新沟，昨已有敌之小部出现，因派侦察赴蔡甸、新沟搜索。

十六日，湘军第一协，皆受训练之新军，秩序尚整，调赴十里铺防御。上午六时，我军之炮以汉口济生堂附近为目标，开炮击之，敌未应战。十时左右停。兵工厂守兵对汉口方面之敌，亦尝枪击之。下午六时，我军武昌炮击江岸车站，连续三小时，敌亦未还击。其晚敌乘夜以火车运军需，我大别山炮即击之，且与汉口市街之敌隔河时以步枪互击，因敌扰害我防御工程，隔河夜袭，故我军还击。敌在考尔夫俱乐部附近之炮兵阵地，移至刘家花园西面柳树繁茂之堤防上，并设臼炮四门于花园西北小丘上。又领事团因敌烧汉口，提出严重照会，敌冯国璋则诿称我军炮击所致。

十七日，据报敌运来重炮，并架桥材料，已到汉口；又在大智门及招商局附近设管退炮位，专击武昌。我赫山之炮击桥口方面之敌，同时汉阳、汉口间亦不时以枪互击，又武穴田家镇炮台皆降，九江炮台亦由南昌派来军队扼守。

十八日（11 月 8 日），据报汉口有敌一万余人，其续到五千人抵祁家湾，又有一标由萧家港南下。昨晚十时，大别山兵工厂附近，我军与汉口之敌隔河交绥。先步枪互击，后我军炮击敌之歆生路炮兵阵地，敌应战，炮声隆隆，久之犹闻缓慢声，至今晨始息。及上午九时，炮战复起，先由敌在刘家花园之炮向兵工厂开炮，我大别山之炮还击之。下午一时稍停，至三时复有稀疏炮声。总司令于下午三时发布命令如下：

民军总司令官命令

（九月十八日午后三时于汉阳昭忠祠）

一、满军在汉口兵力约一万余人，在汉口刘家庙至桥口附近，又于上关及花楼一带并赫山对岸，均构筑掩堡，沿江岸设有炮位。又由孝感至新沟方面，有满军出没，清廷派袁世凯南下，现已抵孝感。冯国璋在大智门。

又迭接上海、浙江、江苏、广西、安庆来电，均已宣布独立，拟派兵应援武昌。

二、本军拟在汉阳南岸嘴至三眼桥附近一带防御。

三、步队第四协统领张廷辅，率该协于南岸嘴至兵工厂附近占领阵地，且派一部掩护我右侧。

四、步队第一协统领蒋肇鉴，率该协占领阵地，右翼与第四协连络，左翼至钢药厂西端附近。

五、步队第四标统带胡效骞，率该标与步队第一协连络，须于赫山至割丝口附近占领阵地。

以上各队须利用时间构筑强固防御工事。

六、湘军第一协统领王隆中，率该协及工程第一营，在十里铺、锅底山附近占领阵地。但须构筑强固防御工事，且派一部警戒琴断口、三眼桥附近。

七、炮队团统领曾继梧，率该团须于大别山、赫山、仙女山、扁担山附近选占阵地，以能射击汉口龙王庙至玉带门，及琴断口、三眼桥附近为要。

八、步队第五协统领熊秉坤，率该协在七里铺为预备队。

九、各部队给养，派员在归元寺粮台领取粮秣。

十、予在汉阳昭忠祠。

总司令官　黄　兴

同时训令粮台司令及辎重第一营管带，按照在汉阳本军所辖各部队，准备粮秣，以便各部队派员领取，并须先在本司令部计算各部队报来人数，妥筹办理。

十九日，据报敌第四镇全部驻汉口各要地，第十混成协全部驻孝感，第五镇一协全部晨八时抵孝感。又据乡民报告，敌一支队似由新沟向蔡甸前进，因此司令部派祁国钧率马队一营、步队一营，赴蔡甸附近防敌渡河。

是日湘军第二协统领甘兴典，率队抵汉阳。该协原系巡防营，多徒手，缺乏训练，由司令部给发枪弹。

敌运大炮数尊往桥口，我大别山炮击之，敌亦以炮击，各有微伤，其后汉阳、武昌两处与敌常互相炮击。午后敌驻江岸者复以炮击我青山驻军，我军开炮还击，遂毁其炮位，我两望炮队击江岸车站之敌，中车站附近列车起火。

二十日上午四时，敌南下官兵在江岸车站，因误传我军往袭，与第二镇火拼，互有死伤。

是日黎都督发出通电，请独立各省共同组织临时中央政府，以一军权。致各省都督电如下：

大局粗定，非组织临时政府，内政外交，均无主体，极为可危。前电请速派妥员会议组织，谅达勋鉴。惟各省全权委员一时未能全到，拟变通办法，先由各省电举各部政务长，择其得多数票者来鄂，以政府成立照会各国领事，转各公使，请各本国承认，庶国基可以粗定。敝省拟中央临时政府暂分七部：一、内务，二、外交，三、教育，四、财政，五、交通，六、军政，七、司法。其首长之条件，以声望素著，中外咸知，并能出而任务为必要。盖非此不足以昭各国之信用也。现除外交首长多数省分已举伍廷芳、温宗尧二君外，其余各首长应请协举，电知敝省，候汇齐后，一面电聘，一面通告，时事迫急，希即会议举定。再，财政首长，敝省拟举张謇，并闻。万祈速复。

旋各省都督皆复电赞成。

是日袁世凯派蔡廷干、刘承恩（湖北襄阳人）来武昌都督府，与民军媾和，并携有袁之公函，据称“如能承认君主立宪，两军即息战，否则仍难免以武力解决”。都督当即派员招待来使，并复书袁世凯，讽其抛弃君主，赞成共和，此不过为临时所行政策。复书如下：

慰庭宫保麾下：迩者蔡、刘两君来，备述德意，具见执事俯念汉族同胞，不忍自相残害，令我佩佩。前承开示四条，果能如约照办，则是满清幸福。特汉族之受专制，已二百六十余年，自戊戌政变以还，曰改革专制，曰预备立宪，曰缩短国会期限，何一非国民之铁血威逼而来！徐锡麟也，安庆兵变也，孚琦炸弹也，广州督署轰毁也，满清之胆早经破裂。然逐次之伪谕，纯系牢笼汉人诈术，并无改革政治之真心，故内而各部长官，外而各省督抚，满汉比较，汉人之掌握政权者几何人，兵权财权，为立国之命脉，非毫无智识之奴才，即乳臭未干之亲贵。四万万汉人之财产生命，皆将断送于少数满贼之手，是而可忍，孰不可忍。即如执事，岂非我汉族中最有声望最有能力之人，何以一削兵权于北洋，再夺政柄于枢府？若非稍有忌惮汉族之心，已酉解职之候，险有生命之虞。他人或有不知，执事岂竟忘之？自鄂军倡义，四方响应，举朝震恐，无法支持，始出其咸同故技，以“汉人杀汉人”之政策，执事果为此而出，可谓忍矣。嗣又奉读条件，谆谆以立宪为言，时至二十世纪，无论君主国、民主国、君民共主国，皆莫不有宪法，特其性质稍有差异，然均谓之“立宪”。将来各省派员会议，视其程度如何，当采择何等法治，其结果自不外“立宪”二字，特揆诸舆情，满清恐难参与其间耳。即论清政府叠次上谕所云，试问鄂军起义之力，彰德高卧之力乎？鄂军倘允休兵，满廷反讦执事究有何力以为后盾？今不见起义只匝月，而响应宣告独立者，有滇、湘、黔，蜀、赣、皖、苏、杭、闽、粤、桂、秦、晋，沪上归并之兵轮及鱼雷艇，共有八艘，其所以光复之速而广者，实非人力之所能为也。我军进攻，窃料满清实无抵抗之能力，其稍能抵拒者，惟有执事，然则执事一身系汉族及中国之存亡，不綦重哉。设执事真能知有汉族，真能系念汉人，则何不趁此机会，揽握兵权，反手王齐，匪异人任；即不然，亦当起中州健儿，直捣幽燕。苟执事真热心满清功名也，亦当日夜祷祝我军速指黄河以北，则我军声势日大一日，执事爵位日高一日。倘鄂军屈服于满清，恐不数月间，“飞鸟尽，良弓藏，狡兔死，走狗烹”矣。执事犯功高震主之嫌，虽再欲伏隐彰德，而不可得也。隆裕有生一日，戊戌之事，一日不可忘也。执事之于满清，其感情之美恶如何，执事当自知之，不必局外人为之代谋。同志人等，皆能自树汉族勋业，不愿再受满人羁绊，勿劳锦注。至疑鹬蚌一层，读各国报纸自知，鄂军举义价值，比拟似觉不伦。顷由汉口某领事处得无线电，刻北京正危急，有爱新氏去国逃走之说。果尔，则法人资格丧失。虽欲赠友邦，而已无其权矣。执事又何疑焉。窃为执事计，闻清廷有召还之说，分二策以研究之：（一）清廷之召执事回京也，恐系疑执事心怀不臣，欲借此以释兵权，则宜援“将在外君命有所不受”之例以拒之。（二）清廷果危急而召之也，庚子之役，各国联军入都，始召合肥入定大乱，合肥留沪不前，沉机观变，前事可师。所惜者合肥奴性太深，仅得以“文忠”结局，了其一生历史，李氏子岂能终无余憾。昔者孟子之学，全在“保民”。元洪本一武夫，罔识大义，惟常奉教于孟轲，其心得除“保民”外，无第二思想。况执事之识解，经验能力超出元洪等万万哉。所虑者执事历世太深，观望过甚，不能自决。须知当仁不让，见义勇为，无待游移。孟子云："虽有智慧，不如乘势；虽有镃基，不如待时。"全国同胞，仰望执事者久矣。请勿再以假面具示人，有失本来面目。是则元洪等之所忠告于执事者也。余详蔡、刘两君口述。

是时黄总司令正在汉阳与袁世凯对垒，恐军士苦战已久，为袁系传播和平之说所摇动，特通传手谕警告，此亦战略所必需者。通谕如下：

自鄂军起义，不旬日间吾同胞之响应者已十余省，足见天命已归，满贼立亡。乃虏廷不揣时势，不问民心，出其狴犴之卒，敌我仁义之师，是实妄干天诛，于我何妨。汉口之战，我师屡胜，继虽小挫，军家胜败，自古常然，不必介意。现鄂军大整，湘军来援，恢复之功，当在旦夕。顷据保定侦探何某来报，虏廷已命袁世凯为内阁总理大臣，仍统陆海军队。袁世凯甘心事虏，根据初九罪己诏，倡拥皇帝之邪说，先运动资政院，遍电各省谘议局，有云"政府十分退让，吾人只求政治革命，不屑为已甚者"云云。现袁已派心腹多名，分道驰往各省，发布传单，演说谕众，冀离间我同胞之心，涣散我已成之势。设心之诡，用计之毒，诚堪痛恨。我同胞光复旧宇，义正词严，既为九仞之山，何惜一篑之覆。自不致为所动摇。然恐妖精善蛊，致荧众听，故此密谕同胞，速饬密探查拿前项演说之人，销灭传单，俾鼠窃之技，无由而施，大局幸甚。

二十一日招商局趸船有敌军数百，见江中有船经过，以及渡江之船，辄开枪乱击以为乐，多有受伤者。我军武昌、汉阳两处即开炮击之，趸船上敌军死伤甚多。

下午三时半，我武胜门旧炮兵营，炮击招商局仓库附近之敌，极准确，同时敌在刘家花园外之炮队向大别山上炮击，我军以炮还击，武昌亦以炮援助。我赫山则以炮击企图渡河之敌，炮声断续达旦。向来我军之炮每不炸裂，是日自午迄夜，炮弹炸裂者多，敌损失甚大。又据报敌马队数百人、步队约三千人，企图在毛陈渡架桥占蔡甸之金牛山，又于桥口南端及歆生路附近，构筑炮垒，由北运来野炮甚多，陆续增加于战线上。又有步队约千余人，由新沟南下，午后已抵油榨坊附近。是日军政府因第一协疲于久战，调在武昌之第六协换防。午后四时，总司令发布命令如下：

一、综合各种情报，敌主力仍在汉口至孝感附近一带。另有一部似由新沟南下。

又接九江来电，海军均已反正，拟不日来鄂，协攻满军。

二、本军拟仍在南岸嘴、三眼桥附近一带防御。

三、步四协统领张廷辅，率该协仍在原阵地防御，并须利用时间，加筑防御工事。

四、步五协统领熊秉坤，率该协（欠第十标）右翼与步四协联络，须于兵工厂至钢药厂之间占领阵地。

五、步四标统带胡效骞，率该标于钢药厂及赫山西麓占领阵地，须与第五协联络。

六、湘军第一协统领王隆中，率该协及工程第一营（欠二队）右翼与步标联络，须于割丝口至琴断口附近占领阵地。

七、湘军第二协统领甘兴典，率该协及工程第一营之两队，于美娘山、三眼桥至扁担山附近占领阵地，并与湘军第一协联络。但须派侦探搜索蔡甸方面之敌情。

八、炮兵团仍占领原阵地，以能射击汉口新停车场至东亚制粉工场一带并三眼桥附近为要。

九、步六协在七里铺，同第十标在归元寺附近，为预备队。

十、各部给养仍派员在归元寺领取粮秣。

十一、余在昭忠祠。

注意：各部队须按规定防御配备略图构筑工事。

令下后，总司令亲赴视察，并派参谋副官到各部队协同指示防御工事。连日以来，敌之汉口方面炮队，日夜不断向兵工厂及归元寺射击，但无大损害，又时用民船在赫山附近一带，企图渡河，俱被我军击沉。我之兵工厂仍日夜兴工。时日人大元偕浪人多名投效，愿为我侦探敌情，经司令部聘用。

二十二日，军政府派季雨霖为安襄郧荆招讨使。据法商报告，敌约二百人，搬运刘氏机器厂材料，在后湖堤筑炮台。又敌第一线在硚口、龙王庙一带设炮兵阵地，有野炮十六门。另派一支队出新沟经蔡甸，企图渡河。

二十三日，敌续到队伍凡二十四车，皆灰布衣，驻大智门外，时游行至花楼，劫掠铺户。敌在招商局设四炮于屋内，向汉阳射击。我凤凰山炮还击，及汉阳之炮击毁其炮位，遂停止。又在硚口设炮台二座，并设行军铁路一条。王家墩、罐子湖等处，亦置九寸口径大炮三门，并以水塔为瞭望台。据日探报告，敌主要炮兵阵地在水电厂满春茶园及刘氏堤防附近，步兵阵地在龙王庙至玉带门一带，刘家庙及大智门亦分布步炮队伍。又据报敌兵两营，在汉川虾蟆潭掳民船四百余只，向蔡甸方面进。

二十四日，昨晚大风雨，至午未停，寒气逼人，大战传说甚盛。敌在招商局趸船存储，被我凤凰、大别两处之炮击沉。天昏黑，敌军大乱，其上午一时四十分，日租界后方铁路线外，敌哨误会放枪，一时敌人惊扰，枪弹四飞。约一小时，兵目死者十六七人，人民中流弹死者二人。上午九时，日驱逐舰神风上驶至七里沟，被我两望之炮阻止。昨有国际贸易公司小轮一艘，亦因擅自开驶，为我击沉。其襄河两岸悠闲之枪炮声不断。下午四时，我蛇山黄鹤楼及旧炮兵营与大别山之炮，开始轰汉口市街之敌，及其华商跑马厂炮兵阵地。武昌有一炮弹落汉口马王庙附近，起大火，黑烟为烈风所煽，遮盖汉阳，五时半炮停。

二十五日，袁世凯奉清廷上谕组织内阁，时清军之在夏口者，其主力渐移置蔡甸方面，刘家庙预备队不过二千人。黄总司令得报，即拟乘虚袭击，以遮断清军后方联络。即晚派遣专员勘定琴断口为渡河点，令工程队准备架桥，另组征发队，征集船只，以湘军第一协统领王隆中所部为右纵队，以湘军第四协统领甘兴典为左纵队，以步兵第五协统领熊秉坤所部第十标，敢死队方兴所部，黄东先锋队杜林所部为预备队。其后方任务，密令轻重第二营管带胡祖舜，派遣督队官李鹏升，率所部枪弹炮弹各队，及兴汉营输送标第三营，预在十里铺停驻待命。其先期动员命令如下：

第一军命令

（九月二十五日午后十时于昭忠祠）

一、比较我军劣势之敌军主力，驻扎汉口中国街，其右翼自玉带门停车场起，其左翼至龙王庙附近，敌马兵在东亚制粉厂附近出没。

二、我军拟明晚由东亚制粉工厂附近潜渡，歼灭敌军，另有一支队自龙王庙附近上岸攻击。又另有一支队经长丰垸到三眼桥附近，攻击大智门附近之敌军。

三、汉阳守备队，于明日午前十点，占领阵地，自南岸嘴起，至赫山西麓止，于午后十点钟须攻击敌军，并准备潜渡。

四、炮队团各炮队射击开始，临时命令。

五、右纵队于明日午前十点钟撤警戒线至该协司令部集合，于午后八点钟在琴断口开始潜渡，至午后十点钟集合于裕隆制粉工厂北端，须向玉带门停车场前进，午后三点钟为架梁渡河之掩护。派步兵一营，占领裕隆制粉工厂东方八百米达村落，掩护队于其纵队通过警戒线时，撤其阵地，须复归该协。

六、左纵队于明日午前十点钟撤警戒线至该协司令部集合，于午后九点钟在琴断口开始潜渡，至午后十点钟之间，集合于裕隆制粉工厂北方约五百米达三叉路附近，须向华商跑马场附近。

七、预备队于明日午后四点钟集合于锅底山东北花园之南端，俟左纵队潜渡毕，随该队渡河，于东亚制粉工厂附近集合。

八、工程第一营架梁完工后，须派一部监视桥梁，其余指挥琴断口附近船只，依步兵自然掩护，向下流开行，为襄河左岸部队随处渡河之准备。

九、余现在昭忠祠，于明日午后二点钟自昭忠祠出发，到锅底山东北花园附近。

注意：

一、白布斜背，为我军标识。

二、我军用白旗。

三，凡我军所占之地约以举火为记。

二十六日黄总司令令步兵第一协掩护工程队，以所征发船只，就琴断口地方，架设浮桥三座，限即晚八时以前竣事。令第十一标统带杨选青，率所部于本部渡河时，由南岸嘴强渡龙王庙，以为助攻。别遣一支队由武昌青山潜渡刘家庙下游，袭击清军后路，以为牵制，其他部队各依命令实施。是夜十时三十分，我军已接续渡河，时值连日阴雨，路湿气寒，清守兵多潜处民房，燃火取暖，我军潜渡侵入防线，群始警觉，仓皇走避，秩序大乱。我军进击，其前线达居仁门以至歆生路一带。清军各地防兵渐渐增援，抵抗甚力。我军因道路泥泞，前进阻碍，所有部队联络渐失，右翼几至不支。预备队先后增加，勉强支待，而左翼湘军第二协先行溃退。清军乘势包围，以致牵动全局。龙王庙助攻部队以清军据险扼守，未能如时登岸。武昌下游进攻，亦未得手。总司令以时机已失，无可为力，遂令退却。时已二十七日午前六时矣。翌日军政府以第十一标统带杨选青临敌不前，挥泪斩于府前。湘军第二协统领甘兴典作战不力，旋于汉阳失陷后逃回长沙，亦经黎都督电请湘督杀之。

我军退回汉阳，仍令严加戒备。二十八日清军向美最时洋行购办枕木数百株，在由夏口三眼桥至姑嫂树间之湖面上，架设桥梁，长达十余里，同日以小船数只，满载积薪，将以渡河，被我军第十一标二营管带尹奎元察觉，报由第六协统领杨载雄，令善泅水者三人潜渡，以火焚之。是日黄总司令防守命令如下：

第一军命令

（九月二十八日午后三时半于昭忠祠）

一、据探报云，敌人似由赫山、琴断口、蔡甸各处渡河。我九江军第二舰队明二十九日可抵武昌省城附近。

二、本军今晚拟以战斗队形准备通夜，防敌渡河。

三、步队第四协张统领，率该协占领南岸嘴至兵工厂西端，今晚严密警戒。

四、步队第五协熊统领，率该协今晚警戒右翼兵工厂西端起，左翼至梅子山西北端约六百米达高地西麓止，须与步队第四协连络。

五、步队第六协统领杨载雄，率该协今晚占领阵地，右翼与步队第五协连络，左翼至割丝口西端附近。

六、湘军第一协王统领率该协及步队第十标第三营，今晚防御琴断口及割丝口至锅底山附近。

七、湘军第一协王统领，率该协之一标，防御三眼桥，其余一标在马家湾集合听调。

八、若有敌袭，各队须竭力固守原阵地。

九、炮兵团今晚在各原阵地布置放列。

十、工程第一营今晚在十里铺集合。

十一、其余各队，均在归元寺集合待命。

十二、辎重第二营在归元寺听调。

十三、余在昭忠祠。

总司令官黄　兴

二十九日清军第二、四两镇各一部，以甘陕事急，调回信阳，在夏口前线新沟作战者，约在二镇以上。午后三时，一部在新沟架桥，其步兵一标、炮兵一营、马队一队，由油榨岭向汉阳行进中。午后四时，其大队已抵马家湖，别一部已占领城头山。

是日晨天未明，我来归之海军海容、海筹及水雷艇湖鹗，已驶进阳逻。上午十一时，汤芗铭、杜锡珪率三艘至青山附近，与刘家庙敌交射。下午三时，海容悬革命军旗，意气扬扬，从容上驶，直达黄鹤楼下。有大型小轮开至其侧，由舰卸下机关炮，其后湖鹗继续上驶，敌众炮齐发，湖鹗沿南岸以全速力进，忽有敌炮一弹中其机关一部，蒸汽迸发。又有榴散弹二发，在艇上炸裂，然湖鹗仍开入租界对岸之水域内。未几海容沿江而下，将出租界水线，忽炮火一闪，继之全部炮门齐开，猛射敌之炮兵阵地，复进至江岸约五百公尺地，连续轰击，其炮弹皆在刘家庙车站周围炸裂，于是敌在江岸各处炮兵阵地，尘沙飞扬，村落起火，车站后面火焰尤甚，海容遂以堂堂姿势，悠然下驶，时下午五时半也。后据报海容舰上死一人，伤三人，其烟囱虽有弹痕，但仅二弹中其舷侧，损害极微，敌方则有炮一门全毁，车站被焚，死伤官兵三四百人。

是日晚军政府命七协往汉阳增援，由标统黄申芗率往。

三十日上午七时，清军约一混成协，复由新沟渡河，驻蔡甸乐善堂厘金局，另一支队占领舵落口，在城头山者造有炮垒多处，在硚口上下游者，备有帆布船数十只，其主要炮位分配于玉成公司刘家花园水塔歆生路。襄河北岸，亦列炮十数尊。午后一时，敌水陆并进，声势甚大，我军合力抵抗，俱被击退，颇有死伤。是日总司令防守命令如下：

第一军命令

（九月三十日午后五时于昭忠祠）

一、据侦探云，敌之主力仍在汉口一带，其一部已由新沟渡河，向蔡甸方面进发。

我九江第二舰队，昨日在刘家庙附近，击死敌兵约六百余人。我步队第十四标之一营，本日午前十一时，由汉阳东门出发，赴沌口附近，掩护我右侧背。

二、本军今晚拟仍固守汉阳，以战斗队形过夜。

三、各部队今夜须竭力固守，仍在阵地。

步队第四协，右翼由兵工厂西端起，左翼至梅子山西麓高地止。

步队第五协，右翼由南岸嘴起，左翼至兵工厂西端止。

步队第六协，右翼与步队第五协连接，左翼至割丝口西端止。

湘军第一协，右翼与步队第六协连络，左翼至琴断口及锅底山附近。

湘军第二协，占领三眼桥附近，竭力固守，拒止蔡甸方面之敌。炮兵团仍占领各阵地放列。

四、工程第一营续前任务。

五、若有敌袭，须竭力固守原占领阵地。

六、其余各队仍在各驻扎地准备集合听调。

七、余在昭忠祠。

总司令官黄　兴

十月初一拂晓，清军以水陆两路，分向我军左翼三眼桥、琴断口方面进攻，时守琴断口者为湘军第一协，相持五十分钟，湘军不支，清军由灰面厂渡河，进占琴断口。时驻美娘、仙女、扁担、锅底诸山之我军力拒之。八时敌马队一营，复向三眼桥冲锋，我军马队管带周洪胜率部竭力抵御，队官颜忠伟身受重伤，坚守不退。旋步兵援军亦至，三眼桥得以无恙。

是日军政府以汉阳战事吃紧，令军务部调各机关炮兵老人高元佐等四十九人，令赴前敌，黄总司令即以增防汤家山，金兆龙所领之敢死队亦与焉。是日所下作战命令如下：

第一军命令

（十月初一日午后六时于昭忠祠）

一、敌之主力仍在汉口一带，其一支队由新沟渡河，到蔡甸附近。又琴断口附近有敌步兵约二百人，炮两门，已被我三眼桥步兵击退。

我舰队现在青山附近，今晚与青山支队向刘家庙进攻。

我部队第十四标二营（欠二队）炮队一队，已占领沌口附近。

同第三营本日由汉阳出发，赴蔡家岭附近掩护我军侧背。

我九江军步队四营，炮十门，明日可到武昌。

二、我军今晚仍固守原阵地，拟会合九江军并舰队，准备攻击。

三、各部队今晚以战斗队形宿营，仍须竭力固守原占领阵地。

四、给养仍由归元寺粮台供给。

五、余在昭忠祠。

注意：

一、我南岸嘴至割丝口之各队，今晚准备战斗，俟我青山支队攻击。

二、我炮兵团准备今晚射击。

初二日午前八时，三眼桥方面之清军，开始于桥西蒋家渡架桥，被驻汤家山之我军炮队击退。九时复以死士千人，浮水而渡，同时琴断口方面之清军，袭击我军防线，并以大炮轰击锅底山一带，其潜伏三眼桥之敌，经我防守梅子山炮队管带陈殿甲猛烈炮击。军务部员邓衍祥，及胡濂溪、秦洪发、谢万富等受伤。是日总司令作战命令如下：

第一军命令

（十月初二日午后六时于昭忠祠）

一、敌之主力仍在汉口一带，其一支队已到琴断口附近，与我三眼桥军队战斗中。

我青山军并舰队，拟于今日向丹水池、刘家庙附近协攻敌人。

我九江军今日可在武昌附近援助青山军进攻。

我广东、广西及湖南各军，现已集中完备，预定向武昌进发。

我安徽军预定向河南进攻。我沌口、蔡家岭之部队，仍在原地防御。

二、本军拟以一部渡河，援助青山军进攻，其余仍在原阵地防御敌人。

三、炮兵团仍在各原阵地准备射击，援助我军各队。

四、步队第四协，准备由南岸嘴至兵工厂附近渡河，向汉口中国街一带进攻。

五、步队第五协，准备由兵工厂至梅子山附近渡河，与步队第四协连络进攻（船只由标雇定）！

六、步队第六协，仍在各原占领阵地防御。

七、湘军第一协王统领，率所属各队，竭力固守原阵地，并须制止三眼桥方面之敌。

八、工程第一营，及徒步马队，均属湘军第一协，受王统领指挥。

九、湘军第二协甘统领，率该协固守三眼桥一带。

十、预备队仍在原阵地集合待命。

十一、给养仍由粮台补充。

十二、辎重第二营仍在归元寺预备听调。

十三、余在昭忠祠。

初三日清军以连日进攻三眼桥不克，即移主力于琴断口方面，猛攻美娘山，占领之。我军马队第二标第二营管带祁国钧，率所部七十余人，冒险冲锋，各军继进，夺清军标旗一面，机关枪两尊，毙其指挥官一员，摘下肩章。祁两腿受十一伤不退。湘军第四十九标二营管带杨万桂，率所部二十四人，奋勇登山赴援，美娘山因此失而复得。我军亦受伤甚多。同时硚口一带之清军，复于龙灯堤至赫山对岸，用民船十余只，强行渡河，我军炮兵击退之。是日湘省复派统领刘玉堂率所部一协来援，总司令增加前线，所下作战命令如下：

第一军命令

（十月初三日午前十一时三十分于昭忠祠）

一、据各种报告，汉口之敌，似欲由硚口上流一带渡河，与三眼桥方面之敌合力进攻。

我青山军舰队，拟于本日向谌家矶及刘家庙实行攻击。

我武昌军今日派步兵一标，赴汉阳增援我军。

二、我军今日以一部迎击硚口上流一带与三眼桥方面之敌，以一部防御南岸嘴至赫山一带，并准备渡河，援助我青山军。

三、步队第四协（欠第七标）仍占领南岸嘴至兵工厂一带，准备渡河，向汉口中国街进攻，援助青山军，该协第七标即向美娘山赴援。

四、步兵第五协，仍占领兵工厂至梅子山附近，准备渡河，与步兵第四协连络进攻。

五、步兵第六协占领原阵地竭力固守。

六、湘军第一协统领，率所属各队迎击割丝口以西及三眼桥方面之敌，并须派一部竭力驱逐美娘山附近之敌兵。

七、炮兵团司令官，务须令各阵地炮队竭力援助我军步队。

八、步队第十三标朱统带，率所属各队，与湘军第一协王统领协力驱逐美娘山及三眼桥方面之敌。

九、湘军第二协仍在马家湾集合听命。

十、辎重第二营胡管带，须令枪弹、炮弹、粮食各队，陆续补充前线。其余仍在归元寺集合听调。

十一、给养由粮台补充。

十二、余在昭忠祠。

是日军政府以清军进攻汉阳日急，特令第三协统领成炳荣，率第五标统带刘廷璧、六标统带胡廷翼、炮队统领姜明经，率山炮一营，由海琛、海容掩护，于午夜由青山渡江，行至五通口，向谌家矶方面行拂晓攻击，断其后路，以分其势。翌晨四时许（初四日）安全抵达目的地，即向谌家矶进攻。我海军亦于天明发炮，向丹水池一带清军射击，毁美孚洋油栈及火车五辆。清军骤不及防，退至二道桥，适水潦初退，泥深没胫，清军以机关枪及野炮扼守桥端。三道桥清军炮兵发炮助攻，我军遂退回五通口。次日（初五日）第五标第一营附炮一队，复由五通口进，据腊村嘴一带。清军不支，退至三道桥附近，沿桥一带沙滩长达里许，徒涉维艰。时有我军壮士三百余人奋勇攀桥梁以渡，清军以机关枪御之，我军死伤甚多，并被俘去三名。乃退伏桥畔芦苇中，相持约三时许。清军复以火车架机关枪至，注射芦苇，我军壮士伤亡殆尽，复退五通口，傍晚渡返青山，成炳荣以任务未达被撤职。

初四日，清军进攻益力，各方前线危险万状。黄总司令令广东先锋队加入汤家山之线，由社会党杜林指挥，协助金兆龙所率敢死队作战，一面调湘军第一协第一标赴三眼桥方面应援，而该标士兵以从战七昼夜，疲困过甚，翌日（初五日）纷纷回湘。同时我军中有为清军间谍者，暗将各地地雷火线截断，并擅悬敌旗。炮兵王某且停炮不发，湘军统领刘玉堂、总部督战员张鹏飞疑之，检其身畔，得清军饷单一纸。刘、张立将王枪决，其管带张振臣执解军政府，以通敌有据斩之。自是清军得势，相继占领美娘山、汤家山、扁担山、仙女山、锅底山、磨子山各要点。军政府各机关军事人员，参谋副长杨玺章，稽查部长蔡汉卿，军务部副部长张振武，参议夏道南，科长胡干城、胡捷三、李华模等数百人，乃渡江督战。时参谋甘绩熙建议挑选敢死队夜袭扁担、磨子各山，以挽回颓势。总司令颇然其说，甘乃与朱树烈立往各部队挑选，卒由辎重第一营管带孙鸿斌，及某营管带韩某各挑选数十人。陆军中学学生亦有数人愿告奋勇，合得百余人。即日午夜一时，由甘绩熙、朱树烈与孙、韩管带等率领前进，首袭磨子山，甘、韩率尖兵三人摸索而上，敌军前哨数十人骤不及备，而我敢死队亦接踵而前，所有敌人尽被歼灭。时山上庙内尚有多数敌军，仓卒出庙还击，且战且逃，移时该山为我军所占领。时扁担山之敌已有戒备，机关枪弹发如雨，而琴断口之敌探照灯亦四射侦察，孙鸿斌管带率领援军赶至，与甘等遇于磨子山畔。孙为流弹所中，举援军以授甘，湘军统领刘玉堂又奉令率兵来援。同时某营管带周秉武亦以所部来会，即并力抢夺扁担山，一齐喊杀而上。清军以来势勇猛，莫敢当锋，相率弃械向美娘山逃。我军又将扁担山领占。时已天明，甘以后脑、手臂各负创伤，如再夺美娘、仙女各山，须有炮兵赴援，因还报黄总司令，而刘统领、周管带则担任死守既得之扁担山。时敌军在美娘山者以大炮轰击，刘统领不幸阵亡，其部众相率惊散，扁担、磨子两山队既得而复失。

初六日我军退守十里铺及赫山之线，清军乘胜进逼，侵入十里铺西端，复以一支队于赫山附近渡河。同时各路炮兵分击我军阵地，我军不支溃退。参谋副长杨玺章，第三标二营管带王殿甲、第八标一营管带龚义亭、军务部员萧钟晋、督战员李儒清、王佐才等皆阵亡。钢药厂总稽查杨承禧，独立将校决死团团长龚葆棠、副长戴高，第十三标统带冯国贤，管带谢涌泉、李亚新、田兆霖，督队官吴廷萃、陈佐黄，队官谢连奎、雷云龙，排长夏连邦、王文仙、王志轩、罗琦，军需何少山，以及机关枪队官兵韩得富等，目兵张得胜等，辎重目兵胡钧庭等，共五六十人均受伤，湘军死伤亦多。其时黄总司令亲在前线督战，敌军炮弹落近数武，亦不少动。辄由随从人员强曳以避。英勇之气，令人钦佩。惟兵无训练，多不用命，时引为恨。每见一方败退，他方多自由撤走，甚至奉令增援部队，睹状不复前进，且有向后撤退者，故一败而不可复振。是役保定入伍生萧展舒、卢本棠、蓝文蔚、潘祖信、万耀煌、张笃伦、晏勋甫、晏道刚、梅铸、谢履、余鸿勋、张森、李文恭、钟相毓、廖河清等，及聂世鑫、袁于勤率领之决死队，先后来鄂参加。留东振武学生高冠英、傅鹏海、杨澄源、张迺威、赵启瑞、刘以东等，籍皆山陕，远道来投，英勇赴敌，时仅二日，赵、刘即告失踪。傍晚，黄司令始自前线撤退至城内汉阳府署，旋即渡江，所有溃兵散布于汉阳城南，途为之塞，纷纷争渡。驻归元寺粮台王安澜、胡祖舜，急以电话报告军政府及军务部请示。一面挑选僚属中知炮科者数人，曳三生的山炮两尊，放列于寺后北端高地，以示抵抗。一面奉总司令令抢运所储械弹于汉阳县署。时四协统领张廷辅率所部残卒扼守大巷口一带，久之援军不至，各自撤退。归元寺粮台，王安澜纵火焚之，声震数里，枪炮弹药粮秣损失不计其数。迨至午夜，汉阳遂告不守。

后集合战报，计自九月二十八日至十月初六日，在汉阳战斗我军共死军官一百三十七人，伤八十五人，目兵死二千六百九十三人，伤四百人。

时有留日士官生萧钟英，不忍见汉阳之失，摇动武昌，危及大局，自组敢死士若干人赴汉阳决死战，其友龚国煌劝其保身留为国用，钟英不可。迳渡江赴铁厂码头登岸，持枪杀敌，敌死伤颇多，后敌以机关枪扫射，钟英及敢死士皆阵亡。壮哉。

是日下午一时，敌对我军渡江而逃者猛烈射击，死者无算。下午二时，九江援军约三千人，由小轮多艘，各曳民船，满载士兵，抵阳逻，由海容、海琛在上游掩护，于翌日下午登岸。敌则在七里沟筑掩堡防之。

冯国璋攻陷汉阳，清廷传谕嘉奖，赏给冯二等男爵。

第七章　停战议和　全鄂光复　各省响应

第一节　守城布防

十月初七日，战时总司令黄兴自汉阳退回武昌。兵工厂所储械弹材料及机件，凡能搬运者，悉由军务部派员会同该厂总办萧佐汉连夜潜运武昌，设立分厂于铜元局。湘军自汉阳水陆两路撤退回湘，鄂军则陆续由沌口上下游渡江。多数麇集武昌郊外，听候整理。军政府当召集紧急会议，黄兴谓：“此次汉阳之役，非军队不多，非防御阵地不固，又非弹药粮秣不充足。其所以致败的原因，第一系官长不用命；第二军队无教育；第三缺乏机关枪。有此三缺点，故每战失利。自一次败退后，各兵士一闻机关枪声极为惊慌。各长官亦畏避不前，屡次鼓励，皆不收效。最可惜的，鼓励一次即多热心勇敢之士告奋勇前进，敌人用机关枪扫射，前者死，后者即退，所以致败。若前者仆后者继，战未有不胜的。现在武昌均系战败的部队，恐不能再用。为今之计，只有弃武昌而攻南京。若得南京，再组织北伐精锐军队以图恢复，亦未为晚。”会众以黄兴意欲放弃武昌，多不谓然。时范腾霄出席演说，大意谓：“武昌为首义之区，动关全局，若不战自退，各省势必动摇，虽欲卷土重来，天下谁复再与共事。况有长江天堑，据险以守，敌焰虽张，当非旦夕可图。阳夏之役，以我未经训练之师，当彼精悍之众，尚能相持四十余日。今各省纷纷响应，分电乞援，必多劲旅，胜负正未可知，何可轻言放弃。”于是大家一致主张固守武昌。孙武、张振武尤为愤慨，张并大声喝曰：“武昌是我们首义之地，我们当与城共存亡，无论如何，不能言退。倘再有言退者，即杀之。”大众即鼓掌表同情。黄兴见大众反对，即到黎都督室内，面向黎云：既大众不赞成弃武昌，死守待援，亦是一策。我一人先往上海，如将南京克复，我即带两万精兵来援武昌。”故是夜黄即乘轮东下。时参谋长李书城，已偕汤化龙、胡瑞霖、陈登山、黄中恺及其他诸人先一日行矣。

黎都督委蒋翊武为护理战时总司令官，孙武并派胡捷三、叶于松、邢伯谦、刘龙群、胡光瑞等，分途收容散兵，整编队伍，守御武昌。

参谋部正部长杨开甲辞职，黎都督即调充顾问。以吴兆麟为参谋总长，以姚金镛为次长。又步队第三协统领，已更换窦秉钧。

是晚武昌城谣言甚多，谓满军要袭武昌城。又谓满军已派汉奸多人混入武昌城内，在各机关投效，以便乘机内应。黎都督传知各城门严行警戒，城内特别戒严。

清军汉口炮队，时向武昌城射击，百姓惊慌，各机关人员胆小者均潜匿。

汉阳失后，武汉人心悲痛异常，甚至车夫舟子皆相视对泣。自此武汉三镇无一人力车上街。而襄河及大江两岸，上自金口，下至阳逻，帆船遂至绝迹。清军至此，亦知人心之不可侮。虽咫尺武昌，不能飞渡，清军势力，亦于是乎穷。

初八日午前八时，军政府召集会议，议决防御要点如下：

一、由各协分划募兵区域，赶速招募新兵，补足编制。

一、调查现有枪炮弹药，及防御应需军械器具，暨服装粮秣等项，有不敷者赶速筹办。

一、于沿江一带增加极大副防御，并于铁丝网上装置极烈之电流。

一、暂将沿江一带防御地段，划分为三区，各专责成。

甲、由青山至大堤口为第一区。

乙、由大堤口至鲇鱼套为第二区。

丙、由鲇鱼套至金口为第三区。

一、各区防御地段，即筑急造掩体。以后逐渐加工，务达极坚固之程度。

一、派兵舰于上下游往来游弋，以防敌乘夜暗渡。

一、分电反正各省，火速派兵来援。

黎都督初七日分电各省乞援电　敝处血战六昼夜，敌兵恃火器较利，抵死进攻，汉阳城恐不能守。我军拟坚守武昌城中待援，事关大局，危急异常。恳立刻分别遣派海陆军队，星夜兼程来援。盼切。

又初八日通电云　连日汉阳剧战，因我军力单薄，半系新募之兵，不能支持，只得退保武昌。窃思武汉关系中国全局，武汉危，即全局难保。元洪当督率将士，誓以死守，以维大局。惟敌人以全力争武汉，同胞必以全力援助，方能取胜。恳迅速调拨老练之兵，携带枪弹，并机关枪、新式炮，星夜来鄂援助。或另分兵他出，以牵敌势，统希裁夺施行。并祈示复。

长沙谭都督复电（七日到）汉阳不利，当调集兵舰扼长江上下，武昌乃可固守。湘当与桂粤合谋进援，已电商胡、沈都督矣。特覆。

又湘电（八日到）迭电均悉。鄂湘一家，安危同系，现在桂军已于初七日在永州出发，兼程赴敌。敝军已电请广州胡都督、福州孙都督，整顿海军，联合吴淞军舰，直攻天津，以击敌军之尾。并请孙都督派精兵由海道来援。又电请贵州杨都督出兵铜仁，与我军会合取荆襄，出沙洋，以击敌兵之腰。更请桂林沈、王都督，南宁陆都督，加派老练之兵与敝省会师，克期赴援。尚望坚守武昌，以图合剿。决不存畛域，贻误中华大局。

又湘电（九日到）汉阳军情紧急，拟请浔都督派精兵二千，由黄州登陆，直出黄陂、孝感，以断北军铁道。并派兵轮保护上岸，并请粤都督迅派精兵，带足饷械，由海道赴鄂助战。敌情如何，并望示复。

九江马都督复电（八日到）　钧电催派海筹赴鄂助战，均经转催安庆。顷准皖都督李咨称："上游水浅，海筹不能上驶，已转电驻沪徐总司令速派江楚兵轮，兼程赴鄂助战"等语。特闻。

又浔电（八日到）　连接汉阳警电，焦急万分。现已召集各处原有老练之兵约二千人，惟缺大小轮拖送。乞贵处速拨小火轮或小兵轮或商轮来浔拖运。并请多备五生七炮弹底及其底火，又毛瑟枪德国八十八年式，日本三十三年式三种子弹，以便应用。再，海筹兵舰因水浅不能上驶。并闻。

又浔电（九日到）　准南昌电，已续派步兵一标赴鄂，阳日（七日）出发。又电调萍乡袁赣二州军队自湘至鄂助战。特闻。

南昌彭都督复电（九日到）　敝处现派刘懋政领步队一标，准十一日乘轮赴鄂助战。惟该师或由水路运抵汉口，或绕道黄州，抄敌左侧，以何处为集台点，均须先期知会，以便接洽。

镇江林都督复电（七日到）　镜清、保民、联鲸、楚观、江元、江亨、通济、楚同、楚泰、飞鹰、楚谦、张艇、虎威、江平各舰艇，由敝处联络，一律归汉。今日下午二时，在军政府开陆海军联络大会。矢志合攻金陵，并于军政府添设海军处。每舰艇公举司令长，组织完备，一致进行。

又镇江电（八日到）　阳电悉。兵舰渐归，已令全数上驶，并速电催沪上三海军舰。又电闽粤运兵北上，以为牵制。刻南京城外炮台已下，刻日可破，即移水陆师援武昌，望坚守以待。

又镇江电（十四日十二月四日到）　南京内容已有头绪。兹同黄之根与大家议决，不日即派大队水陆并进，援助湖北。请坚守勿懈，并请将湖北战用地图专送数分来。

上海陈都督复电（八日到）　阳电悉。武汉垂危，自应赴援。除由敝处饬南琛准明日上驶，并向安庆代为乞师外，已电商浔分府立派海筹、海容、江贞三舰前来济助矣。

杭州汤都督复电（八日到）　各省已水陆赴援。浙江于两三日内亦勉备一协上驶。南京昨已下，请公力障东南，维持全国。

清江浦蒋都督复电（八日到）　虞七日阳两电均悉。前据歌五日电，即复征调队伍，厚集炮兵，谅邀明察。现敌军兵将北窜，势甚可虑。拟一面截堵窜兵，以牵敌势，一面赶集队伍并与联军协同援鄂。

全州赵统领复电（八日到）　阳电敬悉。马队及步队已于江日三日由全开拔。余亦陆续前进。本部今日抵全，拟蒸日出发，迅赴前敌，惟弹药自桂由河道输运，较军队颇迟。沈都督于明日抵全。并闻。

蒙自赵统领复祥复电（十一日12月1日到） 阳电敬悉。拟即先遣一混成协由黔入湘，会合荆襄兵队。并电达蔡都督随遣大兵由川东下，兼电两粤联合南边诸省，星夜赴援。并祈坚守，固我根本。

海军黄司令钟瑛电（十八日12月8日到） 泰、同两舰已遵令开上阳逻，装配弹药。江贞随上驶，以观动静。尚有谦、观两舰，到时即令上驶，协同陆军动作，掩护江岸。此间布置各事已与楚泰马管带交接清楚。若有调动之处，可由其指挥。江水已涸，海筹运动不便，湖鹰机器极损，拟再调他舰及雷艇湖鹏来鄂。

蒋护理总司令设司令部于洪山宝通寺，吴兆麟为参谋长。派参谋张其亚为武黄司令官，率学生军一队，驻防武昌县城（今鄂城），并节制黄州防营以为屏蔽。是日黄陂县为我军游击队占领。

江西援军统领冯嗣鸿，率所部一协，驰抵黄州。黎都督命驻阳逻仓子埠一带待命。

初九日午前十时，蒋护理总司令发布防守命令如下：

一、敌人在汉阳一带似欲图攻武昌。

我游击队已占据黄陂县城，拟会合江西军攻敌侧背，毁坏铁路，以断其联络。

我舰队现游弋阳逻经木莫港至武昌一带。

我广东、广西两军已向武昌行进中。

二、本军以主力固守武昌城沿江一带，并派一部占领白虎山及金口附近。

三、步队第三协统领窦秉钧，率该协固守凤凰山（青山东北）经青山两望北端一带，特须搜索凤凰山以下各要地之敌情。

四、步队第五协统领熊秉坤，率该协固守两望至砖瓦厂一带，并须与步队第三协联络。

五、步队第六协统领杨载雄，率所属队伍，固守阵地。右翼与步队第五协连络，左翼至大堤口附近。

六、步队第七协统领邓玉麟，率该协（欠第十四标）固守武昌省城沿江一带。须与步队第六协连络。

七、工程第一营李管带，指挥第一营及第二营，固守鲇鱼套至造纸厂一带。须与步队第七协连络。

八、步队第四协统领张廷辅，率该协固守阵地。右翼与工程营连络，左翼至祁阳会馆附近。

九、步队第一协统领蒋肇鉴，率该协固守阵地。右翼与步队第四协连络，左翼至吉祥宾馆附近，特须搜索中新州以上各要地。

十、步队第二协统领何锡蕃，率该协（欠两营）防御武昌城，但由武胜门经平湖门至望山门一带须多派兵力。

十一、步队第八协统领罗鸿升，率所属掩护两望炮队。

十二、步兵第十四标占领东湖门及沙子岭附近，格外搜索当面之敌情。

十三、炮兵协统领姜明经，指挥所属炮队，占领凤凰山、黄鹤楼及沿江一带，须能射击汉口及汉阳之敌。

十四、马队第一标及第二标统带，率所属队伍，须于本日午前到洪山宝通寺集合。

十五、其余步队第三协之两营为总预备队，限于本日午前到洪山宝通寺集合。

十六、卫生队及野战病院，均利用武昌省城内外各医院，开设疗伤所。

十七、各队大接济队，均在所属各队宿营地集合待命。但粮秣之补充，均由各队按平日方法办理。

十八、辎重第二营，限于本日午前到洪山集合待命。

注意：

一、各部队按占领区域雇用民夫，协同筑设防御工事。

二、右命令如不转攻势，务须常川严密防守。

三、各部队对于来袭之敌，不到有效射击距离内，不论昼夜不行射击，总以节省子弹为要。

四、炮队如未见敌人渡江或夜袭，勿庸炮击，总以常川监视敌人为要。

五、各部队除监视哨外，总须集团兵力以便应援。

是日清军由汉阳方面向上游运动。其侦探已出没于沌口、簰洲之间。军政府因令部队第八协立即开赴金口设防。同日并派舰队司令官加派兵舰三艘，分泊阳逻木莫港及武昌县一带游弋，以资警戒。

清军占据汉阳后，日以搜查民军为由，居民被抄掠一空。

第二节　和议开始

初济南孙宝琦（山东巡抚）曾通电各省云：

建设共和政体，原为国民要求幸福。同类相残，大非初志。近者南北意见，尚无归宿，停滞日久，战源方长，万一牵及外交，为患更巨。前因清廷召集各省代表，曾经电达鄙意，请联合各省公电袁内阁，首先提议共和，不知此电已否照发，有无复电。顷顺直谘议局来电，欲另择地点，速开临时议会，解决危局，此策颇善。而组织议会最简便之方法，莫如仿德国联邦参事之制，先立上院，以为国政基础，其会员由各都督府派代表人充当。若未经独立省分，则招令各谘议局派员与会。其会地即宜于京津酌定一处，使北方易于加入。凡国体政体问题，皆可于此议决。如此则议会兼有临时政府之作用，外交易于缔造。而会员兼收未独立各省在内，异日以全国意见要求逊位，可免兵戈而收胜利。较之武力从事，保全实多。虽或不能尽快人意，惟义军之起为真理，非为意气。谨效忠告，倘蒙采纳，请商实行，中国幸甚。

苏州程都督通电云　孙都督电敬悉。敝处前日通电，请孙文君回国组织临时政府，计邀明察。惟事机急迫，未能久持。孙君未回以前，临时政府事务，仍由黎都督暂摄。至孙都督所称，敝意宜声明如清廷不私君位，宣布共和，可派员赴鄂会议，即请黎都督主稿挈衔电告各省。如表同意，乞径电武昌为荷。

长沙谭都督来电云　顷致孙抚台电，其文曰：两电均悉，维持和平，甚佩苦心，汉苦满虐，普天同愤。故起义未五旬而全国响应。人心如此，岂公婉言调解所能挽回，闻鲁已举公督师，即当奋然改图，直捣幽燕，共成大业。顾乃依违不决，贻误事机，明达如公，甚所不取。会议地点，已确定在沪，不能移我就彼。清廷如肯逊位，当即停战，宣告中外派员赴鄂定议。否则征北之师已编成，不日出发。乞将此意电达清廷为盼云云。谨此录闻。

黎都督致各省电 顷接济南孙君宝琦来电云："清廷二十五日上谕，各省应举代表赴京，公同会议国事等语。宝琦前经电奏确定共和政体，现在全国军民意见相同，万无更变。拟请出程都督联名电致清廷，如承认不私君位，宣布共和，仍当承认北京为中央政府。各派员赴京，会议优礼皇室，制定国法等事。否则谈判无可开端，惟有另行组织临时政府以维大局。乞即酌核电复"等语。当即电复，其文曰："确定共和政体，优待清皇室，可谓识时之论，极佩。惟国体既变，形势亦迁，何以仍当承认北京为中央政府。雪楼（程德全）既经江苏公举为民国都督，已与清廷断绝关系，何独请其联名，均所未解，尚乞明白赐教。再，山东于何时宣布独立，公在民国军政府被举何职，深切瞻念。并望电复"等语。特此奉闻。

黎都督致各省电 据驻汉俄领袖领事敖康夫君照会敝军政府，报告北京外交团来电，其文曰："汉口领袖领事敖康夫鉴：各国外交团代表，对于清国政府感情颇恶，因其残杀无辜，致令各国愤怒，现各国代表，拟请鄂军政府担负汉口交涉全权，并将与中国政府要求重大赔偿。"云云。特此奉闻。鄂。江。印。

长沙谭都督复电 江（三日）电悉。各国外交团已不承认清政府，急应赶派全权大使，致聘各国，宣布宗旨，联络感情。伍、温任外交部长，不能远出，道远尤稽时日，拟由贵处电商各省都督，公推孙文君为全权大使，就近赴各国交涉，俾其承认为独立国。孙文君在外有年，必胜此任。乞核夺通电各省为盼。

上海陈都督来电 顷接闽都督孙江电称：各省公推武昌都督府主行中央军政府所辖一切事件，伍廷芳、温宗尧二君为全国外交总副长，驻沪办理全国外交事件。闽代表潘祖彝、林长民，不日即可到鄂等因。合亟转呈，希即查照。

黎都督致上海居正陶凤集二委员电 会议期定十月初十日，已通电各省，想均悉。除秦晋尚不通电，湘粤代表业已抵鄂外，现桂、赣、浔均已复电。全权委员拟不日来鄂，君等与沪接洽如何，伍、温、张三公暨苏浙代表何日首途来鄂，盼电告，以便欢迎。

致苏赣浙等省都督电 （辛亥十月初九日） 汉阳一变，武昌戒严。然已防守慎密，请勿念。刻有驻京英公使电汉领事，提议停战议和之举，南京军情未识如何。请告徐统制，如此间议决停战，则取宁之师，本当同时停战，事机如何，手腕须灵活。特先电闻，余俟议决再告。

初十日各省军政府来电，公举湖北军政府为中央军政府。

同日又接山东来电，孙宝琦取消独立。

清军龟山炮队，开始向武昌射击，以军政府所在地谘议局为目标。武昌城内外深感敌炮火威胁，商店闭市，人心恐慌。惟军政府重要职员仍照常办公，力持镇定。

十一日敌炮轰击更烈，午后一时，军政府楼下西侧忽中一弹，死卫兵一人，都督黎元洪因率杜锡钧、杨开甲、萧慕何、邝杰等少数职员，仓卒出走。未几军政府军装室又中一弹，致兆焚如。都督遂拟退驻葛店，即晚驰抵王家店暂宿。时总监察刘公及各部总稽查处苏成章、谢石钦、陈宏诰、梅宝玑、高振霄等得状，立即议定由刘公以总监察名义出示安民，并通令各军暂归节制调遣，坚守武昌；谢石钦、苏成章、陈宏诰等分往各机关，切禁擅离职守，并巡视各重要街市演说，人心以安。

是日驻汉英领葛福提议停战三日。先是袁世凯奉清廷谕旨组织内阁，保皇党杨度与新自狱出之革命党汪兆铭，发起国事共济会于北京，谋开和议。清资政院表示赞同。院长李家驹征询袁世凯意见，时袁以清室大势已去，民军势不可侮，欲利用时局，操纵双方，以遂私图，因默许之；并以道员刘承恩为鄂籍，且与黎都督有旧，密嘱刘寓书于黎，达其意旨，为首义党人所拒绝。继刘覆函黎，始允与面谈。袁遂密派刘与海军正蔡廷干，携手书南下谒黎，只以双方意见距离甚远，不得要领而返。因袁世凯蓄志谋清，又恐我军不能就范，故先以全力夺取汉阳，以挫其锋。十月初七日得报我军果败，袁乃乘机运动驻京英使朱尔典，授意于汉口英领葛福，提议停战三日，以便红十字会掩埋战场尸骨为词。日、美、法、俄、德诸领事先后赞成，同时我军军政府外交部亦奉命向英领隐示认可。惟条件磋商，冯国璋提出者有“民军兵船须将机关下交英国水师收管”之语。我军认为侮辱，不予接受，同时亦提出“满军须退出汉口十五里以外，及满军所据军火应由介绍人英领事签字封闭之”等语，以相对抗。因此局部和议稽延数日，至十一日午后三时，驻汉英、俄各领署，接北京使团电告，就袁世凯与我方提出之条件加以斟酌，公推万国商会会长盘尔根（亦译名盘恩）渡江，正式与我军军政府接洽。时黎都督已起节离城，以军务部长孙武代表磋商妥协。但须调用印信，而印信适为职掌者随都督携去。时机迫切，不及禀报，孙武乃令军务部秘书张汉仆，别镌一颗代之。一面援照最后议定规约，通令各军停战，遂开全国议和之先声。其最后议定停战规约五则如下（此系第一次停战期限）：

一、停战时各守现据界限，彼此不得稍有侵犯窥探。

二、停战之期限，订于十月十二日早八点钟起至十五日早八点钟止，计三日。两军不得在期内开战。

三、军舰不得借停战之期泊近武汉南北岸，以占领优胜地位，须至青山以下停泊，至停战期满为止。

四、停战期内两军不得添兵修垒及一切补助战力等事。

五、停战之约须有领事官画押为中证人，庶免彼此违背条约，以重公法。

十三日两军既经停战，南京亦已克复，士气大振。都督黎元洪移驻洪山，时清军军事行动尚未全停，午后三时，约有兵一旅之众向沌口方面行进，我军总司令部得报，乃令第七协统领邓玉麟，率所部开赴金口，分防簰洲一带，与第八协联络。

十四日军政府以停战期促转瞬将满，因召集总司令以下各将领会议作战方略，复决定将现有军队编成三区两支队，划地防守，其编成如下：

第一区之编成　司令官窦秉钧，步队第三协，步队第六协，马兵十名，炮队未详。

第二区之编成　司令官何锡蕃，步队第二协，马兵六名，炮队（由大堤口至鲇鱼套及城内凤凰山、蛇山、黄鹤楼各炮队）。

第三区之编成　司令官张廷辅，步队第一协，步队第四协，马兵十名，炮队（由鲇鱼套至石嘴），工程第一营，工程第二营。

金口支队之编成　支队长罗鸿升，步队第八协，马兵十名，炮队（由石咀以上至金口）督战敢死队第一营。

簰洲支队之编成　支队长邓玉麟，步队第七协，马兵十名。

总预备队之编成　司令官王安澜，城内新编各部队。

是日蒋护理总司令发布防守命令如下：

护理总司令官命令

（十月十四日午前八时于洪山宝通寺）

一、综合各种情报，敌人主力仍在汉口、汉阳一带，其多数马兵侦探，在簰洲附近出没。

我马队第一标在李家桥附近。

我马队第二标在油坊岭南方狭隘处。

我江西第一支队于明早由青山出发向黄陂方面行进。

其第二支队已由南昌出发，向阳逻前进。

我广西援军已行抵湖南。

我湖南军现已集中完毕，拟向武昌进发。

我第二舰队泊于黄州附近，其第一舰队已由安庆向武昌行进。

二、我军仍拟固守武昌城并沿江一带。

三、第一区司令官率所属队伍明日午前八时占领青山至大堤口一带，并须利用时间加筑防御工事。

四、第二区司令官率所属队伍明日午前八时占领阵地，右翼与第一区连接，左翼至鲇鱼套附近，须严守各城门。

五、第三区司令官率所属队伍明日午前八时占领阵地，右翼与第二区连络，左翼至石嘴附近，并须利用时间加筑工事。

六、金口支队长罗统领率所属队伍明日午前八时占领阵地，右翼与第三区连络，左翼至金口附近，但须派一部占领大小军山附近。

七、簰洲支队长邓统领明日午前八时，在簰洲附近防御敌人，并须与金口支队相连络。

八、其余为总预备队，受王安澜指挥，在宾阳门左旗集合听调。

九、余在洪山宝通寺。

护理总司令官蒋翊武

同时令舰队司令官派兵舰三艘，开往上游金口一带游弋，一面令荆襄水师统领赵均腾于煤炭港、东江脑、坪坊、峰口、柳关、新堤、黄陵矶及蔡甸附近之邓家口、簰洲对岸之青滩等处，酌派水师扼要分防。

十六日英领提议继续停战三日，双方同意。(第二次停战期限。)

清廷调冯国璋任禁卫军总统官，以段祺瑞南下继任督师。

各省公推鄂军政府为中央军政府，以黎元洪为中央大都督，对外代表各省，复推任伍廷芳为议和代表。黎大都督因分电各省各推举二人来鄂，会议组织统一政府事宜。

十七日江南新编援军一镇，由黎天才统率抵鄂。广东来电报告，已派定步兵一标，炮兵一营，机关枪三队，将取道上海赴援。

十八日午后十一时，准清廷议和专使唐绍仪电请续行停战十五日(三次停战期限)，自是即入全国议和之局。是时清军驻防汉阳方面者，为陆军第一镇，驻防夏口及信阳州一带者，为陆军第二、第四两镇。驻夏口之清军官兵，于停战后纷纷乘外国商轮逃去，军政府得报，乃改派护理总司令官蒋翊武为清军招抚使，驻汉办理招降事务，战时总司令部撤消。复由各部总稽查处，召集首义干部会商武昌防御计划，一致推定谭人凤为武昌防御使兼北面招讨使，仍以洪山宝通寺为使署。

十九日中央大都督黎元洪由行辕迁回省城，以昙华林东路高等小学堂为都督府。

二十一日谭人凤复辞职，使署取销，各军统由黎大都督直接指挥。是日李烈钧率皖军一标赴援，黎大都督令驻阳逻待命。

黎都督致各省通电(辛亥十月二十三日)　现虽停战议和，然不可不极力筹划，一旦决裂，自当立即开战。敌既厚集兵力于汉上，我亦不能不厚集兵力以为对待。敝处筹议至再，仍当以援鄂为急。方略既定，自应趁此停战机会，各省援兵一律于开战期前到鄂，始可决定进攻计划，敢祈诸公派遣援兵，即日出发。总之能战始能守，能守始能和，我军计划，但当从战守着想，和则视为意外结果。尊处如何筹划，即盼电复。

杭州汤都督复电（十月二十四日到）　漾（二十三日）电以和备战，诚为至计。管见以鄂吃紧，我援兵多，难保敌不分锐至皖北，直捣我腹地。本月十日已分电赣皖，请从寿州取道一直上周家口，以断铁路，即略信阳，以攻郑州粮台，分攻入汴，以通秦军，而便晋军北向，无言及此者，今不可不顾及矣。鄂既集湘、桂、赣之兵，必可无虞。粤军日内可过沪，即应溯江扼浦口，恐将有反侧子为患于清、徐之间，其时和议亦必受要挟，不统一之危孰甚也。

致各省都督（十月二十五日）　敝处军事计划，颇以北伐道远，时久天寒我军诸多缺点为虑，不如但以水师北行，聚于烟台，相机进止。陆师则分三路：（一）聚粤、浙、苏各军于武昌附近，力攻黄、孝。（二）编江北、皖北、粤东西兵利用洪泽湖河道，逾太和，占领周家口。趋郾城，截断敌人联络线。（三）湘桂军由金口威胁敌人右侧。如此则敌人三面受敌，两汉不击自破。且此计划旬日即可集事。战期迫切，望各都督速筹见教。

清江浦蒋都督来电（十月二十四日到）据徐州漾电，敌军溃兵盘踞车站云龙山等处，复有土匪占据丰县。同日据安庆电，敌军三路攻颍，太和已失，势甚危迫。敝处现编步队三营、炮队两队，暨同驻淮镇军镇江林总司令官及步队两营，机关枪一队，即日开往宿迁。一面剿灭溃兵，一面堵截北敌。查清江浦居南北要冲，非厚集兵力不足以固东南门户。现清廷违约进兵，我军万不能坐视，拟请拨北伐军队，分一支会同徐州各军进攻山东，分一支联合临淮关各军直捣开封，俾首尾不能相应。鲁豫一下，北京不战自溃。是否有当戎机，请卓裁示复。

复清江浦蒋都督（十月二十六日）　敬（二十四日）电悉。仰见计划周详，莫名钦佩，豫中父老，至今未脱苛政，想望旌旗，不知何似。尚希时惠捷音，以慰企望。

各机关及各部队长官开会，公举吴兆麟为战时总司令。黎都督认可，即饬令就职视事。

二十六日，飞鹰兵舰载运新自日本购办之飞机一架来鄂，黎大都督令派刘佐臣于南湖置飞机场以管理之。

二十九日，广西援军一协，由统领赵恒惕率抵长沙，同日与南武军统领张其锽所部，一并向武昌行进。时清军驻夏口刘家庙野炮队陆续向北运动，据闻其新作战计划，以阳夏为第一防御线，武胜关为第二防御线，各于要地密置防御工事。欲以一小部牵制武昌民军，大部调回豫境，以控制西北各省。中央军政府因以电告议和代表伍廷芳及各省都督，揭发其奸，俾便预防。

辛亥十一月初四日，黎大都督召集鄂省及各路援军将领，开军事会议，讨论军队配置及停战期满之攻守方略，因决定将现有兵力区分左右中三部，以利作战，其命令如下：

一、据各种情报，敌军主力占据汉口、汉阳一带。其炮兵阵地，在汉口刘家庙、四官殿、龙王庙，汉阳大别山及东门等处，另有一支队占据黄陂附近。

二、本军拟暂固守武昌附近及沿江一带，俟各省援军齐集，准备完善后转取攻势。

三、皖赣援军为右翼军，归前皖督李烈钧总指挥，务于初五日午前八时占领黄陂甘露山至滠口之线。

四、湘桂援军为左翼军，归赵恒惕总指挥，务于五日午前八时占领黄陵矶至薛公堡之线，相机进据蔡甸。

五、武昌军队为中央军，派杜锡钧充总指挥，仍防守沿江一带。

六、黎天才之军与广东援军，概于黄州集中。

七、楚观、楚同、楚泰、楚谦诸兵舰，编为第三舰队，由楚泰马舰长指挥。但右翼军李总指挥官有临时指挥之权，其第一舰队之江贞兵舰，即直接受李之指挥。

八、右翼军给养，由阳逻兵站供给。左翼军给养，由本府另设兵站分别供给。

九、前由海筹兵舰提存葛店之子弹五十万接济右翼军，即由李总指挥通报提用。至左翼军接济之枪炮子弹，另行筹给。

十、予在都督府。

大都督黎元洪

第三节 荆宜襄樊等处光复情形

（一）唐牺支之策动 荆宜据武昌上游，滨临长江，席建瓴之势。自古武昌战守形便者，必争荆宜。宜昌尤扼楚蜀咽喉，与沙市并为通商口岸。先是川路风潮扩大，鄂督派三十二标二营两队，与四十一标一营，驻宜昌分防，军中革命同志，只得随营照原计划进行。时与武昌总机关通声气。四十一标代表唐牺支，自接武昌首义消息，即与军界邓金标、黄汉卿、胡云龙、柳克伟、柳林香、蒋方仁等（皆牺支队中头目），警界严午桥、张举武，学界唐伯庄、何大嘉等开秘密会于东山寺，决定响应武昌。旋由牺支亲赴巡防营，与三十二标排长沈岳乔、彭邦栋、欧阳超等联络起事。

当时瑞澂、张彪皆有秘电至宜昌，饬各属严密防范，并分调巡防营赴援，各机关戒备甚紧。因此各界尚存观望心。经各同志奔走呼号，始渐渐默契。而驻宜统领崇欢，警备尤严，然自知无抵抗力，内实畏惧，遂于八月二十六日借援瑞澂之名，率其一部下窜，同志曾追缉未获。

辛亥八月二十七日晨，唐牺支密遣四十一标左队，配置于荆宜道行台之侧，后队一排，配置于府署附近。更于各城门要塞，分派哨兵。三十二标沈岳乔，则于是时逡巡城外，彭邦栋守盐局，杜锡贞守银行。支配就绪，即派代表赴川路弹压局，联合关克威，直向其管带杨正坤索取弹药，杨即逸去。岳乔又探知四川转运主事黎迈，有多数枪械弹药上运，急派队分水陆二路追获弹药甚多。于是正式宣布反正，道府投诚。即于是晚不发一弹，不扰一民，光复宜昌全城。川人在会党中有革命组织者均来会合。先是川人赵玉龙、向竹安等，因事监禁东湖县狱，闻武昌首义消息，即暗遣心腹运动地方死士，及往来川楚会党，预定二十八日夜集合起事。先劫新军枪弹，后分戮伪官，谋独立，不意我新军已于先一日起义，故相率来归。

次日（二十八日）晨，宜昌各处遍悬九星旗。商民欢呼，耳目一新。公推唐牺支为司令官，设司令部于旧镇署，内分设参谋处、参军处、军需处、庶务处、粮台处、书记处、招待处、交涉处。以张鹏飞、杨柱臣、关克威、沈岳乔为参谋官，胡义龙为参军官，戴治康为军需官，胡建勋为庶务长，李春澄为粮台官，丁荣学为执法官，袁国纪、孔宪治、李一为书记官，何大嘉、杨华五为招待员，鲁全经为交涉员。并派多人分赴各州县劝令反正，缴销伪印，颁发新印。各州县无不望风归顺。

是时武汉战事已起，荆州旗人负固抗义，亟需募勇备战，而练兵以筹饷为先，于是照会宜昌商会总理曹耀卿，及商界有资望者，共同担任筹饷。曹耀卿即以旧土局为鄂省粮饷筹办处。商民踊跃输将，军饷有着，后奉黎都督电开曹耀卿充兼充土膏筹饷等局总理，吴镜海充川盐局总理。其旗人在宜者先后查获，唐司令谕令除参将倭和及在逃统领崇欢之家属，不得不治罪外，如前川盐总办李儒，前官钱局委员英勋，归顺者概免其死。其后和议告成，即予释放，并酌给赡养之资。至于川、归间之修路工人约五六万，多有由北直一带而来，虞其乘隙“骚扰”，唐司令电请都督拨发铜元七万串，会同川路总理李稷勋及宜昌商会，酌给工人川资，分别遣散，并递送回籍。而择其体质强壮，稍明时事者，补充士兵，其后攻克荆州之决死团，此次挑选之工人颇居多数。又因川、宜连壤，入川之三十一标，音问阻隔，谣诼纷传，唐司令于九月初十日，派管带阮桂芬率兵一营，往巴东驻扎，以防不虞。阮军抵巴东后，夔府绅商各界遣代表欢迎其入夔，后夔府起义，实得阮军支持之力。

辛亥九月十四日，唐牺支司令官派参谋关克威率兵一营，招抚当阳等处，知事等率众欢迎。时宜属光复各县要地，已先后派队扼守，惟荆州为旗人驻防，有将军都统等统率，唐司令屡次派人招抚，迄不奉命。又函英国税务司、日本领事，劝令投诚，俾得和平解决。该将军等亦无正当答复。嗣据报襄阳道喜源有联合荆州旗兵侧击汉阳之举，唐复贻书劝降，亦置若罔闻。于是唐司令不得不诉诸武力，即委参谋杨柱国办理宜昌善后，而自率沈岳乔等从事进攻荆、沙策划，克期出兵。及准备就绪，决定进攻事宜如下：

一、参谋关克威，由当阳进攻荆门，隔断荆州与襄阳之交通线。

二、管带邓金标，率一大队，由当阳河溶夺取八岭山，向荆州方面进行威胁，使攻荆州之我军易于进取。

三、管带欧阳超，率一大队，用船只输送至荆州之江口集中，即由江口登陆，占领阵地，袭击荆州。

四、标统喻洪启，率一部分由小轮于黑夜输送至沙市，占领金龙寺一带阵地，使敌人四面受攻，有兼顾不及之势。

五、标统喻洪启为总指挥官，所有攻荆各军一律受其节制。

六，参谋沈岳乔，装造炸弹，并协同喻标统相机进取荆州。

上列任务业经实施，乃于九月二十九日拂晓，遣侦察队侦察敌情及一般地势，所得大要如下：

一、敌之主力约二千余人占领阵地，由八岭山（距城四十里）至秘师桥（距城十五里）一带。炮兵阵地在八岭山南端，其步哨第一线在马山万城堤（距城二十里）一带，于筲箕洼（距城五里）则有若干敌骑出没。

二、八岭山置炮，可扫射马山江口方面，可侧射秘师桥前方，马山前方系一开敞地，万城堤更居高临下，且有河流一带成天然障碍。

三、敌主将恒龄，系其都统，军事学颇有研究，部下指挥官多系学堂出身，军队较精者系新军一标，枪炮十分充足，开花弹亦多。

八岭山、万城堤等地，原为荆州保障，敌已有种种设备。唐司令得此报告，知昼攻不易，乃决计夜袭，选定夜间攻击之进行目标，颁布命令，以管带邓金标、参谋胡冠南，率一部于二十九日夜间十一时左出马山方面，同八岭山袭击。十一点四十五分，欧阳超率一部向万城堤偷渡河川，进袭梅花桥，直攻秘师桥等处。届时敌步哨惊觉，枪炮齐发，我军冒险进行，因阻于河流，未能飞渡。然其沿河对岸之步哨，已被击散。邓军亦同时猛力进攻，于三十日晨克复八岭山。敌军死者约百余人。十月初二三日，仅有斥候冲突，敌约有一营坚守万城堤，欧阳军于初三夜间分数处渡河，偷渡万城堤之河川，先派敢死队百余人直入敌营。敌人尚在睡梦中，仓卒惊遁，奔向梅花桥方面，其守堤敌军，经我军进攻，斩首及击毙者数十人，夺获毛瑟枪十余枝、旧炮二尊，子弹、军装尤多。初五日拂晓，更进占梅花桥（距城三十里），时则敌军防御地逼追于戴家湾西南山地及秘师桥一线，我军各部在八岭山及梅花桥一带已能互相联络进行。而喻洪启一标，又已由宜拔队前进。关克威占领荆门，歼敌六十余人，割断荆襄之联络与外窜线。是晚唐司令召集会议，决定总攻击事宜如下：

一、欧阳超军于梅花桥进攻秘师桥。

二、邓金标军俟欧阳超军进攻若干时分后，于八岭山方面侧出击敌之右翼。

三、由宜昌到着之喻洪启一标，直于沙市方面登陆，相机进击敌城之公安门（即其东城门）。

十月初六日拂晓，敌军骤集三千余人，以一部固守戴家湾西南山地，一大部直向梅花桥进攻，枪炮齐发，其势盛张。我欧阳军拼死抵御，而敌之开花弹亦未开花，相持约数十分钟之久，会八岭山我邓军出其侧面，冲破戴家湾西南山地之敌哨，敌军防御梅花桥者其后路有被袭之势；又我喻军已占领沙市，敌亦不能直向其西门退却，于是敌即退至东门外草市土门头一带固守。是役我军伤亡数十人，敌则伤亡五六百人，其中以新军最多。草市土门头一带，河流四出横亘，战争颇受地形限制。唐司令乃开军事会议，决定如下之策略：

一、关于敌之通道，均予遮断。杜其粮秣一切之进入。

二、每夜抽调小部分游击兵，使敌军日就疲劳。

三、我军休养数日后，再行总攻击。

是策既行，敌乃益困，米糖之外，盐尤缺乏，始向城内居民搜索食粮，并取其木具供燃料。汉人不堪其苦，因请教会马修德司铎，与将军交涉，悉数迁出。其产物则听满人掠取而已。汉人既出城，敌再无从搜刮，而我军更向城内肆行射击，且置炮于金龙寺方面加紧击之。十六日，司令命喻统带为进攻本队，其晚进袭草市，而以其他部队于金龙寺及御路口方面助攻，牵制敌军。敌不得已，全数退入城内。我军遂占领草市土头门一带。当此时汉阳已失，我军恐敌人或有侦知，更加固守，遂于十九日下攻城命令。其大要如下：

一、置炮兵阵地于金龙寺，在我步兵接近前即行搜索，并诱其兵力悉数向东南两门转移。

二、参谋沈岳乔，指挥欧阳超、邓金标两营，于炮兵开始射击后一小时至西门，使用土囊填塞城河，谋以炸弹轰城。

三、参谋张鹏飞，会同本日到着王正雅所统湘军前卫司令官汤仁三，先密进秘师桥，待炮兵开始四十分时，向正北门攻击，兼用云梯。

是晚各军照以上计划，各于其所取方面动作。又因驻防旗人与汉人分城居住，旗人住处皆在东、南、小北三门，炮兵瞄准目标，连发数炮，一弹中将军署二堂，一弹中北门，其余亦多中旗人住处。其时我军攻西北两门虽未即下，然开战以来，敌之协领及指挥，死伤者不少，其气已馁。城内旗民死伤亦多，以恒龄主战，相率哭诉其门，向之乞命，恒见人心如见，无可挽回，因以枪自杀。至此，将军连魁、左都统松鹤，知大势已去，因令荆州知府程道存，截指作血书，由商会转达唐司令，以示投降诚意。一方仍乞马修德介绍民军，重议投降条件。马与童月江往返周旋，遂议定二十二日清军先缴枪二千枝作为保证。二十三日、连魁等遣派协领四员代表赴马司铎教堂接受投降条件，计六款：

一、缴出军械火药及一切之军用物品。

二、荆州城内旗民均须遵守军政府法律。

三、驻防原有公田公产一律没收。

四、旗民生命财产，民军一律保护。

五、旗民中极困苦者给恩饷六个月。

六、民国各种学堂旗民亦准投考。

以上六条即日起实行。同时约定十月二十七日民军进城接收一切。

是日平明，唐部由南门登城树九星旗。清军举手为礼。湘军自东门入，连魁、松鹤奉印立道左，导王正雅入将军署，沿途旗民伏地欢迎。二十八日唐牺支自宜昌至，设荆宜司令部于道署办理善后。荆州遂为民军所有。唐司令据实呈报黎都督，旋奉令委任唐牺支办理荆沙善后事宜，并节制荆、宜、施、鹤四属军队及民事财政等，改设荆宜施鹤总司令部，取销宜昌司令部。兹附录呈报都督如下：

窃牺支遣兵攻荆，由管带欧阳超占据江口、万城，邓金标占据八岭山，喻统带占据沙市各情形，前已禀报在案。欧阳占据万城后旋即迅占离城三十里之梅花桥与邓金标互为声援。初六日午前六点钟，满兵五路突至，约三千人，欧率一营兵士死力攻击，邓复合力并攻，幸获全胜。随即进占离城七里之贝子桥，而满兵仍占据正东离城二里之草市。十七日夜，遣喻统带率领各营队进攻草市，复大获胜。满兵即退入城内闭门不出。牺支恐日久生变，复于十九日督率各营队向南门开炮轰击，并命沈参谋督率邓金标、欧阳超二营合攻西门。张参谋会同王正雅统带之湘军，径至北门，使用云梯及布袋实土，为登城之计。奈满军防守甚严，城郭坚固，终属无效。但彼粮道断绝，不能久持。因于二十日晨伪将军连魁、都统松鹤，即函请法国马司铎、日税务司，致意乞降。牺支仰体宪台招降纳顺至意，未便固执不允，只以先缴军械一事，与马司铎磋商。至二十三日始在马司铎教堂受降。限定四日将枪械一律缴齐。迎军献城，降约呈电，惟人心叵测，不能保无他变，连日仍令军士加意戒严。此攻荆降荆之大概情形也。其指挥出力员弁，容后详细汇呈，以凭核奖。惟降约内有保护财产及发给恩饷两款，揆之荆、宜财政，实难筹发。拟于满人特别殷实之家，提出经费，设立工厂，俾贫寒满人，进厂工作，以资谋生，并由司令部出具股票，以作发给恩饷之资。庶几款有由出，经济不致为难，言行相符，信用不致有失。可否照准之处，理合缕呈申报都督。伏乞查核施行。

（二）季雨霖之经营　襄阳上通秦陇，下控荆鄂，西连巴蜀，东接南阳，自昔视为军事重镇。武昌首义，清吏安襄郧荆兵备道喜源得报，盘踞襄樊，谋与荆州驻防将军连魁等互通声气，资为犄角，负隅反抗。军政府秘书陈重民等建议于都督黎元洪，请简派知兵大员，率兵溯汉水北上，规复襄樊，进窥宛洛，以为偏师，黎都督可之。适前日知会会员季雨霖归自宛平，新任军政府顾问，清季曾任湖北陆军三十一标三营督队官，以日知会案与刘敬庵等被逮下狱，卓有声誉，军事学术亦优，遂被任为安襄郧荆招讨使，议派兵队第十五标刘佐龙所部一标及炮兵一队随行。季奉委，即派胡金山、耿世全等为侦探，先遣出发。时夏口新败，汉阳战事吃紧，原派遣刘佐龙所部，不能抽调。季恐迁延日久，有误事机，爰于九月三十日率领职员及随行官佐六十余人，由水路绕汉阳侧背北行。经沌口，得驻军督队官李某部卒数十人俱行。十月初三抵达沔属仙桃镇。置行辕于某善堂，以谢超武为军事参谋长；李仪吉副之，李廉方、耿毓英、张英、李凤鸣等为军事参谋；高仲和为民事参谋长，邢子文副之，施化龙、陈雨苍、吕丹书、江竞飞等为民事参谋；秘书长由高仲和兼，陈重民副之，李蕙田、谢捷、毛殿瀛、毛凤池等为秘书；童绍基为军需科长，施宪武副之；耿毓英兼庶务科长，杨炳文副之；谢经德为稽查科长，阙龙副之；交宗祥为书记科长，周炳炎副之；陈雨苍兼卫生科长，张天骥副之；张难先为顾问兼管收支。同时以下列文告晓谕各属。文曰：

照得我鄂军起义以来，沿江各府厅州县，早经一律收复。凡我军民，同登衽席。即川、黔、湘、赣、滇、桂、闽、粤、苏、浙、秦、晋诸省，亦经次第独立，重见天日。乃安、襄、郧、荆等处，近在咫尺，反久沦化外受制异族。兹以北京将下，虏酋欲逃，而南来汉上满军，亦以粮乏弹缺，溃散殆尽。本招讨奉大都督命，统率雄军西上，凡各府厅州县地方官吏，以及各地方自治公所绅董等，务体我中华民国军吊民伐罪之意，于大军未到之前，速将满清印信关防缴纳更换，以便听候录用。我军民人等亦当知我军志在驱逐胡虏，复我河山，其各安乃业，勿庸惊扰。如有不逞官绅，敢行勾结匪党，以反抗我义军者，大兵一到，定即捕戮不贷。

其时刘英、梁钟汉等，早经据有天、京、汉、沔之地，李亚东由汉阳出走之后，亦在襄河收集散亡，计图恢复。旋结合士卒百余人，溯河而上，逐水师游击周耀廷于仙桃镇而代之，率部驻龙华山。刘英原奉令驻守汉阳赫山，因夏口战争失利，亦以所部移防仙镇，令其弟刘铁驻永滗河。刘杰守岳口，钱明汉屯张截港，互为声援。原任侦探耿世全、胡金山先遣到仙，结同党数十人，并吸收李亚东部过半，自号先锋队，与刘英同驻跰丝局。季使至，李亚东首先将残部缴纳，季遂改编为驻襄第一营，以胡玉珍为管带，授李以顾问职。时原派刘佐龙一标与季随行者，已有李荣升一营，于十月一日出发，亦行抵仙桃镇。奈因汉阳失守，刘佐龙留省未赴，且拟调李营回，致李荣升徘徊歧路，颇觉进退两难。时张难先向季使进言，谓："李营在省，应受刘标统调遣，在仙，则当受招讨使节制，宜先安李营之心，作为我们基本队伍。再梁钟汉部近在汉川，汉阳失，与省方隔断，可说之来归。刘英曾用副都督名义，为黎元洪所忌，其部下正惶惑观望，散于襄河一带，可往商洽，使受本部节制。三者合军力乃厚，盍急图之。"季使嘉纳其议，于是先说服李荣升使受命。继由难先往商梁、刘，阙龙、章裕昆亦同奔走。梁即率部来仙，季以其部改编为驻襄二、三两营，以陈占胜、梅占春为管带。刘亦慷慨承诺，愿举所部归附，旋即驰赴岳口，整军待调。至是襄河下游各部，收零为整，统一团结，军威大张。招讨使署分三处，刘英为参谋长，及师次沙洋，唐牺支攻荆州未下，季使率偏师援荆，以难先留守。后荆州降，合委李亚东为荆州府知事，季使即回沙洋，筹款修襄河溃堤。

先是清襄阳道喜源，以武昌系新军首义，故只倚赖防营嫉视新军，早将二十九标三营管带张楚材移防安陆，使与郧阳本部隔离，俾免后患，致马队章裕昆与张营班长郑炳贤、张信谋占襄阳计划，未克实现。及张营抵安陆，楚材竟徘徊于敌我两方之间，欲借独立以自固其优越地位，乃威胁同来之防营刘温玉部离城而去。及马队八标三营排长白星垣，率马队一排亦至，遂商定九月二十七日在安陆独立，张楚材自为大总裁，白星垣为副总裁，郑炳贤为参谋长，张信为敢死队长。又收扰害天门之钱明汉、柴占奎为管带，拥众近千人。清安陆府知府桂荫与其夫人富察氏，自缢于府学宫崇圣祠。

辛亥十一月某日，招讨使季雨霖，率部至安陆，见张楚材态度暧昧，既已反正，乃自称大总裁，民军实无此官制，亟思设法纠正，令其就范；因思李廉方、曹进与张楚材有旧，请其斡旋收编，并许畀楚材以重要军职。讵楚材与星垣约李、曹会议时，多方支吾，李、曹察其有异志，诡言归与招讨使商后定期再议。其晚与雨霖密议，乘楚材等猝不及防，即密调部队潜入城内图之，限即刻入城，占领指定地段，以战斗队形待命。城北部旷阔，多山阜，房屋甚稀，南部户口较稠密，不便用兵，楚材部分驻城中心及南部。于是李荣升部分由东门、北门入城。北门入者占领从岵山，东门入者占领府城隍庙及旧县署附近山头。刘铁部由西门、北门入城，西门入者占领阳春台山头，北门入者倚李部右翼占领阳春书院山头。胡玉珍营分为零星支队，借夜巡为名，分驻从岵街左右山地及中心各街巷要路。胡与钱明汉前在四十一标时相识，亲率数人往钱处接谈。及包围布置就绪，各处枪炮齐发，胡佯作惊异状，挽钱明汉手同出察视，参以劝诱之语，中途强其偕往招讨使署。钱见沿途皆季招讨兵，即屈服。柴占奎闻声出而抵抗，当被击毙。张部从睡梦中惊起，相率溃走。但与白部已有若干内附者，后并入季部。楚材则潜逃天主堂内。此事发动至速至密，计划亦甚周，故二三小时即戡定。招讨使署重要职员尚多未知。钱明汉前在天门谋害刘英参谋李济臣等多人，遂处死。事定，即委阙龙为协统，刘铁、李荣升分任标统，整军向襄阳进发。

原武昌首义前，二十九标三营，与马队八标分防襄郧。马队于八月十四日抵襄阳，时驻军实力，巡防统领刘温玉所属三营约千人，城守营约百人，道署卫队约百人，马队驻城者亦仅百人。旋武昌总机关派谢远达至，黄维汉、刘建一等驻城六十里双沟，章裕昆约其来城会商，及二十二日发生纸币风潮，始探悉武昌首义消息。未几汉阳协部联络员朱碧珍、萧国藻亦至，裕昆向其管带孙长龄陈说反正，无效，乃偕谢等四人返武昌。后有马队士兵张国荃，商之同队李秀昂、许志清，以洪门关系，与巡防通声气。延至九月二十六日，乃杀巡防营管带，收编其队伍，其晚下樊城，攻襄阳，其锋甚锐。秀昂极勇，率壮士若干人攀城垣而入，杀守城哨兵，开门迎队入城。道台喜源、统领刘温玉、管带孙长龄，乘夜遁走。张国荃遂为总司令，李秀昂为协统，并以光化县知县黄仁荄组军政分府，兼署襄阳道。招讨使季雨霖至，乃改编张国荃部，国荃与李秀昂均委为协统，黄仁荄解职去，委李廉方为襄阳府知府，总司令部取销。

其后议决北伐，陈报都督，向河南南阳方面出兵，以曹进为总指挥，李廉方为襄阳卫戍司令，兼署襄阳道。

北伐分三路进，张国荃由左路取邓州，阙龙出右路取唐县，雨霖自当中路，取新野，曹则亲攻柳堰驿，李廉方留守，分令各属规复，无一邑不就范者。

李秀昂收复襄阳本有功，惟粗犷骄悍，国荃颇曲就之。雨霖到，恣肆如故，及分路出发，秀昂逗留不行，遂于誓师次日，密令阙龙捕杀之。适秀昂乘马过阙部门前，阙与军法官刘正声同时各放一枪，皆命中，即坠马死。

次年二月二十日，北伐军三路同时告捷。忽奉都督电，和议成，速班师，遂遵令回省，后改为第八镇，以季雨霖为统制。

（三）施鹤招抚经过 施、鹤僻处边隅，万山起伏，常有桀悍之徒啸聚其中。施、宜相距较近，若施、鹤有事，宜昌首当其冲。旧驻巡防一营、陆军一营，武昌首义后，其态度不明。宜昌虽定，但荆州待讨，无兵力远及施南，故唐司令一面电劝陆军管带李汝魁反正，一面派稽查员张渭滨前往招抚。谓滨于八月二十八日前往，及到施后，见李管带接唐司令电犹疑信参半。因其时李接瑞、张伪电，尚指民军为匪党也。施南交通不便，外间情形自不免隔膜，经谓滨恺切明告，李管带始布置一切，集合绅学商各界，于九月初七日悬挂十八星旗，出示安民，追缴道府县伪印，地方安堵如常。不意十三日，忽有曾楚藩、徐占龙等，伪称奉都督命，赴施调查，因故与李管带龃龉，竟于是晚将李枪毙，而推巡防营管带朱扬武为驻施司令。朱自为司令后，百端搜刮，唐司令鞭长莫及，地方由其荼毒蹂躏者数月，民不堪命。迭经施、鹤士民赴省控诉，黎都督遂委冯仁佺为施鹤安抚使，办理善后事宜。仁佺到后，力陈施、鹤不必驻扎重兵，请将施鹤司令部撤销，归并唐司令节制，旋奉令照准所请办理，施、鹤七属，遂渐次底定。

（四）鄂军举义资州 辛亥夏秋间，川人反对铁路国有风潮甚烈，成立保路同志会，意图独立，各地相继告变。清廷特派端方为督办铁路大臣，带兵查办。端因请调湖北陆军第十六协统领邓承拔，率第三十一标统带曾广大所部一标，及三十二标第一营之右后两队随行。该军官兵多隶党籍，奉调之日，正湖北共进、文学两革命团体积极谋举义旗之时，三十一标代表李绍白、田智谅、赵振民等，俱不愿往。架枪待发，犹愤愤然作谋变语。武昌革命总机关居正、杨玉如、邓玉麟、黄元吉、胡祖舜等，入营送行，席地抚慰，卒付以沿途伺机先谋端方之任，并相约种种互通消息方法。李等始怏怏就道（见前第三章第七节）。七月某日各队会合于宜昌，端方因受清廷电催，不得已因分队从水陆两路前进。曾广大率第一营为前路，邓承拔率第二营为中路，以第三营为后路，溯川江西上。

时李绍白、田智谅等，与各营代表王志强、赵振民、孙斌、陈道行等数十人，行抵万县，即与三十一标第一营督队官陈镇藩密议本军趋向，比以行军在途，诸无准备，未敢轻动。行抵重庆时，有人主张俟端方船泊登岸乘机击之，陈等以为重庆巡防军及巡警尚未取得联络，蠢尔暴动，恐事不济，未果行。

迨抵资州，牒报隆昌、荣昌、资阳、简州、威远一带俱为川人同志会占据，端方乃令曾广大率所部第一营前右后三队，星夜往攻威远。曾广大以同志会系热心为国，颇具同情，率队抵距威远三十里之高市场驻扎，出示招抚缓之。其时成都已有独立运动，端恐为其所乘，又分电威远之曾广大、自流井之陈荣钟，各率队集中资州以为戒备。先趋成都之萧国斌亦适至。端复令其弟端锦检查信电，断绝兵士外界交通。未几朱庆澜所部有梁瀛洲者，奔走革命有年，至此通报曾广大及同志杨毓林等。广大遂召集全体将士于十月初六日在资州中学堂会议，谓端方拟将军队北出西安，扩编成军，已向自流井盐场商借银三万两以为开拔费及饷糈，令各准备。第一营督队官陈镇藩率先反对，且于散会后断然剪去发辫，以示决心。陈旋约集该标代表李绍白、王龙彪、鲁伯超、余鹤翔、田智谅、杨毓林、陶守瑚、罗乘骥、赵振民、胡浩然、黄以南、陈国干、胡开进、邱锦文、浦天祥、王占林等二十余人，密赴郊外会议，一致决议先杀端方，立即宣布反正。但统带曾广大以诡言为端方开脱，说端方虽系满人，然其历官各省尚少劣迹，且据端方自称旧为汉籍，先世投旗，原姓陶，籍隶浙江，别号陶斋可证，并以陶方名刺散之各营，主张贷其一死，系归湖北，听军政府发落。众不谓然，曾亦无如之何。是夜杨毓林为端之守卫长，愿为内应，于是由王龙彪、王志强、任永森、胡浩然、卢保汉、姚鸿圣、孙世栋、贾智刚、王国栋（蒲圻）、余鹤翔、孙斌、赵振民、刘承儒、鲁伯超、郭长富、王兆林、洪维发、浦天祥、丁洪本、王国威、刘定一、江启发、叶青山、查瑜、唐金城、陈道行、任伯雄、陶守瑚、戴昌盛、马名扬、胡开进等数十余人，逮端方于天后宫杀之，其弟端锦随侍，亦就戮。曾广大以下官长相率走避，留者仅一营队官黄应遴、三营书记胡赞。遂公举陈镇藩为统领，而大汉民国之军旗，飘扬于资州城矣。

陈镇藩颇为军中同志信赖。时川巡防军一哨，自愿归顺，于是编制队伍为步队四营，将成都带来之管退炮二尊，编为炮队一队。所有官长，悉由各营队自行推选。

十月初八日，由资州拔队回鄂，王桂荣、李绍白、余鹤翔三人，将端方首级函以木匣，沿途于军行之前昭示民众，川民夹道欢呼。即晚抵内江，原驻防营引避，因与地方绅民商洽反正，当即令成立内江军政分署，举吴永珊为署长，留交资州防营所缴枪弹，以资防卫。翌日达荣昌，有匪扰乱地方，捕诛之。

十月十九日抵重庆，都督张培爵，副都督夏之时，热烈欢迎，以银三万两慰劳之。越四日行抵万县，副都督刘发遂欢迎于郊。适接宜昌唐牺支司令电，谓武汉告急，令速率队回鄂应援。陈镇藩以万县曾收没官盐款百数十万两，现武汉军需浩繁，特商请万县军政府协助鄂军军饷，刘发遂以银盐各半计二十万两兑交，陈纳之。

十一月初八日抵宜昌，接武昌黎都督令，饬率队回省候调。元年1月19日抵省，呈缴协饷，都督慰勉有加，令改编为鄂军教导团，仍委陈镇藩为团长。黎都督以该团戢乱川东，班师应援，筹集巨款，协助军饷，乃颁给奖牌以示鼓励。

第四节　各省先后响应

（1）**长沙**　武昌首义，既于辛亥八月十九日胜利实现。湘省党人焦达峰、陈作新等得电讯，即剑及履及，调兵遣将，星夜准备响应。以焦前在武昌与首义党人盟誓甚坚，恐有负约也（焦达峰前与武昌党人约如湘先发动，鄂即日应之。如鄂先发动，湘即日应之。详见前第三章第五节）。果然，只经旬日布置，遂于九月一日拂晓，焦达峰率炮兵进小吴门，陈作新率步队进北门，先占军械局，进围抚署。巡抚余诚格穿后垣逃，巡防统领黄忠浩抗顺，杀之。翌日各界集谘议局，推达峰为都督，作新副之。后因梅馨作乱，于九月十日城外兵变，陈作新往抚被杀。变兵复至都督府杀焦达峰，推谘议局议长谭延闿继任都督。但谭就任后，湘省仍能出兵援鄂，于是湖北无后顾忧，东南各省动摇，共和基础得稳固，未始非长沙首先响应之力也。

长沙更易都督详情 先是湘抚余诚格，闻武昌起义后，即将长沙新军尽调驻外县，以防其变。又与巡防统领黄忠浩秘商，将巡防兵调入省会。自焦达峰占领长沙，余诚格逃，黄忠浩被诛，而分驻各县之新军，于是又调返长沙。初新军标统梅馨之归自益阳也，焦达峰即令率其众由株萍铁路攻赣，因斯时南昌尚未响应故也。馨言须休息半月，然后出师，达峰不可，又言至少须八日，亦不从。且曰不从令者死，于是梅馨勉强应之。及归营，乃集将士言其事，因激怒之曰："今满清之命运不可知，而达峰起于会党，不谙兵事，吾曹至省喘息未定，即令出攻江西，吾要求半月成行不可。乃欲治吾以军法，吾非畏死不能革命，第悯吾士卒之劳，且羞为之下，彼必迫吾行事者，吾当手刃之，以救湘人，如何。"皆默然不应，馨恐其士卒离心，或已附焦也，因内悔失言，遽啮舌而吐曰："予病了。"卫士扶以入，诸将亦散。会达峰以谗言遽撤梅馨标统职，其三营十二队队长，悉更以己所亲信。于是众乃大哗，相率来见馨，而馨皆拒不见，托词病甚，不可以风，从医嘱拒客，众益恐。有部下杨子玉者，独披帷入见曰："前统领有命，而吾辈未敢附和者，未知决心如何耳。今事急，当唯命。"馨闻，蹶然起曰："汝曹能从老子令乎。必从吾令，可即发，子玉当携一队往和丰公司门外挑衅。陈作新无谋之辈，必自来弹压，即杀之，并携其首入北门。吾自率众由小吴门又一村而冲都督府，则达峰首级可得。"众从之。杨子玉即以众至和丰公司门外，小有劫掠，副都督陈作新果亲往谕，遂为子玉所害。达峰都督府守卫单薄，梅馨率兵至时，有报告陈副都督于北门外落马者，达峰方握剑乘马以出，梅馨遇之于门，即挥众断其首，而陈作新之首亦至。谭人凤、谭心休、阎鸿飞、曾杰、陈树人辈皆逃。于是众议举梅馨为都督，馨固辞不敢就，余钦翼献策曰："今举都督，非资望不能服众，梅统领既不肯为都督，则吾辈军人皆无一可者，我建议莫若选文治派中如谘议局议长谭延闿辈为之，以成革命大事。诸君以为何如。"众皆鼓掌称善。

梅馨曰："谁为我们请谭议长。"余钦翼曰："某愿往。"于是往迎谭延闿。延闿拒弗纳，前锋将火其门，谭氏惧，启而纳之。时延闿犹匿不敢见，其母出，顿首于诸将之前曰："吾子与诸君非有宿怨，何忍见害?"众告其谋，弗解。惟涕泣叩头如故。余钦翼百般安慰之，延闿寻出，亦痛哭不已。余告以推为都督之意，不允，乃强之入教育会。众军望见，拍掌如雷，即议投票选举。谭延闿得票多数，于是乃强之就职。谭亦无可如何，入府门，涕犹潺湲不止云。（录覃理鸣口述。）。

（2）**九江**　九江新军得武汉首义消息，早有欲动之象，谣言纷起，日必数惊。至九月初二日午后一句钟，五十三标军士乃迫令标统马毓宝起义。马首肯，随即密令定于本日夜间十点钟发动。届时由金鸡坡炮台放炮三响为号，各营发枪三响以应。旋见道署火起，保恒不知下落，当由义兵将火扑灭。九江府汉良一闻炮响，即已潜逃，迨陆军往攻时，上下人等均已不知去向，所有道府两署，遂垂手而得。江西提法使张检，前奉派来浔筹办军务，带有卫队四十名，亦同声响应，张只身逃。五十一标标统庄守忠，奉派率第一营来浔，驻扎南门外洋火厂。城内事起，惟该营不附和，守忠并拟入城对敌。讵为马标统早已预为防备，在南门城上设野炮二尊，正向该营，兵士遂不敢动，相率往省逃去，未逃者遂纷纷投降。

初三日，马毓宝即将本部移驻道署，将兵备道匾额撤去，改名曰中华民国驻浔军政分府。马被举为都督，府内分军务、政务二大部，军务部即由马自兼，政务部由地方商学各界公举罗大佺主之。其内部之组织，均照鄂省办理。此次九江新军起义，举动极为文明。九江知府汉良眷属大小男女共计七口，已被拘获，军政府均准商会保释，并不加害。

（3）**西安**　党人徐朗西、康宝忠、井勿幕、张益谦等，联络会党，原拟九月八日起义。时巡抚恩寿入京，藩司钱能训护院，凡新军认有革命嫌疑者悉移调外县，而代以防营。并逮捕党人。新军遂于一日发难，三日占领渭南临潼各县，公推管带张凤翙为全陕复汉军大统领，后改称都督。钱能训及文武百官均逃。城内驻防顽抗，继投降，皆杀之。都督府设高等学堂内办公。其后两旬，陕甘总督升允率回军三十余营进窥咸阳，与民军迭次激战，西安颇受威胁，后清帝退位始停战。

(4) **太原** 山西巡抚陆钟琦，闻陕继武昌起义派新军往守潼关，九月七日发给饷弹，定翌日出发。时杨彭龄为一营连长，姚继藩为参谋，与同志商起义。八日晨发难，举姚以价为司令官，分攻抚署及防营，杀巡抚及其子，防营亦溃，遂举阎锡山为都督，温寿泉副之。二十三日清军攻陷娘子关，双方交战甚烈，及清帝退位停战。

(5) **昆明** 武昌首义，云南陆军高级干部时有密议。其消息外露，总督李经羲忧之，与总参议靳云鹏，统制钟麟同及王振畿、唐尔锟等筹商，欲调罗佩金（七十四标统带）、李根源（讲武堂监督）外出，李烈钧（陆军小学监督）则早派往北洋观操矣。并拟惩办李鸿祥（七十三标管带）、谢汝翼（炮队十九标管带），又命唐尔锟、刘显治由黔募兵。尚未及行，而义军已起。初约九月九日夜三时发难，七十三标（统带丁锦，靳云鹏私人）在城内，由李根源率之；协统蔡锷率七十四标入城。是晚八时，三营管带李鸿祥分发子弹，队官唐元良附丁锦者也，为其所觉，其排长黄毓成即开枪击毙之。枪声震及全营，适李根源至，吹集合号，三营全部出，二营管带逃，队官率兵来会，其统带丁锦率标部卫兵抗拒，一营附之，力不支，锦遂逃。李根源乃整队攻军械局，钟麟同、靳云鹏、王振畿等率辎重营陆军警察队机关枪队顽强抵御。李势颇危，时蔡锷尚在某处议事，及接督署镇司令部电话，始知北校场已发难，急统兵入城攻督署，又分兵协攻军械局。至十一时始克之。督署则于次日上午十时攻下。再移攻钟军，血战数小时，钟被围不能冲出，即拔刀自刎。但靳云鹏伪装舆夫，肩空轿出城，乘车走矣。军政府设于两级师范学堂，公推蔡锷为都督。

(6) **南昌** 九江独立，赣抚冯汝骙一筹莫展。九月十日，绅学各界会议于谘议局，推协统吴介璋为都督，刘启凤为民政部长。十二十三两日，赣州、吉安、南安、南康、瑞州等处次第光复。二十二日彭程万继吴任。未几李烈钧自皖回，彭辞，李烈钧任都督。虽一月中三易都督，幸全省秩序如常，居民安堵。

(7) **贵阳** 党人张百麟、黄泽霖等，组自治会，创办《西南日报》，鼓吹革命。自武昌首义后，即与谘议局议长图响应，于九月十三日开会，议决商请巡抚沈瑜庆宣布承认民国，即推为都督。沈不就，自解职去，于是推杨尽诚为都督，赵纯诚副之。

（8）**上海**　陈其美、李平书早经分途联络，李征五、潘月樵在会党方面亦颇尽力，临时又有张蓬生、刘福标等参加，遂于九月十三日聚数千人及商团数百人起事。先占领闸北警察局，以陈汉钦为领袖。又据浦东警察局，以陈天民、沈侠民为领袖。上海道闻风逃遁。惟制造局张楚宝顽抗，民军初进攻，颇有死伤，其美因往游说楚宝，竟被拘。次晨，再攻，局内工人多内应，遂克之。湘人李燮和亦光复吴淞炮台。九月十五日遂公举陈其美为沪军都督，李平书为民政长。后又以李燮和组军政分府于吴淞，张蓬生为北伐司令。

（9）**杭州**　九月十三日谘议局沈钧儒等，请巡抚增韫独立，增不允。次日新军八十一二两标与上海派来敢死队百余人发难。八十二标统带周承菼占领抚署，八十一标朱瑞占领军械局。增韫被俘。驻防旗人不降，十五日以重炮轰之，即屈服。于是以谘议局为军政府，公推铁路总理汤寿潜为都督，周承菼副之。

（10）**苏州**　上海独立后，党人章梓等五十余人赴苏，与新军各标营商洽。随邀集绅商，请巡抚程德全宣布独立。九月十五日晨，城内外一律悬白旗，公推程德全为都督，协统艾忠琦为司令长。次日松江光复，公推钮永建为军政长。清江浦则先一日晚由十三协前队队官赵云亭，二十五标掌旗官龚振鹏起义，率领辎重营入城。联合步六营、马一营、炮二营、工程一营，由协统魏宗瀚统率，于十六日晨与巡防营交战，败之。道尹兼护江北提督奭良潜逃，举蒋雁行为清江浦军政分府都督。

（11）**镇江**　江苏陆军十八协三十六标一营管带林述庆，与许崇灏协力运动，九月十七日夜，会议于岘山，宣布起义。公推述庆为镇军都督。崇灏为参谋长，随崇灏游说停泊附近之海军军舰十二艘归顺。扬州盐务缉私统领徐宝珊，亦经李竟成、赵鸿禧劝其反正，编为镇军第二师。臧在新、韩恢则收编淮安驻军为一混成旅。述庆军力甚盛，攻宁援鄂均极努力。

（12）**广西**　九月十七日谘议局议决独立，由议长秦步衢与巡抚沈秉堃、藩司王芝祥商洽，会同新军反正，章陶严、陈元伯等联络军警甚力。次日晨正式宣布，公举沈秉堃为都督，王芝祥、陆荣廷副之。后沈统军北伐，王亦辞，由陆荣廷继任。

（13）**安徽**　党人于九月十五日光复寿州。十八日谘议局议决独立，推巡抚朱家宝为都督，王天培副之。旋发生纠纷，适王庆云等在淮上声势甚盛，皖北皆附之。朱遂离皖，马毓宝兼代。后孙毓筠、柏文蔚先后继为都督，皖局始定。

（14）**福建**　先是彭寿松、马景融等运动军警起义，将军朴寿加意防范。九月十七日，谣传旗军围攻统制孙道仁宅。其晚推二十协协统许崇智为总司令，督师与旗军战。十九晚旗军败，乞和，总督松寿自尽。二十一日晨，一部分旗军向汉界攻击，又经击溃，将军朴寿、都统胜恩均被俘。诛朴寿，所有旗兵缴械给资遣散。公举孙道仁为都督，于二十二日视事，厦门、漳州、泉州相继光复。

（15）**山东**　山东自闻武昌起义，民党丁惟汾、王讷等，与绅商联合，以八事要求清廷，未允，遂于九月二十一日组织保安会。推巡抚孙宝琦为临时都督，但孙与袁世凯通款，未久即取消独立。

（16）**广东**　自武昌首义后，朱执信、胡汉民等图规复广州，陈炯明等更在省外积极活动。九月四日凤山被炸，八日绅商团体集议反正，十一日东江发难。惠州、南海、顺德、三水继起，省垣附郭新军，亦跃跃欲试。十八日各界齐集谘议局，议决独立，举总督张鸣歧为都督，提督龙济光副之。十九日夜，张走避，龙不就职。遂举胡汉民为都督，未到前由协统蒋尊簋代之。二十二日胡由香港至，正式任事。

（17）**石家庄**　新命山西巡抚吴禄贞，字绶卿，湖北云梦人，蓄革命志最早，实湖北党人之杰出者。清光绪庚子时，尝与唐才常谋起兵汉口，事泄，唐被张之洞所杀，禄贞走日本学陆军（见第一章第二节）。回国，为肃亲王善耆所识拔，因上万言书于监国载沣条陈东三省边事甚悉。监国赏其才，遂以道员赏加副都统衔，充延吉边务大臣，间岛交涉，于边事多所裨益，边民利赖。以功补蒙古正白旗副都统，调充第六镇统制官。武昌首义，荫昌统各镇南下抵抗，第六镇亦归荫调遣。至保定，荫昌与禄贞论鄂事，禄贞主抚，谓可以口舌降服，为荫昌所怒斥。荫临行时私语人云："吴禄贞系革党，至前敌当诛之。”禄贞闻耗，遂托病不行。会山西起义，巡抚陆钟琦被杀，清廷遂命禄贞为山西巡抚，令率一镇及六镇各数营赴晋平乱。禄贞顿兵石家庄，竟只身招降晋军，说服都督阎锡山与己合作，又劫留北京连鄂军火，以间接援助武昌，并径奏清廷云：

自湖北兵起，各省响应，如决江河，莫之能御。为今之计，莫若大赦革军，而息战争。夫革军之所以敢冒不韪，赴汤蹈火而不辞者，固欲求国民幸福，而非甘心与国家为难也。现禄贞已经招抚晋省混成一协、巡防队二十余营，可供征调。如蒙采一得之愚，请饬冯国璋军队退出汉口，愿以只身赴鄂，说以大义，命其投诚，以扶危局。倘彼不从，当率所部二万人以兵火相见。但朝廷若不速定政见，深恐将士忿激，阻绝南北交通，而妨害第一军之后路，则非禄贞所能强制也。抑更有言者，官军占领汉口，焚烧掠杀，惨无人道，禄贞桑梓所关，尤为痛心，此皆陆军大臣荫昌督师无状，司长丁士源、易乃谦逢迎助虐，应请圣裁，严行治罪。

时第二十镇统制张绍曾，亦顿兵滦州。禄贞早有结合，因密电张迅率师来会，起兵于直、晋、豫之间，断北军后路，直捣清廷，实行中央革命。不幸此电为直督陈夔龙所得，因即告密，遂致张亦受影响。清政府以禄贞种种行动皆威胁朝廷，遥助革党，无异反形已露，深加痛恨与恐惧。奈当时军威已替，又不敢显斥其非，明正其罪，恐致激变，只得用二三权臣卑劣之计，密购绿林贼盗，往石家庄将禄贞刺死，窃其头而去。于是湖北军失一重要外援，而袁世凯消弭心腹之患，遂为所欲为矣。

(18) **滦州**　武昌起义，北洋军镇奉檄赴援者星夜不绝，佥谓北军忠勇，乱可速平，而镇统张绍曾首发难滦州，京师大震。绍曾，大城人，充陆军第二十镇统制官，驻山海关、永平各境。辛亥八月秋操，绍曾统兵诣操，行至滦州，而武昌事起，师遂次滦。久之，绍曾纠合第三镇协统卢永祥、第二混成协统领蓝天蔚、三十九协统领伍祥祯、四十协统领潘矩楹等，奏言：

臣等伏读连日诏勅，武昌失守，大军南下，惊心动魄，以为世界革命惨史，行将演于国中，弥漫而未有极也。乃旬日以来，中央政策，用兵而外，未闻于政治本源大加改革，以懈其已发，而遏其将萌。循是以往，人怀疑阻，祸患益深。臣等忝膺戎寄，值国家多难，正宜疆场效命，秣马厉兵，静候驱策，何敢妄干时政，越职建言。无如警报频传，军情浮动，时闻耳语，各有心忧，乃据各将士等环陈意见，胪列政纲，以改革政治诸端，要求代奏。臣等再四思绎，立言虽或过激，而究非狂妄之谈。压抑既有所不能，解譬亦苦于无术。当此时局岌岌，亿众之向背，实为可虑，万一中路遄征，军心不固，大局将益不可收拾，所有各将士请愿意见，政纲十二条，谨据情代奏。

时太原独立，清廷震惧，立可其奏，采择施行。某日绍曾复奏请迅速改组内阁，制定宪法，以靖乱源。复可其奏，并奉温诏嘉奖。时第四十协统领官潘矩楹已受军谘府密饬，使图绍曾，矩楹犹豫不忍发。清廷又诏授绍曾为长江一带宣抚大臣，夺其兵权，而以潘矩楹为第二十镇统制官。绍曾电辞，其部下亦电政府，留绍曾不受代。既绍曾客来自津，出矩楹报政府密电示之，绍曾始称病避入天津德国医院。

驻滦七十九标步兵三营，时归通永镇王怀庆节制，其管带施从云、王金铭，与党人白毓崑等忽昌言独立，推王怀庆为北京大都督，迫地方绅商筹款，且电告北京政府、外交团及省谘议局。十一月丙子（1912年1月1日），时怀庆方驻防开平，闻警即单骑赴滦慰谕。语未毕，王金铭起立曰："吾辈主共和，除专制，且公举军门为北军大都督矣。即请入室，就职任事。"怀庆以势孤，佯许之。翌日施从云复延怀庆入营计事，警卫极严。怀庆入，谓众曰："细思君等议论极有道理，第饷匮兵寡为可虑，万一事败，王怀庆三字一文不值，故不能不谋定而后动。为今之计，筹饷为先，滦州士绅，吾多旧识，请入城募之，如何。"众喜，选良马令王乘之去。王行之歧途，即加鞭策马向开平而逃，施等追之竟弗及。王怀庆既逃归开平，即整军备战，会曹锟亦将兵至。己卯（1月4日）夜半，施等劫火车乘之，期潜至北京。曹锟已预将雷庄铁路掘断，而施等不知，车覆伏起，四面围攻，死亡殆尽。施从云、王金铭均生获，同被害。余兵缴械遣散，京奉路遂通。

白毓崑为天津法政学堂教习，自滦事起，毓崑即为主谋，党人推为参谋部长，至此亦慷慨就义。党人先后死于此役者有陈涛、董锡纯、葛胜臣、刘瀛、黄云永、戴纯龄、张永胜、常福安、冯日兴、云振飞、文道溥、熊朝霖、孙谏声、何尚达。其迭往游说幸免于难者，籍忠寅、胡源汇、王葆真诸党人，尚不可胜数也。

当吴禄贞、张绍曾东西顿兵，抗疏言事时，北方秩序，岌岌不保。袁世凯正与湘鄂民军鏖战阳夏，颇以为忧。商于第二军军统段祺瑞，欲留兵扼武胜关与南军相持，而自提大军定北方，平反侧，以固后路。祺瑞云："此小事，无烦大兵，祺瑞了之足矣。"即芒鞵草笠，微行北归，未旬日而禄贞、绍曾皆败。

(19) **重庆**　党人谢持、朱叔痴、杨沧白、朱必谦、江岳生及夏之时、张培爵等，于辛亥十月二日在重庆独立，公举张培爵为都督，夏之时副。

(20) **泸州**　川南于十月五日宣布独立，公举刘朝望为都督，温汉珍副。

(21) **关东**　奉天谘议局议长吴景濂，联合士绅，发起联合保安会，举清督为会长，民政司张元奇拟仿山东办法，布告独立。其余官吏多不赞成，于是新军协统蓝天蔚于十月六日在关东独立，称关东都督。

(22) **成都**　川督赵尔丰见清廷已不可挽，释议长蒲殿俊等。十月七日，各界公推蒲殿俊为都督，统制朱庆澜副。后十日，旧军田征葵变。蒲、朱走避，尹昌衡、周俊等平乱，于是公举尹昌衡为都督。十一月二日杀赵尔丰。

(23) **南京**　先是民党组联军，进攻南京，苏军司令刘之洁、浙军司令朱瑞、沪军司令洪承点、镇军司令林述庆等，统军会于镇江，公推徐绍桢为总司令。十月二日，分道前进，血战多日。至十一日晚，镇、沪、浙三军围攻天保城，破之，苏军亦占领雨花台。清将军铁良、总督张人骏乞和，以张勋不肯解除武装，乞和未成，张人骏等奔徐州。联军猛攻，城内之敌于十二日晨悬白旗，开仪凤门投降，联军以次入城，迎程德全移督南京。

(24) **伊犁**　杨缵绪原为湖北四十二标统带，调任伊犁陆军协统。

党人冯特民随往。及各省相继光复，袁大化、升允、长庚、志锐等，谋拥宣统西迁。特民劝杨独立，于十一月十九日（1912 年 1 月 7 日）宣布反正，并照会俄领事，请承认革命军，严守中立。特民与黄立中占领南库，李辅黄据东门，迎马腾霄、徐建国、周浩如等军队入城，郝可权率炮队攻将军府，冯大树攻副都统署。旋由卸任都统广福斡旋，组五族共和会，举缵绪为会长，广福为临时都督，成立临时政府，特民捕志锐戮之。

初，武昌义军突起，京师谣言繁兴，报纸复宣传各省将独立，协理大臣那桐，遂电各省每日报安，揭诸官报，以镇人心。未几报者日少，至是遂绝，都人愈惶恐。

第八章　鄂省政治模型暨国际动态

第一节　临时中央政府　先鄂后宁

武昌首义各省相继响应，佥以军事外交，亟须组织“临时中央政府”统筹办理。辛亥九月二十二日，江苏代表雷奋、沈恩孚，浙江代表姚桐豫、高尔登，通电各省，请派代表赴沪，商组临时政府，并请公认伍廷芳、温宗尧为外交正副代表。二十五日，各省代表有先在沪者，举行第一次会议，决定暂以上海为临时政府所在地。三十日，复一致推定鄂军政府为中央军政府，鄂都督黎元洪为中央大都督。黎以武昌既为中央大都督所在地，各省代表宜莅武汉开会，因派居正、陶凤集为代表赴沪商洽，卒得各省代表一致赞同，遂即陆续到汉，假汉口英租界顺昌洋行为集会所。十月初四日，首次开会，各省代表到者：江苏雷奋、马君武、陈陶遗，浙江汤尔和、陈时夏、黄群、陈毅，安徽王竹怀、许冠尧、赵斌，湖南谭人凤、邹代藩，山东谢鸿焘、雷光宇，福建潘祖彝，广东张其锽，四川周代本，直隶谷钟秀，河南黄可权，湖北则为时象晋、胡瑛、王正廷。以谭人凤为议长。决定会名为“各省都督府代表联合会”，定武昌为国都，并议定中华民国临时政府组织大纲，凡四章二十一条如下：

第一章　临时大总统

第一条　临时大总统由各省都督府代表选举之，以得票满投票总数三分之二以上者为当选。代表投票权，每省以一票为限。

第二条　临时大总统有统治全国之权。

第三条　临时大总统有统率海陆军之权。

第四条　临时大总统得参议院之同意有宣战媾和及缔结条约之权。

第五条　临时大总统得参议院之同意有任用各部长及派遣外交专使之权。

第六条　临时大总统得参议院之同意有设立临时中央审判所之权。

第二章　参议院

第七条　参议院以各省都督府所派之参议员组织之。

第八条　参议员每省以三人为限，其派遣方法由各省都督府自定之。

第九条　参议院会议时每参议员有一表决权。

第十条　参议院之职权如左：

一、议决第四条及第六条事件。二、承诺第五条事件。三、议决临时政府之预算。四、检查临时政府之出纳。五、议决全国统一之税法、币制及发行公债事件。六、议决暂行法律。七、议决临时大总统交议事件。八、答复临时大总统咨询事件。

第十一条　参议院会议时以到会参议员过半数之议决为准。但关于第四条事件非有到会参议员三分之二之同意不得决议。

第十二条　参议院议决事件，由议长具报，经临时大总统盖印，发交行政各部执行之。

第十三条　临时大总统对于参议院议决事件如不以为然，得于具报后十日内声明理由交令复议。参议院对于复议事件，如有到会参议员三分之二以上之同意仍执前议时，应仍照前条办理。

第十四条　参议院议长由参议员用记名投票法互选之，以得票满投票总数之半者为当选。

第十五条　参议院办事规则由参议院议定之。

第十六条　参议院未成立以前，暂由各省都督府代表会代行其职权，但表决权每省以一票为限。

第三章　行政各部

第十七条　行政各部如左：

一、外交部。二、内务部。三、财政部。四、军务部。五、交通部。第十八条　各部设部长一人总理本部事务。

第十九条　各部所属职员之编制及其权限由部长规定经临时大总统批准施行。

第四章　附　则

第二十条　临时政府成立后六个月以内由临时大总统召集国民会议。其召集方法由参议院议决之。

第二十一条　临时政府组织大纲施行期限，以中华民国宪法成立之日为止。

是时汉阳沦陷，南京光复。十月十四日复议决临时政府改设南京。于是各省代表纷纷东下，旋即选举黄兴为大元帅，黎大都督为副元帅。黄谦辞，乃改选黎元洪为大元帅，黄兴副之。

南京代表团致黎大都督电（辛亥十月二十九日到）　昨接黄克强来电，谦辞大元帅之任，并以武昌起义为天下倡，黎都督之功为全国人民所敬爱，应推黎大都督为大元帅等因。代表等以组织临时政府刻不容缓，若往复推辞，徒延时日，深恐有碍大局。当由公众议决，推举大都督为大元帅，黄克强为副元帅。但武昌军事，关系重大，恐大都万难离鄂，因于组织临时政府大纲内追加一条："大总统未举定以前，以大元帅暂行其职务。若大元帅不在临时政府，即以副元帅代行其职务。"除专员迎迓黄副元帅莅宁外，特推时君象晋、陶君凤集、陈君毅、仇君亮于今日赴鄂趋谒，面陈一切，请大元帅承诺，以慰天下之望。

黎都督复南京代表电（辛亥十一月初一日）　勘电敬悉。元洪才识凡庸，平时办事，已形竭蹶。此次起义，皆赖鄂中诸君子忠勇之力，元洪何功可言？但愿国事早定，民生乂安，元洪乞骸骨归田里，作一公民，此心已非常满足，大元帅之职，恳公等另选贤能。元洪决不敢受。

又致南京代表团电（辛亥十一月初二日12月21日）　大元帅之职，曾于东电力辞，谅已达鉴。顷准山西代表仇君亮，浙江代表陈君毅，及敝省代表时君象晋、陶君凤集面称："黄克强君力推元洪为大元帅，元帅又复固辞，长此推让，稽延时日，致临时政府不能即行成立，深恐有碍大局。现代表团公同议决，特推亮等来鄂要求承诺大元帅，并恳黄克强君以副元帅职务，代行大元帅职务，以定大计。"云云。元洪伏思大元帅原为组织临时政府刻不容缓之举。黄君克强宏才硕画，自足胜大元帅之任。乃谦让不居，屡推元洪承乏。元洪才识平庸，何敢当此重任？然勘电所载，若大元帅不在临时政府时，即以副元帅代行其职务，既有此明文，元洪姑顺代表诸公之请，承受大元帅名义，即委任副元帅执行大元帅一切任务。盖大局未定，势机危迫，临时政府急宜成立，故元洪不辞僭越之罪，望黄君兴代表诸君子力任巨艰，急求进行办法，时赐教言为幸。

致沪军陈都督电（十一月初二日）　长沙谭都督发起组织全国参谋本部，暂设南京，实为联络各省统筹全局切要之图。旋经多省赞成，湘、桂、秦、江北各省所派各参谋，已先后到鄂与敝省参谋部会议，决定组织全国本部，由各省选派军事知识完全人员一二员，速赴南京，设立完全机关。敝省当派妥员即日赴宁，凡未经派员各省，请即由尊处电达，催其派定，克日起程赴宁。至各省援军参谋仍请集合于武昌并希电复。

上海陈都督复电　冬电敬悉，派员至南京组织全国参谋本部，甚属紧要，已遵示代电催派矣。此复。

第二节　设立八部　扩充八师　尽力整理政治

一、军务部	部长孙　武	副蒋翊武　张振武
二、内务部	部长杨时杰	副周汝翼
三、财政部	部长李作栋	副潘祖裕
四、外交部	部长王正廷	副夏维崧

五、交通部　　部长熊继贞（原名晋槐）　　副傅立相
六、教育部　　部长苏成章　　副查光佛
七、实业部　　部长李四光　　副牟鸿勋
八、司法部　　部长张知本　　副彭汉遗

黎元洪被举为大元帅后，一面通电各省派员组织参谋团，计划北伐军事；一面改编部队，就原有之各种部队，扩编为陆军八师，计步兵十六协。其编制如下：

第一师师长唐克明	第一协统领石星川
	第二协统领刘炳福
第二师师长张廷辅	第三协统领夏占奎
	第四协统领王华国
第三师师长窦秉钧	第五协统领熊秉坤
	第六协统领杨载雄
第四师师长邓玉麟（邓辞后蔡汉卿继）	第七协统领蔡汉卿（蔡升师长杜邦俊继）
	第八协领马骥云
第五师师长吴兆麟	第九协统领刘佐龙
	第十协统领胡廷佐
第六师师长王安澜	第十一协统领李锦镛
	第十二协统领张厚德
第七师师长唐牺支	第十三协统领萧国宝
	第十四协统领喻洪启
第八师师长季雨霖	第十五协统领阙　龙
	第十六协统领樊之淦

又将近卫军一协扩编为一师，以高尚志为师长，黄申芗为统领，余一统领未详。时宁皖援军亦到达，合中左右三军，复改编为新三军，三支队及守备队。其编成如下：

第一军（原中央军）

总司令官杜锡钧，第二师全部、混成第一协、近卫军第四标、步队第四标第二营、机关枪一营属焉。

第二军（原右翼军）

总司令官李烈钧，宁军第一师、赣军混成一协、鄂军步队第三协（附炮队一队）、皖军混成标、浔军混成营属焉。

第三军（原左翼军）

总司令官赵恒惕，桂军混成标、河南奋勇军混成标、卫生队四分一属焉。

第一支队

司令官张廷辅，步队第四协、马兵六骑、炮兵第一标之一营、工程第二营、卫生队一队属焉。

第二支队

司令官唐克明，步队第一协、马兵六骑、炮兵第二标之一营属焉。

第三支队

司令官罗鸿升，混成第八协（欠步队一标）。

武昌守备队

司令官何锡蕃，步队第二协（欠第四标第二营）、马队第一标（欠一营徒步兵）、炮队第二标之一营（欠一队）、要塞炮队（蛇山、凤凰山）、独立野炮一队、金陵炮六门、测量局、卫生队属焉。

总预备队

近卫军混成第一协、步队第二协。

此外长江舰队以马熉玉为司令官，楚泰、楚同、楚观、江元、湖鹏等舰艇属焉。

同时以胡捷三为兵站总监，办理后方勤务。

壬子元月十五日（时已改用阳历），黎大元帅据诸方面情报，发布明令如下：

一、据各方面报告：汉口、汉阳之敌，现退至于孝感之三汊埠附近占领阵地，其兵力约一镇以上。又武胜关至东篁店敌兵约有四标，信阳州附近敌兵约有一协，另有兵力未详之敌，在颍州附近，与我安徽军对峙。

二、我军为攻擊敌人起见，拟准备向甘家店、祁家湾、孝感附近前进。

三、第一军于开战期前，由阳逻经三山铺准备前进，占领甘家店附近，须派一部占领黄安附近，警戒罗山方面之敌。该军之兵站线，利用阳逻三山铺通黄陂之道路。

四、第二军于开战期前，由原地准备前进，占领祁家湾附近。但兵站线利用金口经蔡甸、新沟通孝感之陆路及水路。

五、长江舰队于开战时须游弋于阳逻、青山一带，以任警戒。

六、第一支队利用停战时间，准备完善。俟开战时，即行渡江占领汉口谌家矶、造纸厂、藤子冈、戴家山附近一带，但须派一部占领姑嫂树及长丰附近。

七、第二支队利用停战时准备完善。俟开战时即行渡江占领汉阳兵工厂及赫山附近一带，但须派一部警戒琴断口、三眼桥方面。

八、第三支队于开战期占领麻城附近，警戒我军右侧面。

九、武昌守备队保守武昌省城内外附近之地面，但须筹备野战各事宜。

十、总预备队利用停战时间，整顿完善。俟开战时于左开地点待命：

甲、近卫军城内老左旗营房。

乙、步队第七协塘角附近。

一月十七日，军政府召集各部处会议，决将所有通省巡守各道及佐贰佐杂教谕各缺，一律裁撤；并规定除武昌首府外，所有府厅州一律改称县。如黄州府称黄岗县，兴国州改称兴国县，荆门州改称荆门县，鹤峰厅改称鹤峰县，随州改为随县，荆州府改称江陵县，宜昌府称宜昌县，汉阳府称汉阳县，郧阳府称郧阳县。同时制定府县行政暂时规则，计八章三十四条。

军政府札饬内务部转饬各属文曰：

照得本军起义以来，原以扫除苛政、造福国民为宗旨，所有各属辛亥下忙钱漕，一律豁免；其余厘税除海关外，一律裁撤，曾经晓谕在案。顷查各属有不法之徒，托名绅士，串通地方官，擅自招集军队，借此为敛钱之术；而不肖防营，亦或借端勒索，扰害地方。尤有不肖官吏，借治安需款，竟敢擅自征取丁漕，种种恶习，殊堪痛恨。

仰内务部会同军务部，出示晓谕，并札饬所属，切实调查，无论何处何人招兵，须确系奉有公文。一切款项，均由部给，勿得勒派。即各属筹办民团，亦须禀明立案，勿得借端滋扰。倘有以上不法情节，准由地方官绅禀控，严行究办，决不姑宽。除本都督先行晓谕并分行外，合亟札饬。为此札仰该部即便遵照，转饬所属一体凛遵。

军政府更加意整饬吏治，并清厘财务货币，设置过境销场税，同时亦禁蓄辫缠足，以革除陋习。又兴办警察，注重司法，维持企业，勤修堤防，振兴教育，厉行考试，均设立专章，次第施行。

鄂省为萍乡煤矿致南京临时政府电（一月十六日为保护萍矿事）萍乡矿产，成效卓著。查此矿证据，尚在盛宣怀之手，而伊已逃匿。闻前总办林志熙，近来曾往来萍沪数次，多造股票，运动股东，减价售与外人。矿中人纷纷传播，不日即挂洋旗，势将不可收拾。且萍煤总局业买有铁矿，早经化验精良。倘萍煤落于外人之手，则此项铁矿，必至相继而失，后患何堪设想。恳速筹办法，庶免轇轕而挽利权是幸。

又致南京政府及参议院电（三月十三日） 汉冶萍公司产业，前因有抵借之诧，屡经敝处电请尊处阻止在案。查该项产业，关系民国前途，最为重大。只以盛宣怀于满清时代营私舞弊，致丧失一切权利，几于不可收拾。月前饬由理财部收归鄂省，意在消除外患，挽回国权，并借以保守产业，留备全国军民之用。顷闻尊处拟与外人合资开办，借资挹注。虽系一时权宜之计，但对外政策种种失败，实由于此。刻下民国新建，事事须确求正当办法，万不可再蹈满清覆辙。致以机会均等、利益均沾之说，启外人干预之渐。此间议会全体及各部处职员，均不敢承认此举。贵处如果有合资开办情事，希迅即设法取消，切勿任少数人颟顸为之，致拂舆情而生恶感。并盼从速电复，以定人心为幸。

附南京政府来电 汉冶萍款，原急不暇择。前途陆续仅交过款二百万，随到随尽。现订仅以此数变为虚抵，而废弃合办之约。一面以招商局借款成立，即可尽力济鄂。前此借款，因清廷与民国互相抵制破坏，故难成就。今既联合，后将易办也。敬复。

又致南京临时政府电（二月十七日）　汉冶萍矿抵借一节，风声所播，物议大哗，屡经电达尊处。今来电称急不择荫，将以已交之二百万作为虚抵，而弃合办之约。此所谓知二五而不知一十者也。清廷关于财政问题，不知筹画，不知撙节。一旦应付不及，只知持抵押之物求济于外人，所谓丧失权利不顾也，违反舆情不顾也。推其致此之由，何尝非急不择荫之意乎。敝处自起义以来，四月有奇，大兵屯聚，不下十万，军械饷糈，动辄百数十万，接济邻省，尚不在内，非苦心设法，力求撙节，何能支持至今。前某国自愿贷与鄂省三百万，即欲以汉冶萍矿作虚抵。此间同人一闻此事，无不愤气填胸，极力拒绝。诚以汉冶萍矿于海陆军前途，关系至重，利权之损失犹其次也。今合办之约可以作废，即应将已交之款，设法归还，以免无穷之轇轕。至以招商局抵押借款，则民国航权，亦随之而去，敝处不敢赞同。我公于国利民福，研究有素，外人之设心，尤所洞悉。务望极力维持，勿仅为目前之计，勿轻听他人之言。事关民国前途，当不嫌言之过激也。

又致袁大总统电　查汉冶萍公司，倡自张文襄，本属官办性质。嗣因成效未著，召盛宣怀承办。数年以来，渐臻起色。然以个人承办之故，魄力薄弱，既难展布，借债又陷重息。且凡百事业，必先规模宏具，然后出产旺而获利丰。若枝节为之，势必不能发达。盛氏信用久失，国内所增之殷实股分，毫无着落。外商合资，复召危险。语其流弊，不可胜言。众议纷乘，亦无足怪。窃闻欧美各国煤铁事业，多归国有，即使民办，取缔亦严。国家命脉所关，断无许外人插足者。汉冶萍公司，充其能力，足雄世界，即使盛氏惭于清议，谢绝外人，炉锤再兴，狭隘如昨，何如收归国有，大事扩张。当此民国初建，百废待兴，轨道轮舟，枪炮机械，在在皆资煤铁；及今改良，或者利权不溢，国力可充。且一归国有，即可立时开办，三万工人，即全生计，消弭隐患，莫过于此，其利一。且停工日久，机械锈蚀，矿穴淹没，洋工程师日事闲散，坐糜薪资。若一经兴办，即不至再虞损失，其利二。据最近调查，但得五十万两，已足敷开办之费。至该公司基金，共三千三百万两，其中股票一千万两，日本借款一千万两，陆续所借中外零债共一千三百万两。此种零债，利息重大，受亏甚深。设开办之后，再筹得大宗借款二千五百万两，偿还零债之余，作为扩充之费，假以二十五年，所有债务，皆可清偿，则公司发达，自可操诸左券矣。事关重大，谨就愚见所及，电达左右伏候卓裁。

又致南京临时政府电（反对以招商局抵押借款）　二月三日得沪上电，议以招商局抵押借款，不胜诧异。顷复喧传中央政府将此航权向外人押款千万已将签押，鄂人闻之，群情愤懑，抗议之声，达于道路。内河航权，原不能许与外人，亡清外交失败，此其大端。然犹有招商一局，保留十分之一二，若再落外人之手，交通不灵，影响于政治上甚大。此次光复长江流域，非借招商轮船之运输，万不能如此敏活，援兵时集，饷需常济，民国肇造，深资得力。此后无论有无战事，于建设方面亦不能倚赖无主权之航运。前清屡次抵债，尚顾此区区而不之畀。乃民国新造，反弃此权利，恐满清遗孽，亦当笑人矣。又汉冶萍系鄂赣菁华，皆属民国范围，非如未确定之权利而不必深顾惜者也。盛宣怀欲保私产，不惜断送国权，恳祈顾全大局，勿堕奸计。汉冶萍中日合办之约，决不可允；招商局抵押之议，决不可行。否则国基未固，人心已离，民国前途，不堪复问矣。不揣愚戆，希即惠纳。民国幸甚。

又上袁大总统并致参议院电（反对道胜银行借款）　接敝处南京代表时功玖等艳电，政府借道胜债百十万磅，以民国赋税作抵，定期一年偿还，且许以优先权。议员四十五人，仅有十七人到会认为通过等因。阅之殊甚诧异。窃谓政府虽经济困难，但现在战事已宁，从容建设，尚可勉力撑拄。况前清借债之失，我辈号呼力争，言犹在耳，遽自效尤，何以谢我民国父老。且我共和成立，列强尚未确认。即今日南北统一，未臻十分稳固。遽因借债之故，自失租赋之权，而予外人监督之渐。一国得利，各国均沾，民国前途，何堪设想。伏乞从速取销，免致干涉。元洪困守鄂中，已历半载，戎马危急之顷，绝不敢言借债抵税，以误国民。敢本此意，为政府告，并盼速复。

附袁世凯复电　道胜借款事，前由南京陈财政总长在沪与该行议定签押，昨据道胜京行经理函称，因条款过优，不能照办，已通告南京作废等语。特复。

第三节　制定鄂州约法

武昌首义，旨在推倒清朝专制政府，建立中华民国。实行民主政治，必须有效力等于宪法之临时单行法，方足以应付过渡时代。首义同志，因相与集议，制定《鄂州约法》，为各省倡。推宋教仁起草，公同审订。计七章六十条，正式公布。厥后《中华民国临时约法》即以此《鄂州约法》为蓝本。其条文如下：

中华民国鄂州约法

第一章　总　　纲

第一条　中华鄂州人民，以已取得之鄂州土地为境域，组织鄂州政府统治之。

将来取得之土地在鄂州域内者，同受鄂州政府之统治。若在他州域内者，亦暂受鄂州政府之统治，俟中华民国成立时，另定区划。

第二条　鄂州政府以都督及其任命之政务委员与议会法司构成之，但议会得于本约法施行后三个月内开设。

第三条　中华民国完全成立后，此约法即取消，应从中华民国宪法之规定。但鄂州人民关于鄂州统治之域内，从中华民国之承认，自定鄂州宪法。

第二章　人　　民

第四条　凡具有鄂州政府法定之资格者，皆为鄂州人民。

第五条　人民一律平等。

第六条　人民自由言论著作刊行，并集会结社。

第七条　人民自由通讯，不得侵其秘密。

第八条　人民自由信教。

第九条　人民自由居住迁徙。

第十条　人民自由保有财产。

第十一条　人民自由营业。

第十二条　人民自由保有身体，非依法律所定不得逮捕审问处罚。

第十 三条　人民自由保有家宅，非依法律不得侵入搜索。

第十 四条　人民得诉讼于法司求其审判。其对于行政官所为违法损害权利之行为，则诉讼于行政审判院。

第十五条　人民得陈请于议会。

第十六条　人民得陈欣于行政官署。

第十七条　人民有任官考试之权。

第十八条　人民有选举投票及被选举之权。

第十九条　人民依法有纳税之义务。

第二十条　人民依法有当兵之义务。

第二十一条　本章所载人民之权利于有认为增进公益维持公安之必要，或非常紧急必要时，得于法律限制之。

第三章　都　　督

第二十二条　都督由人民公举，任期三年，续举时得连任，但连任以一次为限。

第二十三条　都督代表鄂州政府总揽政务，其在议会未开设前，暂得制定法律。

第二十四条　都督公布法律，但对于议会议决之法律有不以为然时，得以政务委员全体之署名，说明理由，付议会再议，以一次为限。

第二十五条　都督于紧急必要时，得以政务委员全体之署名，发布可代法律之制令，但事后仍须提出议会经其承诺。

第二十六条　都督于法定议会开闭时期外，遇有必要时，得召集临时会议。

第二十七条　都督于会议开会时得出席或命政务委员出席发言。

第二十八条　都督得对外国宣战媾和、缔结条约，但缔结条约须提出议会，经其议定。

第二十九条　都督统率水陆军队。

第三十条　都督除典试院、官吏惩戒院、审计院、行政审判院之官职及考试惩戒事项外，得制定文武官职官规。

第三十一条　都督依法律任命文武职员。

第三十二条　都督依法律给予勋章及其他荣典。

第三十三条　都督依法律宣告戒严。

第三十四条　都督宣告大赦特赦减刑复权。

第四章　政务委员

第三十五条　政务委员依都督之任命执行政务，发布命令，负其责任。

第三十六条　政务委员提出法律案于议会，并得出席发言。

第三十七条　政务委员编制会计预算，募集公债及缔结与国库有负担之契约时，须提出议会经其议定。

第三十八条　政务委员遇紧急必要时得为非常财政之处分及预算外之支出，但事后须提出议会，经其承诺。

第三十九条　政务委员于都督公布法律及其他有关政务之制令时，就于主管事务须自署名。

第五章　议　　会

第四十条　议会由人民于人民中选举议员组织之。

第四十一条　议会议决法律案并议定条约及会计预算，募集公债与国库有负担之契约，但基于法律之支出，议会不得减除。

第四十二条　议会审理决算。

第四十三条　议会得提出条陈于政务委员。

第四十四条　议会得质问政务委员求其答辩。

第四十五条　议会得受理人民之陈请送于政务委员。

第四十六条　议会以总员四分三以上之出席，以出席员三分二以上之可决，得弹劾政务委员之失职及法律上之犯罪。

第四十七条　议会得自制定内部诸法规，并执行之。

第四十八条　议会于议员中自选举议长。

第四十九条　议会于每年法定时间自行集合开会闭会。

第五十条　议会除四十六条所载外，有总员三分二以上之出席始得开议。有出席员过半之可决始得决议。可否同数时，议长决定之。

第五十一条　议会议事须公开之，但有政务委员之要求及出席议员过半数之议决得开秘密会议。

第五十二条　议会议员以十人以上之联署得提出议案。

第五十三条　议会议员在会内之发言表决提议，在会外不负责任。但用他方法表于会外者不在此限。

第五十四条　议会议员除关于内乱外患之犯罪及现行犯外，在会期中非得议长许诺不得逮捕。

第六章　法　　司

第五十五条　法司以都督任命之法官组织之。法司之编制及法官之资格，以法律定之。

第五十六条　法官非依法律受刑罚宣告，或应免职之惩戒宣告，不得免职。

第五十七条　法司以鄂州政府之名，依法律审判民事诉讼及刑事诉讼，但行政诉讼及其他特别诉讼，不在此限例。

第五十八条　法司之审判须公开之，但有认为妨害安甯秩序者得秘密审判。

第七章　补　　则

第五十九条　本约法由议会议员三分二以上，或都督之提议，议员过半数之出席，出席过半数之可决得改正之。

第六十条　本约法自……日施行之。

第四节　成立湖北临时议会

中华民国元年一月六日，军政府会议，佥以中央临时政府既经成立，而地方亟应成立民意机关，以实行民主政治。当即根据鄂州临时约法决议，限期成立湖北省临时议会，以各部总稽查处为选举筹备及监督机关。旋该处拟定选举临时办法要点如下：

一、每县定议员名额一名。

二、议员由各县在省之人士集会，用单记投票法互选之，以得票较多者为当选。

三、若该县在省者不满十人以上，其当选议员须得同府议员公认方为有效。

四、被选资格须年满二十五岁之男子，素无嗜好，得有学校毕业，或同等学力有证明文件者。

选举日期原定自一月二十日起，至二十五日止。按照府次，在指定地点分期投票，由各部总稽查处派员监督。嗣以手续繁重，各县未能按期选出，乃展至二月一日始告完成。其时和议虽在进行，而战事尚未终止，交通阻滞，故所选出之议员多数为各机关服务人员及留省者。各县被选人如下表：

江夏（今武昌）	程国墦（原徐绍五）	武昌（今鄂城）	范龙光	咸宁	黄　鹏
嘉鱼	刘心源	蒲圻	黄昌谷	崇阳	刘先钟
兴国（今阳新）	梁觐光	通城	皮　晃	大冶	董昆瀛
通山	叶庭瑛	汉阳	陈邦彦（原李逢年）	汉川	刘邦桢
黄陂	胡国玺	孝感	陶　崚（原石志泉）	沔阳	杨玉如（原张祥麟）
夏口（今汉口）	高国英	黄冈	胡作宾（原张泽涛）	黄安	刘彝（原张国恩阮毓崧）
黄梅	黄寿彭（原石山倜）	蕲州（今蕲春）	高仲谦	麻城	屈佩兰
蕲水（今浠水）	瞿介蕃	罗田	方汝确（原许光棣）	广济	董承靄（原周荣德）
安陆	辛泽溥（原罗兆鸿）	云梦	周家堪	应山	左德威
随州（今随县）	彭介石	应城	陈大华	钟祥	司寇直
京山	查季华（原刘英）	潜江	蒋羲明	天门	李　法
公安	邱福林	江陵	邓裕厘	石首	傅志时
监利	刘　织	松滋	孔广铨	枝江	周家炳
宜都	刘保粹	襄阳	朱孔阳	宜城	姚　文
南漳	汪　恺	枣阳	邱国瀚	谷城	张鸿翼

均州（今均县）	王家藩	光化	周祖濂（原唐之定）	郧县	孙礼卿
房县	王家楫	竹山	何文烈	保康	吴国弼
竹溪	杨庆汉	郧西	张光廷	东湖（今宜昌）	王道均
兴山	余光国（原彭子丹）	归州（今秭归）	郑万瞻	长阳	邓宗模
长乐（今五峰）	田飞凤	巴东	谭德甫	恩施	唐　燊
宣恩	段守仁	来凤	熊　瑛	利川	吴兆廷
建始	刘汝璘	鹤峰	吴澄清	荆门清	陈君慎（原徐祝平）

选举告竣，定期于二月七日召集，八日开谈话会。十日举行开幕式，刘心源为临时主席，黎都督亲临致词曰：

今日为我中华民国湖北临时议会开幕之日，亦即我国民主政治实现之初步。诸君皆我省之人望，将来必大有造于地方。元洪忝为军事行政首长，躬逢其盛，固甚荣幸。然和议成功与否，尚在不可知之数。吾鄂省为首义之区，责大任重，端赖诸君协力赞助。军兴以来，迄今四阅月，大勋未集，地方破坏，百废待举。一切应议应行之事，皆有待于商榷。诸君多参与是役，必能洞悉靡遗，务请体察今日一般情况，以利吾鄂者利中华民国，以树各省民主政治之模范。此则元洪之私愿，敢以期望诸君者也云云。

同日选举刘心源为议长，郑万瞻、汪恺为副议长。赓即举郑万瞻、屈佩兰、汪恺起草临时议会章程。并发表宣言曰：

长夜漫漫，待旦何时，金鸡一鸣，顿令旭日东升，光天重睹，此我鄂军起义之景象也。铲除君主专制之流毒，特创四千余年未有之局。人心所向，沛然若决江河。群以共和为惟一之目的，迄于今日，战云将收，国基渐定，行将萃五大民族组成一团体，伟哉！我黄帝之子孙也。惟所谓共和云者，其要旨安在，质言之，亦民主而已。然以吾国幅员广漠，户口殷繁，如人人悉握政治权，其弊也必散漫无纪。分裂之害，殆有不可胜言者。夫谋国权之统一，为政治上活动之本源，于是乎不得不赖有总揽之机关。而握此总揽机关之最高权者，势不得不取法于间接之民主制，此今日临时议会之所由成立也。念吾鄂父老子弟，掷无数之头颅，捐无数之财产，始得此代价之共和。今日一旦付责于我数十之议员，任重材薄，何克当此，但愿众志成城，各尽其力。期无负于我父老子弟而已。而今而后，对于外部言者，若内务，若财政，若军务，若实业，若教育诸大端，自宜作统一之计划，本监督之职权，尽应尽之责任。而我辈所应共勉者亦约有四端：一曰识大体，勿毛举细故也；二曰矢公心，未可涉及私制也；三曰尚和气，宜融化意见也；四曰持毅力，宜贞固任事也。本届议会虽属临时，庄子云："其作始也简，其将毕也巨。"我辈更有不得不慎厥初者，此则我辈所应共勉，亦即所以敬告于我父老子弟之前者也。

翌日通过章程，并选举各股审查委员，当选者法律股吴兆廷等十一人，财政股董昆瀛等十一人，军政股彭介石等七人，教育股田飞凤等七人，实业股王家藩等七人，民政股朱孔阳等七人，陈请股邱国瀚等七人，惩罚股方汝确等四人，审查资格股叶庭瑛等五人。其时南京中央临时政府，因军用浩繁，财政空虚，有议以汉冶萍矿产抵押借款之说。该会得报，一致议决反对，通电否认，并推举董昆瀛、张祥麟代表赴宁力争，其议遂罢。未几南京临时参议院又有以赋税抵借道胜银行一百五十万镑之决议。该会闻之反对，认南京临时参议院由各省军政府派出，不能代表全国人民，通电各省，发起国民会议，议员由人民选举。旋得十六省同意，卒因时间迫促，民选困难，正式国会不久亦必召集。乃决就原有参议院议员名额，每省三人改为五人，暂由各省临时议会选举。该会遂选出刘成禺、张伯烈、时功玖、汤化龙、郑万瞻五人为中央临时参议会议员。在议会力争借款违法，其事始寝。后黎都督倡议军民分治，限制军人干政，该会立即赞同，乃选刘心源为民政长，其议长席则选董昆瀛继之，屈佩兰当选为副议长。自是民政独立，该会限期各机关提交预算案，并纠弹司法、内务、财政各司司长（时已由部改司）张知本、周汝翼、潘祖裕等，尚能积极行使议会职权。

第五节　各国对于辛亥革命态度

先是瑞、张逃后，张彪求计于日顾问寺西秀武，秀武代为划策，彪不能用（见前第六章第一节）。瑞澂亦派员商各国领事，请炮轰武昌民军。各领事因庚子条约一国不能单独自由行动，乃开领事团会议，法俄等国领事主张不干涉，遂拒所请。所以然者，中国革命形势发展之速，使各帝国主义国家感到用武力直接帮助清军不是一件容易的事，也不是一件更有利的事，因而经数日之踌躇观望，遂即承认革命军为“交战团”，而出示宣告“严守中立”。

当庚戌夏季，英日同盟条约缔结时，东亚大部分英侨，见日本政策与英国自身利益不尽相符，颇感受其束缚，因为英国势力范围，集中于扬子江及中国南部，辛亥武昌义军突起，清军虽在阳夏稍获胜利，而英政府援助清廷之举，却自放弃。上海英侨为保持商业起见，对民党则表示“亲善”，已转变为英国对外政策。其在北京方面所讨论者，已非维持满洲朝代问题，而为变更帝制国体问题。虽共和国体，非英人所乐于赞成，然深信民党排满之势不可遏止，不如外假“中立”美名，暗地扶植忠实走狗袁世凯为其代理人，导演一手打倒清政府，一手消灭革命党的阴谋，较为有利。

日本则自武昌首义之初，即有人主张干涉。闻英方曾温语劝戒，日方又自感单独行动力有未逮，然对此扩大亚洲大陆势力之机会，则不肯放弃，此于驻华德使致其国务总理报告可见。因为日本对华一贯政策，在煽动内乱，破坏统一，而坐收渔人之利。先是成都激变初起，日政府派要人斋藤季治郎赴长江上游调查。武昌首义日，即斋藤行抵汉口之时。曾由其分派秘密团体往上海援助民党起事，然而民军逐渐扩张，东京空气已感不快。十一月间（旧历九月中旬后），日本报纸即开始干涉论。十二月七日（旧历十月初），日外相内田康哉通知驻日美大使卜莱安，有曰：“对敌行为如仍继续，日政府认为有考虑干涉必要。”当清廷起用袁世凯时，日政府向英美建议共同干涉，由列强担保建立一名义上清廷政权。十二月十八日（旧历十月二十八日），驻美日代办致美国务卿文，有曰：

中国情形益坏，清廷权力已等于零，而革命党亦派别分歧，并无真正领袖，如任其继续发展，不但影响商务，恐其暴发类拳乱之排外举动。加以本年洪水为灾，饥民溃兵，交相为乱，在此情况之下，革党绝对无力维持占领区域，中国今日正当选择帝制或共和之歧路。依日政府意见，采用共和制度，实极困难，即使实行，亦难信中国人能运用之。另一方面则清廷无能，已无可讳言，则其恢复威权，统治国家一如旧制，实际已不可能。因此适应中国现状之最善方法，应建立一名义上清廷政权之中国统治。一方面尊重中国人民权利，一方面限制清廷独裁权利，并消除共和空想，制定宪法，由皇帝矢誓遵守。如此日政府以为应劝告双方，定立条件，一方使清廷接受上提原则，并认以此为维持政权之善策；一则使革党了解建设共和不合实际，且得危及中国生存及人民自身福利，必须维持现在朝廷，并尊重人民地位，交由主要列强保障。

此为日本主张国际共管中国之建议，英美两国不予采纳。于是日本又退一步提一方案，主张划中国为二，北部仍维持清廷，共和制则限于江南，然英政府亦不附和。驻日英使窦纳乐曾三次奉命向日外务省阻止日本非中立行动，第一次抗议日本驻华公使伊集院维持清廷声明。第二次抗议日本拟贷款清廷。第三次抗议日本用武力干涉。窦纳乐尝对英人波莱谈英政府意见，有曰："日本当局以为中国革命为一种单纯的地方事情，英国则深信中国革命正在发展，为一种革命运动，此种运动得成为泛滥之江河，而日本则视为不过涔滴之水，易于遏塞。"可见英日侵略策略本不相同，故其对中国观察亦大相悬殊。

美国伸张势力于远东，较列强独后，故对中国主张领土保全，门户开放，机会均等。见俄租旅大、据东三省为己有，深嫉视之。所以当日俄战争左袒日本，且借助巨款。及日本战胜，竟继俄国而独占东三省南部，自召美国反感。于是1909年有诺克斯满铁中立，提议英、美、法、俄、德、日六国借款，收买南满及中东铁路，由国际委员管理，而政治权利则完全属之中国。虽遭日、俄两国联合反对而失败，美国乃又合英、法、德三国组织四国银行团，共同投资。打破日、俄两国独占之局。及辛亥次年，德国闻日本将单独行动出兵满洲，实行武力干涉中国内政。渠以在华利益与美相同，因促美国发出宣言，声明“尊重中国主权，保全领土，开放门户，利益均沾”等语。于壬子年一月三十一日德先以公文询美国对东亚时局之态度，美国答文于二月八日在华盛顿柏林同时发表，文曰：

……自中国革命发动以来，敝国政府每遇机与列强交换意见，尤其是法、英、意、日、俄及贵政府商讨何法保护共同利益，无不主张一致行动，又于各国报纸上得悉列强互换意见。因此敝政府明了对中国时局，彼此共同协作，不独无单独行动以及干涉中国内政之举，而且与平日和约尊重中国主权保全领土之言相符。现在中国方面，清皇室及革命党皆保护外人生命财产，既不因外力干涉而然，则将来亦无必须出以干涉，倘若将来竟违一切期望，不得已而必干涉，则敝国政府深信先由列强协商然后共同行动。坚定保持其政策，庶一切误会，自行扫除……此外敝国政府尝觉中国贷款，不易轻予，实为严守中立之当然结论。除非对于借款确可保证于战争双方以外之正当事项方可。又觉现在时机，宜特别适应借款政府所抱原则，凡对其国民向华投资，有与自国政府所遵列强协调政策不合者，当加以阻止。

此项声明无异对日本干涉中国之举加以干涉。日本既以英国反对于前，美德二国又激烈反对于后，因此原定“清廷倾覆后，满洲发生骚乱，即借妨害铁路利益为辞，积极进兵”之政策，不得不暂行停止进而利用共同行动之美名别作秘谋。

各帝国主义国家之舆论，或示失望于清廷，或寄期望于袁世凯，而大率以揭出中国革命党人之弱点，进言资本家以夺取对中国之控制，乘机渔利为主旨。例如当时纽约《太晤士报》曾著论曰：

满洲本野蛮之族，乘中国不备之际长驱入主最富庶文明之国，凡二百六十余年。残虐其人民，宜乎中国人今日亟起而驱逐之也。

伦敦《太晤士报》北京访员于某日晋见袁世凯，曾语之曰：

（一）此次革命军系救中国之危亡，因见满政府腐败，致国势积弱，故起而革除之以保全主权。（二）革命进行之目的，力图联络，以增长民族之势力，并非意存分离。（三）现在独立各省，其共同不戴满之心已决，势不至推翻不止。（四）满政府既政乱民离，决不能保全。（五）英国君主立宪，以其君为民所信仰，满清君主既不为民所信仰，自不能与英国并论。

巴黎《迭霸日报》访员亦慨乎其言，据其报道曰：

欧报有惧中国革命致酿排外风潮者，此实大谬。倘细求革命之原因，即可解释此误会矣。中国人民久为满廷束缚，亟思排而去之，此其一也。满廷因专制而坚持闭关主义，中国人民稍有知识者，皆思与外国联络，一变其从前孤立之态度，此其二也。满廷百计愚民，而欧美留学诸人，极力鼓吹自由，如孙逸仙、伍廷芳之流，其最著矣。总之彼等胜利现可决定。即共和不成，亦必为根本上之绝大改革。无论何人为政府，而政策必偏于自由一面可断言也。新政府于财政、军事，均须欧美助力。革命之前欧美之与中国，有一大墙为之阻隔，现此墙已经洞穿，不久将全倒去也。就经济及社会两方面之原则言之，拥广漠之土地，四百兆之人民，消费力及劳动力皆为世界第一。而其闭塞宝藏，缺乏资本，亦为世界第一。则其吸收欧美工商文化，本自然之趋势。藩篱既撤，莫之能御。彼之求于各国，不仅资本一面，即于科学经验，亦必大有所需，此其接近或非出于真诚，惟有不得不然之势，且系真政策之所利也。新政府力尚薄弱，基础未固，方求与各国联络感情之不暇，安有从而排斥之理。彼惧外人干涉，若再显示抵触，则各国均将扼之，虽至愚不为矣。世界经济于中国革命后必大增进，共和党（按指革命党）既得势，则内地多数均可发展工商，厘金定可裁去。绝大之公众工程如铁路之类必定大加扩张，所有各项改革，须用资本极大。现时各银行之金融，已有亟须欧美接济之势，后此更可知也。留居中国各地之外人，始终未受危险，间有匪徒扰害，然共和党固以全力保护也。有多数中国人均避居租界内，则租界之安宁可知。此实外人不受恐慌之铁证。其于千九百年时拳匪之乱，殆相去天渊矣。总之，此次革命，外人不特无所损失，且将于革命后生无穷之希望。吾法之资本家宜速为注意，预备发展事业。否则该英、日、德、美各国占其先著，再无吾法回翔之余地矣。

德国《哥伦日报》则谓：

中国将来政体改为共和，抑仍君主立宪，与德毫无关系。此其中之利害，中国人宜自审度，无劳外人代计。彼其人民大多数之程度已达共和，或其改为共和后于政治及经济各方面有长足之进步乎。在中国必已筹之至熟。此皆关于中国内政，吾德从未思及干预。但愿乱事速定，其主权者无论何一方面，与德继续睦谊，则德之所深愿也。

日本头山满、河野广中、杉田定一、根津一，小川平吉等，则组织日本善邻同志会发表宣言，赞成中国革命。有曰：

吾人本善邻之谊，照其国利民福热诚，以祷革命军速贯彻其目的，且望列国善鉴时局之情形，无出于干涉政体谬举。

无如日本野心家对于中国革命，认为有机可乘，主张出兵干涉者大有人在。十月初六日其陆相石本新六，奏可令饬名古屋第三师团，在步兵第三十三标及五十一标内，选拔步兵一营、机关枪队一队（兵员数七百五十人）编成混成一支队，由宇品乘桦太丸出发，于三十日抵秦皇岛上陆，由守备司令阿部少将指挥，分配于北京、天津、山海关等处。汉口方面亦调到陆军五百人，借口保护租界，同时并派兵一万三千名由奉天（今辽宁）之大连湾柳树屯登陆。当时外交界怀疑日本派兵或为实行干涉之初步，惟北京外交团原有一致行动之协议，不得单独干涉，美德特加注视。英国虽与同盟，亦与美德密切联络，而民军行动又系毫无可借口处，故卒归无事。

当时沙俄窥伺满蒙，风云原极险恶，呼伦所辖全境已被进占，俄蒙私约由是成议。

德军方面亦有私售清军械弹之传说。武昌、南京、上海舆论哗然。且有抵制德货之运动。而德国政府极端否认。驻沪德领事曾函各报申辩，文曰：

本总领事据上海德国商务总会禀称，现在各华报指摘德商，谣言甚多。谓为不守中立，专将军火售与北京政府。故德国商会必须特行言明。盖北京政府已于数年以来竭用全力组织陆军，以期成一强盛之军队，以便防备外侵，是以向在华德商屡次购买军火，为数甚夥，此人人皆知也。但德商经营此项生意，实系按照条约办理。盖一面得有价值，一面得有德商交纳最好之军火也。自武昌民军兴起以来，上海各德商实系格外严守中立，不意现有人造谣，谓德国洋行专将军火售与北京政府，以便压制民军，则试问民军现用军火，果系由汉阳枪炮厂与江南制造局所制乎。并确有人以为在汉口官军所用之大炮，系由西伯里亚铁路装运而来者。但此项炮火人人皆知确系数年前由政府向外洋订购，早经运抵中国之物也。总之，吾德人远道来华，甚愿与华人和平交易，所有民军与北京政府系属两方面之事，与德商并无干涉。但我德人甚愿中国成统一强盛之国，并出有伟人，将政治改良，俾全国人民得享安康之乐。此区区隐衷也。

同时驻汉德国领事，照会武昌黎都督，要求查禁谣传，文曰：

照得外间有种反对德国之谣言，到处传播，足使中国人民对于德国发生恶感。望贵都督出示晓谕，以免人民误会。敝领事亦当竭力查禁造谣根据也。想贵都督必时接有反对德国及德人之报告。此种报告，以后尚必有继续而至。此不独报告，而武昌报纸上亦时有记载。报纸流行最广，且易鼓动人心，故现在上海有戕害德商买办之事。至于一二商家，或不免有营利私图，然亦不得因此遂概指为全国。敝领事以报纸最有关系，务乞贵都督严饬报馆，将此种谣传申明更正，是所至祷。

迨后清帝退位，共和告成，我侨外同胞纷纷举行庆祝大会，热烈空前。惟日本神户侨胞提灯游行时，曾遭日警干涉限制，而荷兰在爪哇官警，尤为悖谬。我侨胞因庆祝而被杀伤多人。国旗亦被撕毁。鄂军政府闻耗，深为愤怒，致电南京临时政府请严重交涉。文曰：

荷人之苛待华侨久矣。我侨胞水深火热，极堪垂念。此次共和成立，凡属中华民国分子，谁不亟欲登之衽席。况华侨蛰伏异域，尤深痛满清之漠视，冀共和之成功，奔走呼号，牺牲其财产生命而不惜。其所以如此者，不过希得政府完全之保护，而与他国人立于平等之地位，享受平等之权利也。不意荷属华侨庆祖国之共和，即遭荷官之凶暴，借故寻隙，罗织大狱，撕毁我国旗，杀伤我人民，系累我妇孺，惨无人道，显干公法。闻之愤气，言之寒心。且举行庆典何国蔑有，升悬国旗，何与治安，乃竟至调遣马步兵队，围据男妇稚子达于千数。此等暴行，是直以亡国民待我华侨，而藐视我中华民国也。彼习见清朝政府视华侨如化外，甘自放弃权利，今日似故为尝试以觇我民国新政府之对外政策耳……查公法通例，外人受本国保护，与本国人无异，如有不法之徒，逮捕拘留，外人得抗议之。至于遇内变而受损害，则本国有赔偿之责，不与内国人同。今华侨升旗庆祝，既不干该国法律，而该荷人之杀伤我侨民，复不关该国之内乱，且复逮捕拘留之不已。世界有此公法乎？夫侨胞热爱祖国，自民军倡义，踊跃输将，其引领望祖国之强，可谓切矣。今民国成立，仍令我热心之侨民，无辜受荷人之蹂躏，清夜自思，深用悱恻，兹当危迫之际，人心激昂，若无圆满之保护，不惟失华侨内向之心，亦恐启外人欺侮之渐。用恳向荷使严重交涉，以保侨民，失今不图，安见后日华侨之受荷人虐待者，不更甚于今日乎。又安见他国之待华侨者，不援以为例乎。至于如何交涉之处，请随时电示，不胜盼切。

第九章　南北和议成　清朝君主退位　中华民国建立

第一节　中央临时政府各省代表会举孙文为临时大总统　黎元洪为临时副总统

中国革命党领袖同盟会总理孙中山先生，由欧美归国，于辛亥十一月初六日（12 月 25 日），安抵上海。沪上商民暨各界人士，皆热烈欢迎，沪军都督陈其美，特鸣礼炮二十一响致敬。

时湖北居正、杨时杰、王正廷、马伯援、胡瑛，江苏陈陶遗，浙江汤尔和、陈时夏、屈映光、黄群、陈毅，湖南谭人凤、宋教仁、邹代藩、廖名缙，四川萧湘、周代本，云南吕志伊、张一鹏、段宇清，山西景耀月、李素、刘懋赏，陕西张蔚森、马步云，安徽许冠尧、王竹怀、赵斌，江西林森、王有兰、赵士北、俞应麓、汤漪，福建潘祖彝、林长民，广东王宠惠、邓宪甫，广西马君武、章勤士，奉天（今辽宁）吴景濂，直隶（今河北）谷钟秀，河南李盘，山东谢鸿焘等十七省代表集会于南京。遂于初九日开临时大总统选举预备会。初十日正式选举，到会代表共十七省，每省有一投票权。推汤尔和为代表会会长，王宠惠为副会长。投票结果：孙文以十六比一之大多数当选为中华民国临时大总统。由是各省代表会依据临时政府组织大纲第十六条，代理参议院行使职权。

十二日议决改奉正朔，通电各省，公布以十一月十三日为中华民国元年一月一日。电曰：

各省都督府、各报馆鉴：今日议决改用阳历，并以中华民国纪元。明日即为中华民国元年正月一日。临时大总统即于是日到宁，发表临时政府之组织，即请公布，各省代表会代理参议院公布。文（十二日）

中华民国元年元月一日（即公历1912年1月1日，旧历辛亥十一月十三日），孙总理携顾问霍马理（美国军官）偕浙江代表汤尔和、湖北代表杨时杰等由沪乘专车赴南京。午后十时，行临时大总统受任礼于江苏谘议局。即以谘议局为总统府。各省代表及海陆军代表毕至。奏军乐，欢呼共和万岁。代表团推景耀月报告选举情形，谓："今日之举为中国五千年历史所未有，我国民今日所希望者，在共和政府之成立，以扫除满洲专制政府，使人人得到自由。孙先生为近代革命之先觉，富有政治学识，今日就临时大总统之职，愿孙先生始终爱护民国，毋负国民期望。并请大总统向全国国民宣誓。"云云。

孙大总统即出席宣誓曰：

倾覆满洲专制政府，巩固中华民国，图谋民生幸福，国民之公意，文实遵之，以忠于国，为众服务。至专制政府既倒，国内无变乱，民国卓立于世界，为列邦所公认，斯时文当解临时大总统之职。谨以此誓于国民。

宣誓毕，代表团授以大总统印，并致颂词曰：

惟汉曾孙失政，东胡内侵，淫虏猾夏，帝制自为者垂三百年。我皇汉慈孙呻吟深热，慕美利坚、法兰西人平等之制。用是群谋众策，仰视俯划，思所以倾覆虐政，恢复人权，乃断头戡胸，群起号召。流血赴义，续美法人共和之战史。今三分天下克复有二，用是建立民国，组成政府。拣选民主，推置总统。佥意能尊重共和，宣达民意，惟公贤；廓清专制，巩卫自由，惟公贤；光复禹域，克定河朔，举汉满蒙回藏群伦，共覆于平等之政，亦惟公贤。用是投匦度情，征压纽之信，众意所属，群谋佥同，既协众符，欢迎拥戴，要知我国民久困钤制，疾首蹙额，望民主若岁。今当公轩车莅止，苍白扶杖，子女加额，焚香拥彗，感激涕零者何也。忭舞自由，敦重民权也。用是不吝付四百兆国民之太阿，寄二百亿里山河之大命，国民委托于公者亦已重哉。继自今惟公翼翼，毋违宪法，毋拂舆情，毋作威福，毋崇专断，毋昵非德，毋任非才，凡我共和国民有不矢忠矢信，至诚爱戴，轩辕金天列祖列宗七十二代之君，实闻斯言。代表等受国民委托之重，敢不尽意，谨致大总统玺绶，俾公发号施令，崇为符信。钦念哉。

孙大总统敬受印绶，即启印钤于宣言书。书曰：

中华缔造之始，而以不才膺临时大总统之任。夙夜戒惧，虑无以副国民之望。夫中国专制政治之毒，至二百余年来而滋甚，一旦以国民之力，踣而去之，起事不过数旬，光复已十余行省，自有历史以来，成功未有若是之速也。国民以为于内无统一之机关，于外无对待之主体，建设之事，刻不容缓，于是以组织临时政府之责相属。自推功让能之观念以言，文所不敢任也；自服务尽职之观念以言，文所不敢辞也。是用黾勉从国民之后，能尽扫专制之流毒，确定共和，普利民生，以达革命之宗旨，完国民之志愿，端在今日。敢披肝沥胆，为国民告。

国家之本，在于人民。合汉、满、蒙、回、藏诸地为一国，如合汉、满、蒙、回、藏诸族为一人，是曰民族之统一。武汉首义，十数行省先后独立。所谓独立者，对于满清为脱离，对于各省为联合，蒙古、西藏意亦同此。行动既一，决无歧趋，枢机成于中央，斯经纬周于四至，是曰领土之统一。血钟一鸣，义旗四起，拥甲带戈之士，遍于十余行省，虽编制或不一，号令或未齐，而目的所在，则无不同。由共同之目的，以为共同行动，整齐划一，夫岂甚难？是曰军政之统一。国家幅员辽阔，各省自有其风气所宜。前此清廷强以中央集权之法行之，以遂其伪立宪之术；今者各省联合，互谋自治，此后行政，期于中央政府与各省之关系，调剂得宜。大纲既挈，条目自举，是曰内治之统一；满清时代借立宪之名，行敛财之实，杂捐苛税，民不聊生。此后国家经费，取给于民，必期合于理财学理，而尤在改良社会组织，使人民知有生之乐，是曰财政之统一。此上数者，为行政之方针，持此进行，庶无大过。

若夫革命主义，为吾侪所倡言，万国所同喻，前次虽屡起屡踬，外人无不鉴其用心。八月以来，义旗飙发，诸友邦对之，抱平和之望，持中立之态，而报纸及舆论，尤每表其同情。邻谊之笃，良足深谢。临时政府成立以后，当尽文明国应尽之义务，以期享文明国应享之权利。满清时代辱国之举措，及排外之心理，务一洗而去之。持平和主义，与我友邦益增亲睦，使中国见重于国际社会，且将使世界渐趋于大同。循序以进，不为幸获。对外方针，实在于是。

夫民国新建，外交内政，百绪繁生，文顾何人，而克胜此。然而临时政府，革命时代之政府也。十余年来以至今日，从事于革命者，皆以诚挚纯洁之精神，战胜其所遇之艰难。即使后此之艰难，远逾于前日，而吾人惟保此革命之精神，一往无阻，必使中华民国基础确立于大地，此后临时政府之职务始尽，而吾人始可告无罪于国民也。今以与我国民初相见之日，披布腹心，惟我之四万万同胞鉴之。

黎大都督贺孙大总统电：

顷接各省代表会蒸电称，临时大总统之任先生当选，曷胜欣贺。先生识高千古，虑周全球，挽末世之颓风，复唐虞之盛治。使海内重睹汉官威仪，不独四万万同胞之福，即东西各国亦莫不景仰高风，为中华民国庆。专此电贺。中华民国万岁。中华民国大总统万岁。

孙大总统谢电：

武昌举义，四海云从，列国舆论，歌诵民军，无微不至。而尤钦佩公之艰苦卓绝。文于中国革命，虽奔走有年，而此次实行，并无寸力。谬蒙各省代表举为总统，且感且愧。惟有勉为其难，以副公之盛意。武汉为全国之枢纽，公之责任维艰，伏维珍重。（各省贺电甚多不备录）

代表会议继议定五色旗为国旗（江浙沪联军攻克南京所用），十八星旗为陆军旗（武昌首义所用），青天白日为海军旗（陆皓东广州革命所用），亦经正式公布。又因临时政府组织大纲只有大总统，无副总统，行政各部只有外交、内务、财政、军务、交通五部，颇嫌疏阁。于是湖南代表宋教仁提议，在大总统外加一副总统，行政各部不加限制，俾有伸缩余地。复经代表会议通过。元年一月三日，代表会开副总统选举会，黎元洪得十七票，当选为中华民国临时副总统。

是日大总统出席代表会，提中央行政设立各部及其权限案，议决后，即提国务员九人请同意案，原案宋教仁长内务，汤寿潜长教育，程德全长交通，经代表会预审：改为程德全长内务，汤寿潜长交通，教育另提。于是补提蔡元培长教育，均经一致通过。内阁于是组织完成。其总次长名单如下：

陆军部长	黄　兴	次长蒋作宾
海军部长	黄钟瑛	次长汤芗铭
外交部长	王宠惠	次长魏宸组
内务部长	程德全	次长居　正
财政部长	陈锦涛	次长王鸿猷
司法部长	伍廷芳	次长吕志伊
教育部长	蔡元培	次长景耀月
实业部长	张　謇	次长马君武
交通部长	汤寿潜	次长于右任

旋代表会依据临时政府组织大纲第七八条之规定，由各省派代表三人组织临时参议院。月底始告成立。参议员名录如下：

议　长	福建	林　森		
副议长	浙江	王正廷		
议　员	湖北	张伯烈	刘成禺	时功玖
	湖南	欧阳振声	彭允彝	刘　彦
	江西	王有兰	文　群	汤　漪
	福建	潘祖彝	陈承泽	
	安徽	常恒芳	凌　毅	胡绍斌
	江苏	杨廷栋	陈陶遗	凌文渊
	浙江	殷汝骊	黄　群	
	四川	熊成章	黄树中	
	山西	景耀月	刘懋赏	李　素
	陕西	赵士钰	张蔚森	马步云

广东　　钱树芬　赵士北　金　章
广西　　邓家彦　曾　彦　朱文邵
云南　　张耀曾　席聘臣　段宇清
贵州　　平　刚　文崇高
山东　　彭占元　刘景楠
河南　　李　盘
奉天　　吴景濂
直隶　　谷钟秀

元年一月二十八日上午八时，各省议员齐集参议院，开正式成立会。孙大总统率同各行政长官暨秘书长胡汉民莅会。致词曰：

中华民国既越二十有八日，参议机关乃得正式成立。文诚忻喜庆慰，摅中情之希望，告参议诸君子之前而为之辞曰：人有恒言，革命之事，破坏难，建设尤难。夫破坏云者，仁人志士任侠勇夫，苦心焦思于杌陧之中，而丧元断脰于危难之际，此其艰难困苦之状，诚有人所不及知者。及一旦事机成熟，倏然而发，若洪波之决危堤，一泻千里，虽欲御之而不可得，然后知其事似难而实易也。若夫建设之事则不然，建一议，赞助者居其前，则反对者居其后矣。立一法，今日见为利，则明日或见为弊矣。又况所议者国家无穷之基，所立者亘古未有之制，其得也五族之人受其福，其失也五族之人受其祸。呜呼，破坏之难，各省志士先之矣。建设之难，则自今日以往，诸君子与文所黾勉肩任而弗敢推谢者也。矧当北虏未灭，战云方急，立法事业，在在与戎机相需为用。破坏建设之二难，毕萃于兹，诸君子勉施，各尽乃心，竭乃智，以奠民国之始基，以扬我族之大烈。则不徒一人之颂祷，四万万余同胞实嘉赖之。

第二节　伍廷芳唐绍仪代表南北正式议和

辛亥十月十三日（12 月 3 日），武汉既已局部停战，全国和议进行从事开始。经各方函电秘商，外交团居中斡旋，渐得双方同意。十六日军民各省代表公推伍廷芳为议和代表。十七日清内阁总理大臣袁世凯奏准以邮传部大臣唐绍仪为议和专使全权代表。参赞杨士琦及随员等南下讨论大局，唐奉委后即电驻汉英领转商武昌军政府，继续停战十五日。自十月十九日上午八点钟起，至十一月初五日上午八点钟止（三次停战期限）。黎大都督许之。

十八日唐绍仪由京汉路专车南下，二十一日午前抵汉。英领葛福及武昌军政府代表王正廷等俱往大智门车站欢迎。相集于汉口英租界公政局。王正廷关于清军由汉北调进攻山陕民军事略有诘责，唐否认之。时伍廷芳在沪，以交涉事繁，未能远离，因电请黎大都督转商唐代表赴沪。

二十三日唐谒黎大都督于武昌下新河毡呢厂外交办公处，叙谈甚欢。黎以伍代表约唐赴沪意转告，唐允之。二十四日唐遂乘舰东下。湖北中央军政府外交部长王正廷同行。二十七日抵沪。

二十八日午后二时，唐绍仪与伍廷芳第一次会议于南京路市政厅。唐之参赞欧赓祥、许鼐霖、赵椿年、冯懿同，伍之参赞温宗尧、王宠惠、汪兆铭、钮永键俱与焉。厅置一长案，伍、唐并占上座，双方参赞则左右列。王正廷代表武昌中央军政府，得列席于伍、唐之对坐。但皆无发言权。伍、唐相继入席，互换查阅文凭，各致简单开会词毕。首由伍提议十九日起停战，凡湖北、山西、陕西、山东、安徽、江苏、奉天各省须一律实行。俟清内阁回电承认后，始可正式开议。开议之后如有擅自行动之军队，彼此均当从严处治。唐允电达袁内阁，伍亦电告武昌黎大都督转告各省查照。

辛亥十一月初一日（12 月 20 日），伍廷芳、唐绍仪第二次会议。决定续行停战七日：自十一月初五日上午八点钟起，至十二日上午八点钟止（四次停战期限）。

唐乃征询伍之意见。伍代表谓："全国人心皆向共和，即知共和政体必能成立。有谓中国人之程度不能共和，只可君主立宪者，不知既可君主立宪，即可共和。共和与立宪所差者只选举大总统与否而已。今资政院、各省谘议局皆可行选举，岂大总统则不能选举乎？有谓政为民主，则于满人不利，不知今日我等欲合汉、满、蒙、回、藏为一共和国，岂有摈斥满人之理。所欲去者一君位而已。关于皇帝之待遇，当可从优。满人汉人，亦必平等待遇。至于其生计，当有法以善处之。是满人亦利于共和也。此意不但各省赞成，且望袁君（世凯）赞成，因彼此皆中国人故也。”

唐代表言：“今日欲和平解决，非共和不可，我未尝不有此心。至于如何办法，须彼此详细商量。盖须注意东三省与蒙、回、藏，必完全无缺方可以保中国。”

伍代表言：“所谓共和国，非指十八省而言，乃指全国而言。东三省、蒙、回、藏必须列于共和国之内，决不放弃，以授外人。总之若承认共和，则各事易商。”

唐代表言：“我虽为全权代表，但此事甚大，须先电达袁内阁，俟回电后再行通知会议。”

是日午前，驻沪德、美、英、法、日、俄六国领事，各奉本国政府训令，造访伍、唐两代表，“劝告”和平。以德国领事婆黎为领袖，先访唐，次谒伍，各陈递本国政府意见文书。唐、伍各答礼如仪。

袁世凯得唐绍仪电告，知民军坚持民主共和甚力。特于初六日开内阁会议，对于共和，已可承认，但君主之位置须加研究耳。嗣复与皇族各亲贵联席会议，陈述财政困难已达极点，万不能再以兵戎相见，只有退让，以维大局。各亲贵未予赞同，抗辩甚力。袁亦无可如何。是时清军进夺娘子关，继陷太原。民军代表伍廷芳向唐代表严加诘责。唐亦据以诘询内阁，袁复电允再严电禁阻。

十一月初八日（12 月 27 日），伍、唐续行第三次会议。伍坚决表示非清廷承认民主共和不再开议。唐乃提议将君主民主问题，召集国会解决。伍认为尚可商酌，唐遂电达袁内阁，请求代奏。文曰：

窃绍仪前准总理大臣咨开，委充议和总代表等因，当即驰赴汉口。嗣因议和地方改在上海，复由汉乘轮赴沪。与各省民军总代表伍廷芳，于十月二十八、十一月初一等日两次会议。迭将情形电达总理大臣在案。查民军宗旨，以改建共和政体为目的，若我不认共和，即不允再行开议。默察东南各省民情，主张共和已成一往莫遏之势。近因新制飞艇二艘，又值孙文来沪，挈带巨资，并偕同泰西水陆军官数十员，声势愈大。正议组织政府，为巩固根本之计。且闻中国商借外款，皆为孙文向各国说止，以致阻抑不成。此次和议一败，战端再起，度支竭蹶可虞。生民之涂炭愈甚，列强之分裂必乘，宗社之存亡莫卜。倘知而不言，上何以对皇太后，下何以对国民乎？绍仪出都时，总理大臣以和平解决为嘱。故会议时曾议召集国会，举君主民主问题，付之公决，以为转圜之法。伍廷芳谓各省代表在沪，本不乏人，赞成共和已居多数，何必再行召集？当时以东三省、直、鲁、豫及蒙、回、藏等处尚未派员，似非大公折之。伍廷芳仍未允认。现在停战期限已促，再四思维，惟有吁请明降谕旨，命总理大臣颁布阁令，召集国会，以君主民主付之公议，征集意见，以定指归。其汉口汉阳等处所有军队，并请饬下总理大臣传令各军统等一律撤退，以示朝廷与民相见以诚之意。绍仪自当凛遵阁令，与伍廷芳会议，公决开会日期及民军不得进攻条约，以期和平议结，早息战争。使皇上公天下之心昭然共喻。则皇室必能优待，宗祀得以永存。所有绍仪到沪议和情形，暨请早开国会缘由，谨披沥电陈，乞代奏。唐绍仪叩。齐。

右电到京后，清廷即开御前会议。载泽、载涛、毓朗等均反对。惟奕劻与隆裕太后主张允唐绍仪所请。因于初九日下谕，召集国会，公决国体问题，并命内阁迅拟选举法施行。其谕旨云：

朕奉隆裕皇太后懿旨，内阁代递唐绍仪电奏：民军代表伍廷芳，坚称人民志愿，以改建共和政体为目的等语。此次武昌变起，朝廷俯从资政院之请，颁布宪法信条十九条，告庙宣誓，原冀早息干戈与国民同享和平之福。徒以大信未孚，政争迭现。予惟我国今日于君主立宪，共和立宪二者以何为宜，此为对内对外实际利害问题，固非一部分人民所得而私，亦非朝廷一方面所能专断。自应召集国会，付之公决。兹据国务大臣等奏请召集近支王公会议，面加询问，皆无异词。着内阁即以此意电令唐绍仪转告民军代表，预为宣示。一面由内阁迅将选举法妥拟协定施行，克期召集国会，并妥商伍廷芳彼此先行罢兵，以奠群生而弭大难。予惟天生民而立之君，使司牧之，原以一人养天下，非以天下奉一人。皇帝缵承大统，甫在冲龄，予更何忍涂炭生灵，贻害全国。但期会议取决，以国利民福为归，天视民视，天听民听，愿我爱国军民各秉至公，共谋大计，予实有厚望焉。钦此。

袁世凯即据以电复唐代表。略云：

承示召集国会，公决君主民主问题，亦为救危之法。但事关国体，必须朝廷允许方可议及，非凯一人所得擅专。顷经协商，召集国会，须定选举法，必有合格之人选，乃可得正当之公议，切实之信用；断非仓卒所能集事。现值地方糜烂，监督乏人，盗贼蜂起，良善匿迹。宜先设法使地方粗安，方可实行选举之法，且中国幅员广阔，边远省藩，交通不便。计程召集，亦难克期。若边藩不能与会，正予以反悔之隙，自非有数月工夫，不敷布署。希与伍代表切实讨论，如有正当选举办法，即由尊处电奏请旨，庶上下信从，实有效力。

唐代表据袁复电通知伍代表于初十日续开第四次会议，双方讨论，遂即签订四款：

一、现在两全权代表会议，图解释猜疑，以安大局，特订定条款如左。

二、开国民会议，解决国体问题。从多数取决，决定之后，两方均须依从。

三、国民会议未解决国体以前，清政府不能提取已经借定之洋款，亦不得再借新洋款。

四、自十一月十二日早八时起，所有山西、陕西、湖北、安徽、江苏等处之清军，五日之内，一律退出原驻地方百里以外。只留巡警保卫地方。民军亦不得进占，以免冲突。尽于五日之内商妥退兵条款，按照各款办理，其山东、河南等处民军已经占领之地方，清军不得来攻，民军亦不得进取他处。

其他国会开议地点，伍主上海县城或南京。唐主胶州、烟台、威海卫、汉口等处。开会时间，伍主十一月二十日，唐以蒙藏边远不及选派拒之，因未即决。

十一月十二日（12 月 31 日），伍、唐续行第五次会议，复决定四款如下：

一、国民会议由各处代表组织，每一省为一处，内、外蒙古为一处，前、后藏为一处。

二、每处各选派代表三人，每人一票。若有某处到会代表不及三人者，仍有投三票之权。

三、开会之日，如各处到会之数有四分之三即可开议。

四、各处代表，江苏、安徽、江西、湖北、湖南、山西、陕西、浙江、福建、广东、广西、四川、云南、贵州由中华民国临时政府发电召集。直隶、山东、河南、东三省、甘肃、新疆由清政府发电召集（并由民国政府同电该省谘议局）。内外蒙古、西藏，由两政府分电召集。

此时南北两代表和议进行颇为顺利，以国民会议解决国体问题已获得若干协议。其时正值南京临时政府代表会公举孙总理为大总统，民国有主，军民更为兴奋，清朝君主末光，益黯然无色。而中华民国第一届大总统已选孙总理。袁世凯深感不快，于是暗礁起矣。

第三节　和议忽生波折　各省民军筹商北伐

唐绍仪既于初十、十二日两次会议同伍廷芳签定各约，当即电达清内阁。不料袁世凯忽持异议，连电辩驳，令其再行交涉。唐因其代表全权显被剥夺，遂愤而辞职。袁竟奏请可之。

初唐绍仪奉议和专使命南下，君主立宪党严复、许鼎霖等，以各本省代表资格，列为参赞。既至沪，愤会议之不获预与，并无发言权。而反革命分子又以民军饷械俱乏，日聒于其旁。于是严、许等乃不俟会终而先行返京谒袁，备述民军之不足畏，并曰“唐绍仪非议和也，乃往献江山耳。”袁默然。严、许等复以其语讦诸亲贵，亲贵转以诘袁，袁本信唐能胜折冲之任，不致如严、许等所云。但因大总统问题有难言之隐，虽正秘密接洽，尚无十分把握，亦利于和议暂时停顿，以遂私图，遂漫应之曰：“予遣唐专为讨论大局，他非所知，若果如此，是唐不称职，当罢免。”至是会唐辞，因准之。乃借口一时无相当继任之人，连电民军代表伍廷芳，申明自后和议进行，由彼此直接电商。一面仍令唐绍仪暗中赞助。故唐名虽辞职，实际仍始终预其事也。同时商请再延长停战期间，并表示唐所签定各约，多有滞碍难行之处。伍覆电抗议复，原电汇录如次：

袁世凯盐一电（即旧历辛亥十一月十四日）　此次变乱，各省扰攘。本政府不忍生灵涂炭，特备文委托唐绍仪赴沪，作为总理大臣全权代表，专为讨论大局之利害。其权限所在，只以切实讨论为范围。乃迭接唐代表电开，与贵代表会议各条，均未先与本大臣商明，遽行签定。本大臣以其中有必须声明，及碍难实行各节，电请唐代表转致。嗣据唐代表一再来电，请辞代表之任，未可强留。现经请旨，准其辞任。至另委代表接议，一时尚难其人，且南行需时。嗣后应商事件，先由本大臣与贵代表直接往返电商，以期简捷，冀可早日和平解决。特此电达，谨闻。盐一。

袁世凯盐二电　盐一电计达。现在彼此直接电商，计未商之件甚多。拟再将停战期限展长十五天。自十一月十二日上午八点钟起，二十七日上午八点钟止（五次停战期限）。可否希电复。内阁总理袁世凯。盐二。

伍廷芳江一电　（民国纪元元月三日，即辛亥十一月十五日）顷接盐一电，深为诧异。此次唐使来沪，携有总理大臣全权代表文凭。开议之始，互验文凭。本代表即认唐使得有全权。会议五次所订各约，一经签字，即生遵守之效力。来电所称唐使电开会议各条，均未先与商明，遽行签定，本代表实不能承认此言。但知一经唐使签字之后，贵政府即当遵行。今唐虽已辞职，而未辞职前所签字之约，不因此而失其效力。贵大臣深明交涉，谅必能守此公例。至于所称应商事件，先由贵大臣与本代表直接往返电商云云。应商各件，有非面商不能尽者，远隔数千里，仅以电报往返，必有难于通悉之处。故会议通例，必须面商，通函尚不能尽，何况电报。本代表此次与唐会订国民会议办法，已将就绪，只余会议地方及日期，已由唐使电达。中外企望，以为平和解决，指日可俟。今忽有此意外，和局难保不因此动摇。贵大臣如果有希望和平之决心，应先示人以信，宜迅照初十日所订退兵办法，饬各军队于五日之内退出原驻地方百里以外，以昭大信，是所切祷。伍廷芳。江一。

伍廷芳江二电　顷接盐二电，提议停战期限展长十五天。本代表前与唐使会订国民会议办法，已将就绪，只余会议地点及日期，已由唐使电达，请贵大臣先将此两条迅为电复。如以本代表办法为然，则国民会议指日可开，大局早定，人心早安，诸事皆易商量。如不以此办法为然，则彼此磋商，必非电报所能尽悉。请贵大臣亲来上海一行，以便彼此直接妥商，早日解决，实为至便。再，昨日与唐使签字定约，嗣后两军须得有全权代表电报述和议决裂，战事重开，始可发令开仗，应再声明，以免误会。伍廷芳。江二。

伍、袁直接电商，争辩甚多，于唐绍仪之职权外，总括其要点如下：

一为退兵问题。袁谓“清军未败，只一面退兵，殊不公平。且湖北辎重甚多，五日内退出，断来不及，应改为双方各退出五十里，而汉口以东至阳逻司一带，及汉阳以西至蔡甸、沌口等处之民军，一律退还江南。”伍谓：“各处民军皆系就地起事，只有停止进取，无所谓退。惟清军自北方调来，故商罢兵，请调回清军，方足表示和平。”

一为国民会议选举法问题。袁谓：“解决国体，必须普征全国人民意思，以为公断，自应用各国普通选举之法，选出国会议员，代表全国人民始能收效。倘以少数代表草率议决，实与专制无异，特举选举法十七条以商。”伍谓：“代表既由各处公举，自能代表人民之意思。合各处人民之意思，以为全国人民之意思，何云专制？且各处既有三人，何云少数？若如所开办法，无非故意迁延迟滞。况唐代表所签订之约，万无可以更动之理。”

一为国会开会地点问题。袁谓：“北京开会具有三大理由：（甲）以北京久为国都，而民军统一政府尚未为中外所公认。（乙）各省各藩属道里计算，北京最为适中。（丙）以各国公使驻在北京，万国俱瞻，可昭大信。”伍谓：“北京系满清故都，民军起义建立共和，不应承认专制政府，尚何国都名义。即以外藩道理计，由北京南来不过三四日，所迁就者甚少。国会无论设于何处，皆为万国所俱瞻，此系国内之事，似毋庸狃于各使驻地之见。”

一为南京组织临时政府问题。袁谓：“国体既由国会解决，而南京忽已组织政府，并孙文受任总统，宣示驱逐满清政府，是显与前议相背。设国会议决为君主立宪，南京政府与总统是否亦取消。”伍谓：“南京组织临时政府与国民会议解决国体绝不相妨。现在民军光复十余省，不能无统一之机关，此为内部组织之事，为政治上之通例。若以此相诘，请还问清政府于国民会议未解决以前，何以不即行消灭。设国会议决为共和立宪，清帝是否立即退位？盖国民会议所以能平和解决者，在其议决能使两方依从。既经两方签字作准，自应彼此遵行，无须再发疑问。”

当伍廷芳、唐绍仪两代表在沪上和谈开始不久，武昌军政府与北方亦有间接问题发生。辛亥十一月初六日黎大都督通电各省军事机关云：“顷有英领事遣代表来言数次，谓已与北京美使出名担保，欲令武汉三镇不再作为战场。鄙意拟先提出四条：（一）敌兵须令全部退出武胜关以北。（二）该军队退时我兵不得追击。（三）敌军各种辎重，准其携回。（四）两方面如有背约时，担保国须负责任。敝处本知此事奇诡，不宜置议。惟该领言明日又有人来探讯，须措词回复，尊意对于此事何如？乞详加指示，迅即赐复以便应付。”

杭州汤都督复电　夜半奉鱼电。诚如钧示，四条亦周妥，亦中正，良用佩感。鄂援既固，或托视沪议之成否为和战以谢之。弟寡识，又远隔，仍仗荩裁。

镇江军政分府复电　鱼电敬悉。武汉不作战场之议，尊处所提出四条，甚佩服。惟鄙意以为尚须提出汉阳管领之权应归我有。武胜关以内除不得开战外，我军一切行动仍可自由。其余各款，敝处均表同情。

桂林陆、王两都督复电　鱼电祇悉。北京英使出名担保欲令武汉三镇不再作为战场，我公提出条件四条，颇为周密。惟和议未定，战事尚悬，北伐计划仍不可缓。

扬州徐总司令（宝珊）复电　通电敬悉。提出四条，还吾武汉三镇，不再作为战场，须指定范围。地点不宜太宽，以碍我军进行。第四条更宜注意。敌人狡诈异常，此次议和期内，屡次违约进攻，可见一般，若担保国非有正式确实之担保状，不可轻许，鄙意如此。尚祈裁夺。

清江浦蒋都督复电 鱼电敬悉。关于武汉不再作战场之四件，硕画佩极。但一条敌兵既退出武胜关以北，该关以南之铁路及武汉作战基点，仍不得限制我军利用，方称完善。如武胜关以南及武汉英领均视为中立地，将来我军运动进行，非皖即陕，作战机关，极形困难。如能于第一条内添设此节，我军方得以自由行动不受之敌制，刍荛之议，尚希钧夺。

江苏程都督复电 鱼电敬悉。尊拟四条，甚为妥协，惟第一款敌兵须全数退出武胜关以北句，似应改为退至黄河以北，不准调兵过此界，祈酌裁。

扬州林总司令复电 武汉三镇以后不作战场一事，敝处筹议，以为无利而有害。现武汉三镇已成焦土，原有商场，早经毁坏，纵立时停战，商务难望恢复。且北军在武汉之兵力，其大部已移于晋皖两方，而我之援鄂各军，正在云集。若乘机进攻，可决必胜。敌军虑此，故生诡谋，今准其要求，是堕其术中也。况汉口乃入汴晋要道，此时既允其不作战场，将来全军北伐即不免受其束缚。愚见宜以此事交上海议和代表并按条协商最善。尊见然否？

上海陈都督复电 英领提议不以武汉三镇作战场，奇诡异常。愚意北军作战方针，将变换方向。盖武汉易攻难守，得之亦不足制天下。且满清大兵全被武汉牵制，北之秦、晋、齐、鲁，南之皖、赣、苏、浙均无兵力对待。若武汉不作战场之议定时，满清可移武汉重兵以向南京，愚见如此，不知中否？贵处提议答复四条，鄙意稍行增改如下：一、敌军须全数退出武胜关以北，即以武胜关北为双方战场。二、该军未退武胜关以北时，我兵不得追袭。余二条均可。是否希裁夺为祷。

长沙谭都督复电 停战期内英使忽出名提出清军退兵条件，“不宜置议”极为钦佩。兹推出其原因如左：一、北方有特别变动事件发生。二、因民国军队四集，遂谋厚集兵力，以划分南北界限，借图以全力注重山陕等处。三、因满清昔日势力范围条约，而出于外交团之变动。四、为和议决裂之预备。以上四则，当出其一。鄙意民国既经举定外交总长，似应归总长对付以谋统一，方为正办。但既归外交总长核办，如不承认清军北退，则但当离进取方法而设词对付英领。如允其退兵，则必由总长提出左之条件：一、北军退出武胜关，所有地点须由民国以兵占领，不得视为中立土地。二、如和议不调，无论何人不得干涉妨碍民国军队之行动。三、武胜关外铁道不得毁坏。四、汉阳兵工厂、钢药厂、铁厂内所有军械机件，全交民国管理，不得毁坏掷去。除电达各省都督及外交总长外，谨复。

南京徐总司令（绍桢）复电 英使保武汉三镇不作战场，将来用兵之地必在江淮，尊电虽提出第一条北军须全数退出武胜关以北，鄙意仍应询问英使，北军既须媾和，则各省概应退出，望详加询问，并电伍部长与唐使接洽。顷又接蒋都督来电谓："北军作战计划，以大部兵力合攻南京，以小部兵力据汉阳牵制民军。查北军命脉，首在京汉，次在津浦。若无重兵扼守要害，北军行动自由，南京异常危险，拟请皖都督分兵扼守正阳、六安等处，以防由豫入皖之路。林总司令增兵扼守临淮，以防由徐入皖之路。扬州徐分府（宝珊）会合皖军，扼守宿迁，以防由京入浦之路。如和议决裂，即聚三路军队，夹攻徐州，占据车站。再分大部兵力，直捣开封，断绝敌人后路"等语。措置颇为适当。除分电各处查照外，此间现拟先拨浙军一支队，速往临淮，为各军援应，相机进取，搜索敌情。以目下而论，武汉、南京当可自保，惟皖失利，则首尾不能相顾，且太和已失，北军必有准备，武汉无论如何，南方兵力须设法加增。桢现自编一镇，非一月以后不能完全，时机正迫，尚乞迅示。

黎都督致各省暨外交部伍总长电 顷据浦口柏统制文蔚电称："颍州府失守，守城各员坠城而下，于今日抵浦。据云敌军率兵东下，正阳、寿州危险万状等语。敝处业已在临淮布置一切，严加防御。尊处务妥为筹备，是为至祷。"等因。查敌军曾经破约，攻陷太和，经我一再诘责，乃以剿匪涂饰。今复破约攻陷颍州，和议岂复可恃，相应电知各处，准备一切，以为后盾。并祈伍先生与唐使严重交涉。

十一月十日九江马都督来电 清廷于和议期内，犯我颍州，我联袂诸省，兵力虽属可恃，然恐战期延长，多伤壮士，多竭经济。国力徒伤，将来难御外患。毓宝拟聚最优胜之兵力，一举而直捣燕京，敝省精兵均已调集九江，以备待机出击。然兵最贵集结，其集中计划，不可不预定。黎元帅及各都督当亦有所预筹也。惟思滇省平时已编练精兵约四镇，川省编练两镇余，若能抽调该两省之兵以作后援，甚为得力。现敝处已电滇省，尚乞诸公专电该两省，责以大义。必可收效。

黎大元帅复马都督电 蒸电悉。滇军已屯叙州，昨曾电请蒲都电商蔡都督，会滇蜀之兵，或东下援鄂，或出师汉中，联络秦晋，以作攻豫攻燕之计。深幸与伟画暗合。

十二日九江马都督来电 现我于金陵建设临时政府，是今后金陵为我民国之政界要点。故清军之作战方针，似又改向金陵。其可供判断之证据者有三：（一）清廷已下明谕，将皖北计划归汴省属辖，是其欲便于运兵皖北也无疑。（二）清廷又运动英使，不以武汉为战场，是其欲抽兵于皖北也亦无疑。（三）清廷已简总兵，攻我颍州，其所领之兵，亦必在一协以上，而决非一小支队也亦无疑。因此三者可知敌之作战方针，已改向金陵，将来战场必在皖南皖北之间。我若不预于停战期内召集兵力于皖北，待机而动，倘一旦和议决裂，皖南恐非我有。宁、皖唇齿关系，不得不先事预防。以毓宝所见，拟在和议期内各省联合召集兵力于庐州附近，和议不成，即可一鼓北向敌人，尚望格外注意，各省或另有他见，希速赐复。

黎大元帅复电 文（12 日）电悉。敝处切盼援师，多多益善，衡其轻重缓急，今日正阳、寿州之兵力，似宜较蕲、黄加厚。倘得刘军驻扎蕲、黄，厚吾兵力，是诚元洪所切盼者。顾以大势观之，敌已攻陷颍州，由颍入淮，计程不过两日。正阳、寿州为皖北门户，似宜分驻重兵，防敌南下。柏军建功金陵，声势素著，不难独捍劲敌，何待他军之后盾。然刘统领（懋政）于皖、豫、淮、兖一带，地势人情极熟，若使之助守以备进攻河南，间接援鄂，其造益敝省，与驻守蕲黄无异。目下黄、孝一带屯兵已近一镇，其势尚属坚固，敌兵未必即能东窜。衡其轻重缓急，似宜查照尊处计划，仍使刘军间接援鄂，将来皖、赣之军溯颍以达周家口，敝军攻其侧面，会师郾城，不难克日奏功。高明以为何如？

黎大元帅致南京临时政府并各省都督电 阳夏敌军，不但不遵约退出百里以外，且肆行射击，反图进攻。顷探得确报，彼军谓民军既奉有总统，同人生计将绝，并谓此后之战，皆为项城（袁世凯），非为满洲云云。鄙意项城胸怀磊落，名满天下，此次以仕清廷，未克与选，识者惜之。方期和议早成，彼此共享共和之福，人望如项城，何至不能与选。若果如敌军所云，不第为项城盛德之累，且以违约见责于友邦，恐非项城所许。为此通告，并乞伍先生速与唐使严重交涉，请其急电项城饬军队如约退出百里之外，以昭孚信。否则冠裳之会变为干戈，涂炭生灵，端自彼开，我可告无罪于天下矣。元月一日。

同日又致上海伍代表电 连接来电，云我军违约开枪，实系敌人诡传。据司令部报告云：日昨沌口敌人先开枪击我，我游击队还击，尚系小战。昨午敌人轰击武昌，当毙铜币局二人，粮道街商民三人，显系敌人违约。且据英领云：敌人以项城未选总统，渠等绝望，故决死战。其情形前已电达。现我军已遵约停击，并望向唐使速电敌兵如约退出百里以外，我军已经申警军令，万不可轻于开枪，如违以军法从事。并恳以此情形转达唐使为要。

连日和议在若断若续之间，敌军虽屡次违约挑衅，但鄂军政府已早有准备。前十一日黎大元帅以第四次停战期限将满，遂发下各军之训令如下：

中华民国中央政府湖北大元帅训令

（十一月十一日午前八时于武昌都督府）

一、综合各种情报：敌军主力，仍在汉口、汉阳一带。黄、孝方面，亦派有军队据守。又黄、孝以北沿京汉线各要地，皆有兵占领。

我广东援军已抵上海。

我南京、安徽军已准备向徐州进攻。

我陕西军已准备向河南进攻。

二、本军拟于明十二日午前八时停战期满，如不续行停战，准备以主力防御武昌附近，以一军向黄陂进展，攻击敌之左侧。以一军向孝感进展，攻击敌之右侧。

三、战时总司令官吴兆麟率所属军队，于明十二日午前八时，仍占领青山至金口一带防御。但派一部占领黄州及簰洲附近，并须援助左右翼两军。

四、右翼总司令官李烈钧率所属部队，明日午前八时，准备由原地前进，向黄陂方面威胁敌之左侧背。

五、左翼军司令官赵恒惕率所属军队，明日午前八时，准备前进，由孝感方面威胁敌之右侧。

六、海军司令官马熉玉率第一第二舰队，明日午前八时，在阳逻、青山附近游弋，俟我右翼军攻击滠口时，即援助进攻。

七、予在武昌城内都督府。

大元帅黎元洪

时南京临时政府陆军部长黄兴，对于北伐作战方略，已通告各省，组织六军，四路进攻。以“湘、鄂为第一军，由京汉铁路进攻；宁、皖为第二军，向河南进攻，与第一军会合于开封、郑州之间，互为策应；淮、扬为第三军，烟台为第四军，向山东进攻，会师于济南及秦皇岛。沿海以海军援助，合关外之兵为第五军，山陕为第六军，向北京前进”。各省奉令已准备就绪，候停战期满，即一致行动。因接代表续行停战电，均停止。

第四节　袁世凯窃夺政权之阴谋

连日和议，虽在无形停战中，但暗中彼此接洽，进度颇速。因谈判内容重点，转移于大总统问题，国民会议不过作为烟幕，掩外人耳目。唐绍仪卸去政府议和专使，转而为袁世凯个人密使。此时与伍廷芳所私议者，已撇开国民会议问题而集中于清帝退位问题，如优待清室条件等已经具有端倪。盖孙中山先生具世界眼光，抱“天下为公”之心，视总统为国民公仆，只要袁世凯能推翻君主，赞成共和，大总统一席定可以相让。而袁世凯既已挟民军而取得清廷政权，更欲威胁临时政府就其范围。故借题迁延，迟疑不决，并欲别开生面，主张北京君主政府与南京共和政府同时取消，另在天津设立临时统一政府，以统一美名，为窃国之号召工具。孙总统得窥其隐，遂于元月二十二日剀切表示，电伍代表转达袁氏作最后解决。原电如下：

前电言清帝退位，临时大总统即日辞职，意以袁能与满洲政府断绝一切关系，变为民国国民，故许以实时举袁。嗣就后来各电观之，袁意不独欲去满政府，并须同时取消民国政府，自在北京另行组织临时政府。则此种临时政府将为君主立宪政府乎？抑民主政府乎？人谁知之？纵被有谓为民主之政府，又谁为之保证？故文昨电谓须俟各国承认后，始行解职，无非欲巩固民国之基础，并非前后意见有所冲突也。若袁能实行断绝满政府关系，变为民国国民之条件，则文当仍践前言也……今确定办法如下：一、清帝退位，由袁同时知照驻京各国公使，电知民国政府，现在清帝已经退位，或转饬驻沪领事转达亦可。二、同时袁须宣布政见，绝对赞同共和主义。三、文接到外交团或领事团通知清帝退位布告后，即行辞职。四、由参议院举袁为临时总统。五、袁被举为临时总统后，誓守参议院所定之宪法，乃能接受事权。按一、二两条，即为袁断绝满政府关系，变为民国国民之条件。此为最后解决办法，如袁并此而不能行，则是不愿赞同民国，不愿为和平解决。如此则所有优待皇室八旗各条件，不能履行；战争复起，天下流血，其罪当有所归。

袁世凯见孙总理磊磊落落表示，知南方政府已无问题，亦不能再有要求，于是决意实行撤退武汉前方及各战地军队，令其反旆北指。一面授意唐绍仪转知伍代表电鄂军政府，派员与段祺瑞直接交涉退兵程序，从此南北紧张局面，自然日趋和缓。兵气销为日月光，谅亦无难。惟清朝三百年社稷，亿万里河山，一旦拱手让人，其心必有所不甘。此中转变，袁氏不得不大费策画。于是愁云惨雾，笼罩清廷矣。

当唐绍仪齐电到京，清廷召集王大臣、国务员开御前会议讨论时，袁世凯跪奏隆裕，自称："臣奉职无状，罪该万死。请皇太后处治。"隆裕谓之曰："卿勿尔，国家大事，既相付托，当勉为其难；即使挽回无术，吾决不咎卿也。将来皇帝成立，吾必以卿之忠荩艰难困苦情形告之。"言罢，与溥仪相抱而泣。

是时清廷库空如洗，袁世凯虽借北洋六镇威胁民党，但军饷奇绌，罗掘无方。袁遂商之亲贵云："如能集资千二百万两，足半年战费，臣愿为国尽死力，大局或可粗定。"亲贵喜，隆裕亦苦劝，遂互相筹凑。但数字太小，惟奕劻慨捐十万，余则三万两万。载泽主战最力，仅允五千两，且系次年三月期票。世凯大愤，云："既促我战，又吝我饷。是置我于死地。"遂面奏隆裕，称兵饥，哗变堪虞。隆裕不得已乃发内帑黄金八万两劳军。

于是内外统兵大员，皆怨怒亲贵。某日姜桂题、冯国璋、王占元、倪嗣冲等数十军人，致书大臣云："前月各营仅发半饷，现更艰难，查亲贵大臣财货寄顿外国银行者数千百万，若不尽买公债，以抒危难，非但财不能保，杀身之祸，且在目前。"亲贵大臣闻之大惧。

未几，东三省总督赵尔巽、直隶总督陈夔龙、湖广总督段祺瑞、热河都统锡良、河南巡抚齐耀琳、山东巡抚胡建枢、吉林巡抚陈昭常，复合词奏言："经费窘蹙，罗掘俱穷；而日使调查各亲贵存储外国银行之银，共三千余万两，并指出某人于某银行顿赀若干。今军界迭电亲贵大臣出银饷兵，武人不惜生命，赤心报国，如再犹疑，祸且不测。且宗室王公与国同休戚，国存则款固有着，国亡则家亦随之。即使善于储藏，犹太富人，亦当引为殷鉴。"其词亦激。各亲贵闻之愈惧，争奏上财产簿籍，自陈家贫，赀只此。于是均主张和平，不敢言战矣。

先是袁世凯以革命势力日渐扩展，清廷命运终恐难保，遂率同阁员奏请清廷速定大计。折云：

窃自武昌乱起，旬月之间，民军响应几遍全国，惟直隶、河南未经离叛，然而人心摇动，异于恒昔。臣世凯奉命督师，蒙资政院投票选举，得以多数同意设立内阁，组织虽未完善，两月以来，将士用命，业已克复汉口、汉阳，收回山东、山西。然而战地范围过为广阔，几于饷无可筹，兵不敷遣，度支艰难，计无所出。筹款之法罗掘俱穷，大局岌岌，危逼已极。朝廷念国步之艰危，慨生民之涂炭，是以停战媾和，特简唐绍仪、杨士琦等前往沪上，为民请命。此万不得已之苦衷，亦从来未有之创举也。屡接该大臣等来电称"民军之意，万众一心，坚持共和，别无可议"等语。现期限已满，展期七日，能否就范，尚难逆料。惟论目前情形，北方一隅，虽能少保治安，而海军尽叛，一旦所议不合，舰队进攻，天险已无，何能悉以六镇堵御京津，而弃各战地于不顾。危逼万分，等于呼吸，宗社所寄，民命所关，早夜以思，良用悚惧。若激励将士，勉强一战，财赋省分，全数沦陷，行政经费，茫如捕风。搜讨军实，饷源何出？惟鲁惟豫，满目疮痍，地方素瘠，就地筹款，为势所难，常此迁延，必有内溃之一日，傥大局至此，虽效周室之播迁，已无相容之地，辽东已为强邻所虎视，库伦早有背顺之萌芽。若悉索币赋，力与一战，未尝不能收复一二行省。然而彼众若狂，醉心民主，兵力所能平定者土地，所不能平定者人心。人心涣散，如决江河，已莫能御，爵禄不足以怀，刀兵莫知所畏。似此亿万之所趋，岂一二党人所能煽惑。臣等受命于危急之秋，诚不料大局败坏，竟一至于此也。环球各国，不外君主民主两端，民主如尧舜禅让，乃察民心之所归，迥非历代亡国之可比。我朝继继承承，尊重帝系，然师法孔孟，以为百王之则，是民重君轻，圣贤业已垂法守。且民军亦不欲以改民主末减皇室之尊崇，况东西友邦，因此战祸，其贸易之损失，已非浅鲜，而尚从事调停者，以我只政治改革而已。若其久事争持，则难免不无干涉，而民军亦必因此对于朝廷感情益恶，读法兰西革命之史，如能早顺舆情，何至路易之子孙靡有孑遗也。民军所争者政体，而非君主。所欲者共和，而非宗社。我皇太后皇上，何忍九庙之震惊，何忍乘舆之出狩，必能俯鉴大势，以顺民心，且兵力库藏，悉数盘查，敬缮清单，恭呈御览。以尽有之国力，而定和战之大计，如叨睿训，敢惜微躯。然天下者乃大清帝国一统之天下也。总理大臣，受朝廷之委任，握全权之枢机，治乱所在，去就因之。独至帝位去留，邦家存否，则非总理大臣职任所能擅断。其国务大臣亦只能负其行政一部之责，存亡大计，何敢思及。然为时局所迫，逼于旦暮，臣会同国务大臣，筹维再四，于国体改革，关系至重，不敢滥逞兵威，贻害生灵。又不敢妄事变更，以伤国体。谨合词具陈，伏愿皇太后皇上召集皇族，密开果决会议，统筹全局，速定方针，以息兵祸而顺民心。

隆裕见此奏，即召开皇族御前会议。贝子溥伦首言：“我族再主中夏，似已绝望，即国民会议果开，于我亦决无利益。袁世凯虽力欲保持君主，而势孤党弱，譬之片石置急流，终必动摇，其何能济？目下和议虽未决裂，而南京已立政府，北伐之势，日益加厉。民军四布，与待兵临城下，服从武力，何若自行逊让，爱蒂长留。况优待皇室，系军民商请，公论在人，似不中变。孙文虽暂为总统，岂能支此危局。闻已约定推袁世凯为总统，事若果成，岂但中国之幸，抑亦皇室之福。应请详加考虑。”隆裕与奕劻颇以伦贝子之言为然，载泽、溥伟驳之。争议甚久，无结果。

良弼与载泽、溥伟、铁良、那彦图等，联合陕甘升允、长庚，组织宗社党，以抵抗革命。

某日袁世凯罢朝后，坐马车出东安门。护卫森严，沿途警戒。行至王府井丁字街，忽有炸弹自道左茶楼掷下，炸死袁卫队长袁金标及队士十余人。袁幸免。当拘获刺客杨禹昌、张先培、黄之萌等，皆从容就义，京师大震。

又某日四川党人彭家珍，刺良弼于红罗厂私邸。至时适弼自肃王府归，甫下车，弹发，彭头部受伤先毙。弼左腿被炸断，越二时始苏，旋亦死。

同时天津防务大臣张怀芝，亦被北京党人薛成华行刺未中，薛被拘处死刑。

是时革命声势，弥漫京津。贵族官僚极为恐怖，中外人士，佥以国体不决，最足障碍和平。纷纷提议请清帝退位，接受民国优待条件。岑春煊、袁树勋、陆征祥等，及英美驻华教士，先后电请清帝俯就和议，伍廷芳亦以私人名义寓书于摄政王及庆王，劝其赞成共和。奕劻颇表同意，而铁良、载泽忽创议南北分立以难之。蒙古王公则纷纷出京，各回本旗，意谋独立。博尔济、吉特培等，且组织义务勤王敢死队，君主立宪党亦宣告成立。四城遍行反动宣传，宗社党复托名寓书袁世凯，有“欲将我朝天下断送汉人，我辈决不容忍，愿与阁下同归澌灭”之语。最后载泽竟奏劾袁世凯云：“前借口军饷不足，不能开战；后颁内国短期公债，勒捐亲贵大臣，合内帑黄金八万两，款近千万，仍不开战，是何居心。”袁以亲贵激昂，环境恶劣，颇具戒心。其左右有劝其潜避天津者。英使朱尔典且允同行保护。袁以为不妥，仍勉持镇定。后纳靳云鹏、傅良佐与袁克定之议，密调第三镇统制曹锟之一部进驻北京天坛，以图自卫，自是御前联席会议虽常召集，袁世凯辄不到，清廷形同瘫痪，时局终不能解决。

斯时北洋第一军总统官段祺瑞，正奉令与武昌军政府磋商实行退兵，以为时机成熟，布置已周，于是联合前方各将领，以洪密齐（8日）电，径达清廷，请求谕旨宣示共和。文云：

内阁、军谘府、陆军部并各王公大臣钧鉴：洪密。为痛陈利害，恳请立定共和政体，以巩皇位而奠大局，敬请代奏事。窃维停战以来，议和两月，传闻宫廷俯鉴舆情，已定议立改共和政体。其皇室尊荣及满蒙回藏生计权限各条件，曰大清皇帝永传不废；曰优定大清皇帝岁俸不得少三百万；曰筹定八旗生计，蠲除满蒙回藏一切限制；曰满蒙回藏与汉人一律平等；曰王公世爵概仍其旧；曰保护一切原有私产。民军代表伍廷芳，承认列于正式公文，交海牙万国平和会立案云云。海宇闻风，率土臣民罔不额手称庆。以为事机至顺，皇位从此永保，结果之良，轶越古今，真国家无疆之庥也。想望懿旨，不遑朝夜。乃闻为辅国公载泽、恭亲王溥伟等一二亲贵所尼，事遂中阻，政体仍待国会公决。祺瑞等自应力修战备，静候新政之成。惟念事变以来，累次懿旨莫不轸念民生，惟国利民福是求，惟涂炭生灵是惧，既颁十九信条宪法，誓之太庙，又允召集国会，政体付之公决。可见民为国本，宫廷洞鉴其微，民视民听之所在，决不难降心相从。兹既一再停战，民军仍坚持不下，恐决难待国会之集。姑无论迁延数月，有兵溃民乱，盗贼蜂起之忧，寰宇糜烂，必无完土。即此停战两月之间，民军筹饷增兵，布满各境，我军皆无后援，力本单弱，加以兼顾数路，势益孤危。彼则到处勾结土匪，劝捐助饷，四出骚扰，散布诱惑，且于山东之烟台，安徽之颍亳境界，江北之徐州以南，河南之光山、商城、固始，湖北之麻城、襄、樊、枣阳，分兵前进，而我皆困守一隅，寸筹莫展。彼进一步，则我之鲁、皖、豫即不自保。虽祺瑞等公忠自励，死生敢保无他，而饷源告匮，兵器摇动，大势所趋，将心不固，一旦决裂，将何所恃以为我战。深恐丧师之后，宗社随倾，彼时皇室尊荣，宗藩生计，必均难求满志；即拟南北分立，勉强支持，而以人心而论，则西北骚动，形既内溃，以地理论，则江海尽失，势成坐亡。祺瑞等治军无状，一死何惜，特捐躯自效，徒殉愚忠，而君国永沦，追悔无及，甚非所以报知遇之恩也。况召集国会之后，所公决者尚不知为何项政体。而默察人心趋向，仍不免出于共和之一途，彼时万难反汗，是徒以数月水火之患，贻害民生。何如预行裁定，示天下以至公，使食毛践土之伦，歌舞圣明，零涕感激，咸谓唐虞至治，今古同揆，不亦伟哉。祺瑞等受国厚恩，何敢不以大局为念。故特比较利害，冒死陈言，恳请涣汗大号，明降谕旨，宣示中外，立定共和政体，以现在内阁及国务大臣等暂时代表政府，担任条约国债及交涉未完各事项，再行召集国会，组织共和政府，俾中外人民，咸与维新，实维幸甚，不胜激切待命之至。谨请代奏。第一军总统官段祺瑞，古北口提督姜桂题，提督张勋，察哈尔都统何宗莲，副都统段芝贵，河南布政使帮办军务倪嗣冲，统制王占元、曹锟、陈光远、吴鼎元、李纯、潘矩楹、孟恩远、河北镇总兵马金叙，南阳镇总兵谢宝胜，第一军总参议官靳云鹏，参议官吴光新、曾毓隽、陶云鹤，总参谋官徐树铮，炮队协领官蒋廷梓，陆军统领官朱泮藻、王金镜、鲍贵卿、卢永祥、陈文运、李厚基、何丰林、张树元、马继增、周符麟、萧广传、聂汝清、张锡元，营务处张士钰、袁乃宽，巡防统领王汝贤、洪自成、高文贵、刘金标、赵倜、仇俊恺、周德启、刘洪顺、柴得贵，陆军统带官施从滨、萧安国谨叩。齐。印。

段祺瑞等通电至京一星期，清廷尚无退位表示。至二月四日（民国纪元元年）乃由段祺瑞、王占元、何丰林、李纯等又向各王公发出第二次通电，并历数皇族败坏大局之罪。而北方各巡抚及河南谘议局，至此亦通电赞成共和，段且亲身班师回驻京保，伫待后命。

第五节　清帝退位　中国君主制度告终

段祺瑞等两次电报要求，袁世凯均据以代奏。隆裕即召示各亲贵，亲贵阅之，惊愕万分，面面相觑，不发一言。隆裕更为于邑，因候奕劻、载沣未至，愀然曰：姑且，退俟明日与渠二人决之。

翌日，隆裕复召集王公特开御前会议。各王公仍唯诺嗫嚅，无决断之词。隆裕曰：“尔等反复推求，迁延不定，疑义繁生，将来必演出同室操戈，涂炭生灵之惨剧。此后兹事由我一人担承耳。”辞色甚厉。罢会，特召袁世凯命撰拟宣布共和诏旨尊藏，俟优待条件磋议讫颁布。袁即请近支王公署名诏纸尾备用。

时民军既以民国统一后临时大总统许袁世凯，袁亦与民军磋议优待皇室条件就绪，隆裕乃以明谕授袁世凯以全权，研究退位一切办法，先行与民军定妥各条件。

袁世凯即时与民军代表伍廷芳往返电商，旋即决定优待皇室八条，待遇皇族四条，待遇满蒙回藏七条。

民国元年二月十二日（即旧历辛亥十二月二十五）袁世凯将各项诏稿缮就，率全体阁员邀集王公亲贵，入奏请旨。是日隆裕偕溥仪御养心殿，群臣进宫，行最后一次觐见礼。内侍将各旨跪陈皇案，隆裕阅未终，即泪如雨下。随交世续、徐世昌盖用御玺。时溥伟自请入对，隆裕不许，并传谕云：“尔亲贵等将国事办得如此危殆，犹欲阻挠共和诏旨，将置我母子于何地？此时无论何人，均不得进。”有顷，即含泪携溥仪由内监扶掖还宫。群臣遂散。于是清朝之运竭，中国数千年之君主专制制度，于焉告终。

第六节　孙总统向参议院辞职
荐袁世凯自代　宣布民国约法

袁世凯出宫后，即电南京临时政府，报告清帝已退位，并表示自己已赞成共和之意。电云：

共和为最良国体，世界所公认。今由帝政一跃而跻及之，实诸公累年之心血，亦民国无穷之幸福。大清皇帝既明诏辞位，业经世凯署名，则宣布之日为帝政之终局，即民国之始基。从此努力进行，务令达到圆满地位，永不使君主政体再行使于中国。现在统一组织，至重且繁，世凯极愿南行，畅聆大教，共谋进行之法，只以北方秩序不易维持，军旅如林，尚须部勒，而东北人心未尽一致，稍有动摇，牵动全局，诸君洞鉴时势，必能谅此苦衷。至共和建设重要问题，诸君研究有素，成竹在胸，应如何协商统一组织之法，尚希迅即见教。

二月十三日孙总理提出正式咨文，向参议院辞职，并附办法。文云：

本总统以为我国民之志，在建设共和，倾覆专制。义师大起，全国景从。清帝鉴于大势，知保全君位必然无效，遂有退位之议。今既宣布退位，赞同共和，承认中华民国，从此帝制永不存于中国之内。民国目的亦已达到。当缔造民国之始，本总统被选为公仆，宣言誓书，实以倾覆专制，巩固民国，图谋民生幸福为任。专制政府既倒，国内无变乱，民国为各国承认，旦夕可期，本总统当践誓言，辞职引退。为此咨贵院应代表国民之公意，速举有能，来南京接事，以便解职。附办法条件如左：

（一）临时政府地点，设于南京，为各省代表所议定，不能更改。

（一）辞职后，候参议院举定新总统亲到南京受任之后，大总统及国务各员乃行解职。

（一）临时政府约法，为参议院所制定，新总统必须遵守。颁布之一切法律及章程，非经参议院改定，仍继续有效。

同时推荐袁世凯自代。文云：

今日本大总统提出辞职表，要求改选贤能，选举之事，原为国民公权，本大总统实无容置喙之余地。惟前使伍代表电北京，有约以清帝退位，袁世凯宣布政见，赞成共和，即当提议推让，想贵院亦表同情。此次清帝逊位，南北统一，袁君之力实多。其发表政见，更为绝对赞成共和，举为总统，必能尽忠民国。且袁君富于经验，民国统一，赖有建设之才，故敢以私见贡荐于贵院，请为民国前途熟计，无失当选之人，大局幸甚。

当临时政府组织之始，正值革命军事紧张，其大纲规定，颇多疏漏。及和议告成，民国统一，参议院决定修正，另行改订，名为《中华民国临时约法》。自二月十七日起至三月八日止，经过二读三读手续，修订完竣。三月十一日，由孙大总统于未解职前正式公布，俾全国遵守。都凡七章，五十六条，其与组织大纲精神上不同之点，前者采“总统制”，此则采“内阁制”。

第七节　参议院举袁世凯为第二届临时大总统　辛亥革命结束

民国元年二月十五日，参议院开临时大总统选举会，到十七省代表投票结果，袁世凯以十七票当选为中华民国第二届临时大总统。二十日选副总统，黎元洪亦以十七票当选。孙总理即通电各省。文曰：

清帝退位，民国统一，文以革命之目的已达，当受职之始，曾有誓言，幸可以践，此后建设之事，当派素有政治经验之人。袁公慰庭，委曲求全，终达吾人和平之目的，其功莫大。清帝既退，袁公宣布政见，绝对赞同共和。文是以推荐于参议院，参议院既承认文之辞职，今日下午二时，行正式选举，袁公被举为临时大总统。临时政府地点业定南京。以袁公到南京接事日，为文辞职之期。现已派专使迎袁南来，以为我国民服务，特此电闻。

此时又因临时政府地点问题，南北意见不能一致，主宁主燕相持不下，函电纷驰迁延甚久。黎元洪乃通电各省，主张建都武昌。其言曰：

清帝逊位，已经浃旬，组织政府，刻不容缓。徒以首都地点，南北争持，迁延未决，人心皇皇，危险万状。夫欲为民国谋统一，规久远，则临时政府自应以地形险要交通便利，能筦全国枢纽者为适当之地点。居中取远，莫若武昌，有识者类能言之。第值此新陈代谢，情谊未孚，陕、疆有战云未靖之忧，胜国有死灰复燃之虑，蒙、藏诸边，尤为岌岌，倘非假因利乘便之势，从容坐镇，必不能维持秩序，控制中边，稍一踈虞，将至人心动摇，邻邦干涉，内忧外患，迭起丛生。言念及此，深为焦灼。南中参议院诸公，力持建邦金陵之议，原欲改弦更张，从新缔造，宅心未尝不善。然统筹大势，默相舆情，两害相权，必择其轻，两利相权，必择其重。此中关系，屡详各省函电中，毋庸赘述。且即舍北京而论，建业偏安，犹不若武昌形胜，征诸往史，利害昭然。然且以时势所趋，不得不力图治安，勉求让步，若参议院诸公必欲胶执成见，事久变生，诚恐以一时未审之谋，贻全国无穷之祸。倘使后人追原厉阶，悔将何及？谅热心爱国者当不出此。窃谓为暂时权宜之计，必仍规定燕京，借消隐患，将来宅中建国，仍在武昌。既足涤三百年旧染之污，亦可辟亿万世奠安之局。折中定策，莫此为宜。如蒙采纳，即请从速组织织临时政府，规划一切，一面开辟武汉，建筑新都。洪虽不敏，愿董厥成。俟新都告成之日，即为总统移驻之时。胜朝反侧，已就范围，民国感情，亦孚一致，郅治之隆，胥操左券。岂惟我北方父老群相仰望，当亦我南中诸公所乐为赞成也。洪虽籍隶楚北，忝执鞭弭，为天下先，特以事机急迫，稍纵即逝，失此不言，祸患立见。审时立说，概秉大公，既不敢挟权利之心以便私图，亦不忍存畛域之见以误大局。皇天后土，实鉴此心，临颖盼切，神与电驰。

黎元洪以武昌首义资格，民国副总统地位，当时言论，极为国人重视。上电发出，各省表同情者甚多。南京参议院已不坚持建都金陵原议，国都问题可谓解决大半矣。

孙大总统代表中国国民，致祭明孝陵，引起民族观念以为宋亡于元，惟朱太祖成光复之业。明亡于清，此次武昌首义，全国人民归附，群力响应，又能光复故物，所以励后世不应再受亡国之辱也。政府全体人员及南京军队，皆至孝陵敬谒，礼极严肃。其祭文亦典丽矞皇，词曰：

中华民国元年二月十五日辛酉，临时总统孙文，谨昭告于大明太祖开天行道肇纪立极大圣至神仁文义武俊德成功高皇帝之灵曰：呜呼，国家外患，振古有闻，赵宋末造，代于蒙古，神州陆沉几及百年，我高皇帝应时崛起，廓清中土，日月重光，河山再造，光复大义，昭示来兹。不幸季世俶扰，国力罢疲，满清乘间入据中夏。嗟我邦人诸父兄弟，迭起迭踣，至于二百六十有八年。呜呼，我高皇帝，时怨时恫，亦二百六十有八年矣。岁在辛亥八月，武汉军兴，建立民国，义声所播，天下响应，越八十有七日，既光复十有七省，国民公议立临时政府于南京。文以薄德，被推为临时总统，瞻顾西北，未尽昭苏，负疚在躬，尚无以对我高皇帝在天之灵。迩者以全国军人之同心，士大夫之正议，卒使清室幡然悔悟，于本月十二日宣布退位。从此中华民国完全统一，邦人诸友，享自由之幸福，永永无已。实维我高皇帝光复大义，有以牖启后人，成兹鸿业。文与全国同胞至于今日，始敢告无罪于我高皇帝。敬于文奉身引退之前，代表国民，贡其欢欣鼓舞之公意，惟我高皇帝实鉴临之。敬告。

南京政府派蔡元培、宋教仁、钮永键、魏宸组等为专使，往北京欢迎袁世凯南下就职。二十五日，蔡、宋等到北京，袁表面毫不表示拒绝，且于专使初到时，特开正阳门迎入，以尊礼之，惟暗使各团体纷起反对。及二十九日之夜，曹锟所统第三镇竟起骚动，在东安门及前门一带，整队放火行劫，商民受害者甚众。并侵入专使寓舍，蔡、宋等避入使馆界得免。各帝国主义国家，即以保护使馆为借口，纷纷调兵进入北京，以武力压迫南京方面。日本首先将山海关及南满驻军一千数百人来京，乘机思逞。蔡、宋等遂于三月二日电请南京政府及参议院，速筹善策，以维大局。三月初六日参议院乃议决通融办法如下：

一、参议院电知袁大总统允其在北京就职。

二、袁大总统接电后即电参议院宣誓。

三、参议院接到宣誓之电后即电复认为授职并通告全国。

四、袁大总统受职后，即将拟派之国务总理及国务员姓名电知参议院求同意。

五、国务总理及国务员任定后，即在南京接收临时政府交代事宜。

六、孙大总统于交代之日始行解职。

此办法自为袁世凯所乐从，三月十日，遂在北京宣誓就职。专使蔡、宋等亦参加典礼。袁之誓词如下：

民国建设造端，百凡待治，世凯愿竭其能力，发扬共和之精神，涤荡专制之瑕秽。谨守宪法，依国民之愿望，达国家于安全强固之域，俾五大民族同臻乐利。凡此志愿，率履勿渝，俟召集国会选定第一期大总统，即行辞职。谨掬诚悃，誓告同胞。

袁世凯就大总统职后，提唐绍仪为内阁总理，电参议院征求同意，经多数通过。二十五日，唐赴南京组织新内阁，二十九日新内阁人选确定。唐是日出席参议院，发表政见并提出国务员名单，除交通总长梁如浩否决，暂由唐兼，后改施肇基外，余均通过。各部名单如下：

外交陆征祥　　司法王宠惠
内务赵秉钧　　教育蔡元培
财政熊希龄　　农林宋教仁
陆军段祺瑞　　工商陈其美
海军刘冠雄　　交通唐绍仪兼

唐绍仪内阁组成后，孙总统遂率前阁员正式解职。唐即接收南京临时政府，旋参议院议决临时政府迁于北京。

四月一日，孙总理往参议院行辞任礼，即在院演说（演辞另书卷尾）。词毕，将临时大总统印交还参议院。于是参议院致辞曰：

中山先生发宏愿救国，首建共和之纛，奔走号呼于专制淫威之下，濒于殆者屡矣，而毅然不稍辍，二十年如一日。武汉起义未一月，响应者三分天下有其二，固亡清无道所致，亦先生倡导指示之力实多。当时民国尚未统一，国人急谋建设临时政府于南京，适先生归国，遂由各省代表公举为临时大总统。受职才四十日，即以和平措置，使清帝退位，统一底定，未忍生灵涂炭，遽诉之于兵戎，虽柄国不满百日，而五大民族所受赐者已靡有涯际。

孙大总统即发解职令如下：

临时大总统孙令。前由参议院议决统一政府办法第六条，孙大总统于交代之日，始行解职。今国务总理唐君南来，国务员已各任定，统一政府业已完全成立，于本月初一日在南京交代。本总统即于是日解职，是用宣布周知，此后国中一切政务，悉取决于统一政府。本处各部办事人员，仍各照旧供职，以待新国务员接理，勿得懈忽，致多旷废。本总统受任以来，栗栗危惧，深恐弗克负荷，有负付托。今南北一家，共和确定，本总统借此卸责，得以退逸之身，享自由之福，私心自庆，无以逾此。所愿吾百僚执事，公忠体国，勿以私见害大局；吾海陆军士，谨守秩序，勿以共和昧服从；吾五大族人民亲爱团结，日益巩固奋发，更为宣扬国光，俾吾艰难缔造之民国，与天壤共立于不敝。本总统亦得以公民资格，勉从国人之后，为幸多矣。

此令。

孙大总统在参议院演词：

本大总统于中华民国元年初一日来南京受职，今日四月初一至贵院解职，自一月一日至四月一日，为期适三个月。在此三个月中，均为中华民国草创之时代，当中华民国成立以前，纯然为革命时代。中国何为发起革命，实联合四万万人推倒恶劣政府为宗旨。自革命初起，南北界限尚未化除，不得已而有用兵之事。三月以来，南北统一，战事告终，造成完全无缺之中华民国。此皆全国国民及全国军人之力所致。在本大总统受职之初，不料有如此之好结果也。深幸以极短之时期，而能建立如此大事业。本大总统于一个月前已提出辞职书于贵院，当时因统一政府未成，故虽已辞职，仍执行大总统事务。今国务总理唐绍仪组织内阁，已经成立，本大总统自当解职。今日特到贵院宣布，但趁此时间，本大总统尚有数语，以陈述于贵院之前：中华民国国民，均有国民之天职。何谓天职，即促进世界之和平是也。此促进世界的和平，即为中华民国前途之目的。依此目的而行，即可巩固中华民国之基础。盖中国人民居世界人民四分之一，中华人民若能为长足之进步，则多数共跻于文明，自不难结世界和平之局。况中国人种，以爱和平著闻于世，于数千年前已知和平为世界之真理。中华民国有此民习，登世界舞台之上，与各国交际，促进和平，即是中华民国国民之天职。本大总统与全国国民同此心理，务将人民之智识习俗及一切事业，切实进行，力谋善果。本大总统解职之后，即为中华民国之一国民。政府不过一极小之机关，其力量不过国民极小之一部分，大部分之力量，仍全在吾国民。本大总统今日解职，并非功成身退，实欲以中华民国国民之地位，与四万万国民协力，造成中华民国之巩固基础，以冀世界之和平。望贵院与将来政府，勉励人民，同尽天职，从今而后，使中华民国得为文明之进步，使世界人民均得享和平之幸福，固不第一人之宏愿也。

案武昌辛亥革命事迹，至此告一结束。先著记所述，亦止乎此。虽政治性质，是流动的，不是静止的。厥后变化靡常，已越乎辛亥革命范围之外，言之甚长，未遑叙也。

跋　语

本稿主要在叙述武昌首义前后经过。缘中国旧民主主义革命，以辛亥革命为成熟之期；而辛亥革命，则由武昌著以先手。是以谈辛亥革命，必先及武昌首义；谈武昌首义，亦即是叙辛亥革命。故武昌首义前后诸事迹，在中国近代史中实占有重要位置。虽关乎武昌首义诸材料，各书纪载颇多，本稿亦曾详加厘订，细心选录。然首义前各种团体组织，秘密工作，则本稿叙述，尤较他书详实。因大多系编者当时亲身经历，一言一事，均系耳闻目见。是以岁虽远，尚无同异难密之失；事虽积，亦鲜起讫易疏之弊。无非穷委溯源，条分缕析，据事直书，俾研究吾国近代史者便于参考。

书既成，编者复校阅一过。因思辛亥旧侣，大都物故；武昌首义，早成陈迹。念及当年革命成败，辄不禁感慨系之。

吾人以为对辛亥革命，不必过为夸张。虽辛亥革命之始，民主之花，似已开放；民主共和，似已肇基。然三民主义，多未实行，而不旋踵军阀继起，狐鼠满衢；清帝虽已被逐，而封建毒根犹在。是以民主光辉，实黯然无色。宜乎先总理弥留时，犹谆谆不忘以“革命尚未成功，同志仍须努力”相嘱也。

虽然，吾人对辛亥革命，亦不必过事贬抑。盖易君主为民主，摧毁中国数千年君主专制，实为辛亥革命绝大收获。自先总理组同盟会领导革命以来，明揭主义，确定目标，前仆后继，历时已久，至是始底于成。是辛亥革命为期虽甫及一年，而植根则固于千载。庄生云：“作始也简，将毕也巨。”亶其然乎？

共和缔造，开中国数千年未有之局，是辛亥革命，已完成旧民主主义革命一部分之历史任务。此后先总理且曾揭示联俄联共扶助农工等三大政策，俾竟革命全功。奈天不假年，叛徒背党，反帝反封建之巨大事业，遂不得不有赖于新民主主义革命完成之矣。

方今新民主主义革命，已在英明毛主席及伟大中国共产党领导下，胜利完成，并向社会主义社会勇往迈进。行看民主之花，丰结幸福之果；和平大道，直达共产之世。此固当年辛亥革命旧人所馨香祝祷者也。

阅是书者，果从中得知辛亥革命之血，并非白流；旧民主主义革命确为中国革命过程中之重要步骤；知武昌首义乃中华民族自求解放之始，认辛亥旧侣亦有执殳前驱之劳，实为幸甚。

杨玉如

一九五四年八月时年七十有七

近代史资料专刊

鸦片战争时期思想史资料选辑
太平天国资料
太平天国文献史料集
太平军北伐资料选编
山东义和团案卷（上、下）
义和团史料（上、下）
筹笔偶存
庚子纪事
杨儒庚辛存稿
辛亥革命先著记
鄂州血史
云南杂志选辑
云南贵州辛亥革命资料
辛亥革命资料类编
华侨与辛亥革命
徐树铮电镐
一九一九年南北议和资料
秘笈录存
五四爱国运动（上、下）
五四运动回忆录
陆海军大元帅大本营公报选编
陕甘宁边区参议会文献汇辑

近代史资料专刊（22种25册）由知识产权出版社 全国百佳图书出版单位 结集出版。